国外治安管理概览丛书之一

国外中小学校园安全保卫

公安部治安管理局
公安部第一研究所　编著

群众出版社
·北京·

图书在版编目（CIP）数据

国外中小学校园安全保卫/公安部治安管理局，公安部第一研究所编著．—北京：群众出版社，2012.7

（国外治安管理概览丛书）

ISBN 978－7－5014－5013－8

Ⅰ．①国…　Ⅱ．①公…②公…　Ⅲ．①中小学—学校管理—安全管理—研究—国外　Ⅳ．①G637.4

中国版本图书馆 CIP 数据核字（2012）第 148053 号

国外中小学校园安全保卫

公安部治安管理局
公安部第一研究所　编著

出版发行：群众出版社
地　　址：北京市西城区木樨地南里
邮政编码：100038
经　　销：新华书店
印　　刷：北京通天印刷有限责任公司

版　　次：2012 年 7 月第 1 版
印　　次：2012 年 7 月第 1 次
印　　张：16.5
开　　本：787 毫米×1092 毫米　1/16
字　　数：330 千字

书　　号：ISBN 978－7－5014－5013－8
定　　价：47.00 元

网　　址：www.qzcbs.com
电子邮箱：qzcbs@sohu.com

营销中心电话：010－83903254
读者服务部电话（门市）：010－83903257
警官读者俱乐部电话（网购、邮购）：010－83903253
公安综合分社电话：010－83901870

国外治安管理概览

顾　　问：刘绍武　王　刚
闫正斌　陈建南

主　　编：李剑涛　樊海珍

副 主 编：尹春吉　朱　彤

执行编辑：杨全民　胡文敏

编译人员：罗志成　姜劲蕾
陈桂香　吴瑞红
王　鹤　赵　洋
逯永超　李　千
姚　兰

总　序

近年来，全国公安机关治安系统认真贯彻公安部党委的统一部署，认真履行职责，积极推进“三项重点工作”和“三项建设”，不断创新治安管理工作的思路理念、体制机制、方法手段，有力地推动了治安管理工作发展进步，有效维护了社会治安稳定，服务了经济社会发展和广大人民群众。

治安管理是公安工作的重要组成部分，是社会管理的重要内容。当前和今后一个时期，随着工业化、信息化、城镇化、市场化、国际化的深入发展，我国经济社会发展呈现出一系列新的明显的阶段性特征，社会治安管理也面临许多新压力、新挑战。如何进一步加强和创新治安管理工作，促进完善社会治安防控体系，更好地维护社会治安稳定，是摆在我们面前的紧迫任务。治安管理涉及社会方方面面，加强和创新治安管理，既要积极探索、勇于实践，又要高度重视理论研究，不断增强治安系统的综合素质，特别是理论思维能力。同时，我们也看到，在治安管理工作的许多方面，一些发达国家也积累了大量有益经验，值得我们深入研究借鉴。我们既要立足我国国情，坚定不移地走中国特色的治安管理工作之路，又要不断开阔视野，善用他山之石，从中汲取精华，为我所用。

为此，公安部治安管理局和公安部第一研究所共同成立工作小组，对国外社会治安管理法律法规等资料进行较为系统全面的搜集编译和专题研究，编译了大量的内部参考资料，内容涵盖治安管理的各个重要领域，研究对象涉及美国、英国、法国、日本等数十个国家。在此基础上，从中精选出一批高质量的资料汇编成册，推出了《国外治安管理概览》系列丛书。

希望这套丛书的出版，能够为各地治安系统的同志们提供有益参考，为加强和创新社会治安管理、维护社会治安稳定发挥应有的作用。

是为序。

刘绍武

二〇一一年十二月

前　言

我国公安机关历来高度重视校园安全工作，但是危害师生人身安全的事件仍时有发生。2010年3月23日，福建南平实验小学发生校外人员砍死、砍伤小学师生事件。其后两个月内，全国又接连发生四起校园伤害事件，导致数十名师生伤亡，造成了极其恶劣的社会影响。2011年年初，个别地方又相继发生几起侵害少年儿童的案件。目前，各地都进一步加强了安保措施，也收到了一定的效果。但是，如何预防涉及中小学生恶性伤害事件的发生，从源头上堵住安全漏洞，仍是一个值得深入思考的问题。

“他山之石，可以攻玉。”英国、美国、法国等国家在保护中小学校园安全、预防暴力犯罪方面做了许多卓有成效、各具特色的工作。

英国推出了“更安全学校伙伴关系”计划，旨在帮助地方各相关单位共同处理中小学校内部及其周边发生的异常情况或者犯罪案件，重点解决针对少年儿童的其他高危犯罪和反社会行为，2002年作为试点项目实施，2006年正式作为常规项目实施。

美国早在1953年就在密歇根州弗林特首创设置“学校资源事务官”，最初其角色相当于步行巡逻警察，其后演变为校园警察。设置校园警察的目的是保护校园，预防案件发生，并使学生与警察建立一种良性关系。从20世纪60年代开始在美国各学校推广，目前设置校园警察的州已达40多个。

法国的校园安全圈在各国中独树一帜。该安全圈将警务区域分为三个同心圆，分别是校内、学校周围和校外。自2009年正式实施以来成效较好，尤其是在抑制毒品走私与买卖方面已经获得了相当大的进展。2010年开始扩大实施范围，以拯救更多受到暴力威胁的学校。

日本的学校危机管理分为“事前危机管理”和“事后危机管理”。前者主要是早期发现危险，将事件或事故防患于未然，确保儿童及教职员工安全；后者则强调事件或事故发生后，要迅速且准确地采取措施，将伤害控制在最小范围内，并防止事件或事故再次发生。

俄罗斯正在实施“平安城市”工程，部分城市根据这一项目规划，将学校也纳入其中，开展“平安校园”建设，并为其拨出专项经费。目前，许多学校开始安装视频监控系统、报警器等设备。

澳大利亚地广人稀，学生上学路途较远，校车承担着接送中小学生上下学的任务。为确保校车安全，澳大利亚各州校车主管部门多措并举、多管齐下，做出了不懈努力，确保了中小学生途中安全。

加拿大皇家骑警从2007年9月开始在全国范围内实施校园应急行动计划。该计划针对辖区学校制定统一模式的应急预案，并输入计算机系统，及时更新、随时查询。2010年10月，这一计划获得国际警察局长协会颁发的“韦博斯威执法质量奖”。

本专辑具体编译工作分工如下：罗志成编译“英国：更安全学校伙伴关系计划”，赵洋、姚兰合译“英国南约克郡警察局校园安全指导手册”，李千翻译“英国警察部门与学校委员会协议”；吴瑞红编译“美国：校园警察”，并翻译美国校园安全责任机构及安全计划；朱彤编译“法国：校园安全圈”，并翻译法国有关校园安全的法律和行政文件；王鹤编译“日本：危机管理机制”，并翻译日本警察与教育部门的协议及其他措施；杨全民编译“俄罗斯：‘平安校园’建设”，并翻译俄罗斯校园安全工作细则及有关政策；姜劲蕾编译“澳大利亚：校车制度”，并翻译北部地区《学校警察·政策》和《学校警察·指南》，以及西澳大利亚州《与州警察合作协议》和《校内来访者与入侵者》，李千翻译“西澳大利亚州校车规格标准”；逯永超、陈桂香编译“加拿大：校园应急行动计划”，并合译加拿大警察与学校合作协议及实施项目。本专辑由杨全民、胡文敏统稿，李剑涛、尹春吉、樊海珍编审。

“国外治安管理研究”项目组

二〇一一年三月

目　录

上篇　国外中小学校园安全保卫概况

下篇　国外中小学校园安全法规

上篇

国外中小学
校园安全保卫概况

英国：更安全学校伙伴关系计划

20世纪末，英国发生了多起校园安全事件。1995年12月，伦敦一位名叫Philip Lawrence的中学校长为保护学生遭受致命刺伤后身亡。1996年3月，Dunblane小学遭遇罕见的暴力残害事件，十六名学生和一名教师在校内被社会人员残忍枪杀。近几年，英国又发生了不少针对中小学教师和学生的暴力案件，造成了很大的负面影响。面对严峻的校园治安形势，英国政府一方面持续加大投入力度，进一步加强和巩固了原有的校园安全战略和安保措施；另一方面积极寻求新的、更有效的校园安全举措，探索警察机构参与校园安全事务的良好工作机制。英国儿童、学校和家庭部、青少年司法局、警察局长协会等单位共同推出了“更安全学校伙伴关系”（SSP）计划，并于2002年9月开始作为试点项目实施，取得了较好的效果。

一、影响校园安全的事件

近年来，英国社会失业、贫困频频出现，种族关系逐渐紧张，学生课外活动不断减少，加之人口暴涨和过度拥挤等因素，引起的各类安全事件表现得尤为突出。中小学校作为社会的重要组成部分，虽然相对独立，但也难以抗拒上述因素的侵扰。

根据中小学校向当地教育管理机构反馈的情况，学校员工和来访者的人身安全，学生的人身安全，抢劫、偷盗（来自校内或校外），纵火（来自校内或校外），蓄意破坏以及刑事伤害（来自校内或校外），非法入侵，与车辆有关的违法犯罪等问题是长久困扰大多数学校的难题。英国政府在1996年Dunblane小学暴力残害事件后曾专门对中小学校安全隐患关注点进行调查，其结果如图1所示。

从图中可以看出，各学校最为关注的安全事项主要集中在教职员工和学生的人身安全上，其次是来自校外的非法入侵、破坏等。而且各学校对于来自校外的安全隐患更为关注，认为比校内发生的违法事件更为严重。所以，很多学校提出应加强现有的安全措施，包括加强周界安全，减少入侵风险，提升出入口控制力度，保证学校在工作日不受外界的侵扰。

从社会关注程度来看，教职员工和学生人身安全是学校和社会有关各方关注的重点。特别是以前与学校有过恩怨的学生、家长或年轻人等闯入学校而对师生造成伤害，校园内的欺凌弱小、校园暴力等，均属这一范畴，这是影响校园安全的首要因素。

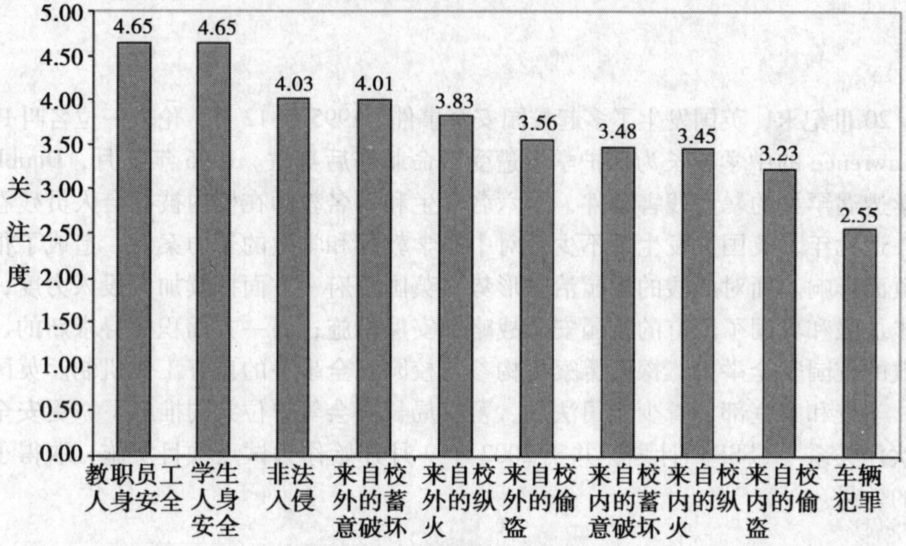

图1　英国中小学生安全隐患关注点

从各类事件造成的后果来看，来自学校外部的蓄意破坏，包括无关人员造成的或者在学校正常工作时间之外出现的蓄意破坏等，是最容易造成学校人员财产伤亡的行为。有调查结果显示，许多学校将注意力从加强学校的建筑物安全转移到维护校内各场所的安全上来，是因为社会人员或来自外校的学生不经批准就闯入校园滋事，给学校的正常工作造成严重影响。英国2000年以来此类事件频发，已经引起学校和社会的重视。此类违法行为主要是由于毒品、酒精的作用或者由于卖淫等因素导致的，而且有的行为发生在学校工作时间的校内设施中。因此，学校提醒教职员工和学生要特别注意那些“游荡”于学校周边或校内设施中的人，保护自身免受其害。

此外，受整体安全形势的影响，英国社会各界近年来对中小学校园交通安全问题的关注度也在持续上升。学生乘坐传统公共汽车存在诸多安全隐患，比如缺少必要的防护设备如安全带等，人多拥挤，有时候一个座位要坐多名学生。另外还有公共汽车的维护，司机的背景审查，儿童在乘坐交通公交的言行举止等都存在问题。英国近年发生的多起校内外交通事故说明，校园交通安全仍是各相关部门亟须合力解决的问题。

二、校园安全责任部门及职能

在英国，法律没有对由哪个单位或政府部门专门负责中小学校园安全作出明确规定，但可以确定的是，负责教育、健康和人身安全的部门必须对学校师生的安全负责。因此，文化教育、医疗卫生、警察机构、司法机构、相关企业等都对校园安全负有一定的责任，各司其职，各负其责。

（一）主要负责部门及其职责

教育主管部门和相关机构（包括学校）对师生在校园内的安全负有主要责任。根据《工作期间的健康和安全法》等法律，管理者（如地方政府、学校管理机构）有责任保障雇员（教职员工）和非雇员（学生）等在正常工作期间（包括上下学途中）的健康和人身安全。同时，法律也规定，雇员在工作期间应合理照顾自己，关注他人的健康和人身安全，配合管理者履行监管职能。

根据英国教育部的相关指导意见，各地教育主管部门和学校应承担以下职责：

第一，中小学校管理者每年向家长作出报告，政府应就该报告事项清单中是否增加有关校园安全的内容进行磋商。如果是地方教育管理机构下属的中小学校，该报告还应当包括地方教育管理机构单独采取的以及学校与之共同采取的措施，以确保校园安全。

第二，地方教育管理机构应确保其下属的中小学校的管理者能获得必需的指导或相关支持和培训，以便履行其维护校园安全的职责。

第三，地方教育管理机构还应当积极征求有关校园安全方面的意见，学校管理者应予以支持。意见征求工作包括对师生的健康和安全风险作出书面评估。

第四，教育部出台的指导性文件中应规定中小学校管理者的职能。

第五，健康与安全委员会中的教育机构咨询委员会在更新其指导性文件时，应当考虑在其文件中规定如何将学校管理者确保健康的责任与确保校园安全的责任有机结合起来。

其他单位或部门，如医疗卫生、司法机构、相关企业（公共交通运营商等）等作为校园安全的合作方，不仅应为中小学校师生提供相应的建议或支持，而且应担负起自身业务领域的监督指导职能。

（二）警察机构的职能

英国警察机构在校园安全事务中发挥着非常重要的作用，其职能主要包括对师生进行安全意识教育，监督、指导学校开展各类安全教育活动，采取各种措施预防、制止、打击犯罪，与学校及有关各方共同为师生营造安全的环境。

近年来，英国警方在维护中小学校安全方面做了许多工作。据报道，2008年英国警方处理的校园暴力等安全事件约为一万起。警察局参与多机构合作伙伴关系，为辖区学校提供及早干预和防治措施，打击犯罪、欺骗等行为。此种做法对于警察局和学校起到了双赢效果，因此，英国政府对此也给予积极支持；还不定期发布相关政策，比如《更安全学校合作伙伴加盟》指南等，这对于规范警察与学校的合作关系，防止双方在处理安全事件过程中出现矛盾或冲突具有重要的指导意义。

在警方的协助下，学校制定将有关案件（主要是未发生暴力行为的案件，如盗窃、破坏公物、入室行窃等）向警方报告的程序，此类事件一般无须启动应急响应计划。此外，学校还应当采用一套记录和报告事件的系统，无论事件大小，都应记录备案，此举也为警方和其他相关机构调查案件提供了极大方便。学校也可以与警方商讨事件记录、报告、保存的有关办法等。

三、"更安全学校伙伴关系"计划

为了进一步加强校园安全监管力度，探索警察机构参与校园安全事务的良好工作机制，英国儿童、学校和家庭部、青少年司法局、警察局长协会等单位共同推出了"更安全学校伙伴关系"（SSP）计划，并于2002年9月开始作为试点项目实施。该计划旨在帮助地方各相关单位共同处理中小学校内部及其周边发生的异常情况或者犯罪案件，重点解决针对儿童或年轻人或者由这部分人群实施的高危犯罪和反社会行为。由于该计划取得了良好的社会效果，因此2006年3月以来正式作为常规项目实施。2009年5月，英国政府又推出了该计划的指导意见。实践证明，推行并完善"更安全学校伙伴关系"计划，对于有效加强警方与学校之间的合作关系以及让中小学校师生远离犯罪危害具有非常重要的意义。

在没有实施上述计划的地区，当地警察局设有专门的机构，配备单独的警力，负责监督、指导辖区内的学校开展安全教育，处理各类涉校治安事件和刑事犯罪案件。

（一）合作形式和内容

根据"更安全学校伙伴关系"计划，所有参与计划的中小学校都会接受派驻一名驻校警察，警方与学校的合作日益密切。从形式上来看，这一合作主要通过以下两种形式来实现：一是警察部门向辖区内的签约合作学校派驻警察或其他执法人员（如社区支持员等），即驻校警察或驻校执法人员；二是警察部门与辖区内的多所签约合作学校开展重点合作，其目标不仅在于提高学校和中小学生的安全状况，而且也注重培养青少年与警察之间的融洽关系。

截至2009年年初，英国共有5000所中小学校加入了“更安全学校伙伴关系”计划，约占全英中小学校总数的四分之一。警察和社区支持员在上述学校常驻，协助处理校内外发生的治安事件和其他违法、违规犯罪案件。随着该项工作的深入推进，这一计划的覆盖面还将进一步扩大，因此参与计划的学校、警察机构以及其他相关单位或组织（如青少年犯罪预防团队、卫生医疗机构等）也会随之增加，各单位彼此之间在预防、打击涉校犯罪方面的合作将变得更为密切。

根据2009年7月发布的《青少年犯罪行动计划》，英国政府已经将“更安全学校伙伴关系”计划常态化，通过召开一系列专题会议，确定工作重点，研讨新的工作模式。专题会议的参与人主要是“更安全学校伙伴关系”计划的参加单位，以及商会代表等。通过召开此类会议，有关各方不仅商讨如何保障中小学生在学习期间的安全，同时也关注学校帮派活动、涉刀涉毒犯罪、极端暴力行为等社会问题，提出具体对策建议或者整改措施，为打击涉校涉生违法犯罪活动，净化中小学校园环境起到了重要的作用。

（二）驻校警察的主要职责

驻校警察的主要职责是：减少校区及其周边区域的受害人数量，降低犯罪率，遏制反社会行为；与校方共同解决师生行为规范和纪律问题；识别可能受害或可能成为犯罪嫌疑人的儿童和青少年，并与其开展合作；确保青少年犯罪嫌疑人接受完整的教育（这是预防年轻人犯罪的有效手段）；在儿童和青少年学习的转折期（如小学升初中等）向上述学生提供帮助；为学生创造一个良好的学习环境。

自2002年4月开始，英国警方开始启用国家犯罪记录标准（NCRS），旨在规范警察对犯罪案件的记录程序。2004年3月，英国发布《驻校警察处理犯罪记录》指南，后由英国儿童、学校和家庭部，内政部，警察局长协会等三家单位联合修订，2007年发布修订版并沿用至今。该指南规定了驻校警察对学校设施内发生的犯罪案件的记录、报告程序。

该指南阐明了国家犯罪记录标准应用于涉校治安事件的使用原则。当驻校警察亲自见证发生在学校设施内的治安事件或者接到关于此类报告时，他们一般会请受害人或当事人按照学校的正常处置程序将该事件报告给该校校长。关于是否将此类事件记录为治安事件有着较为明确的规定，即驻校警察应根据以下程序或因素进行判断：一是驻校警察根据事件性质，呼吁学校对该事件引起足够重视，并且根据校方要求创建一份犯罪记录；二是驻校警察可根据学生、家长、监护人的要求，创建一份犯罪记录。

（三）驻校警察犯罪报告程序

英国内政部对警察（包括驻校警察）记录并报告治安事件或暴力犯罪案件的程序作出了详细规定，具体做法见图2。

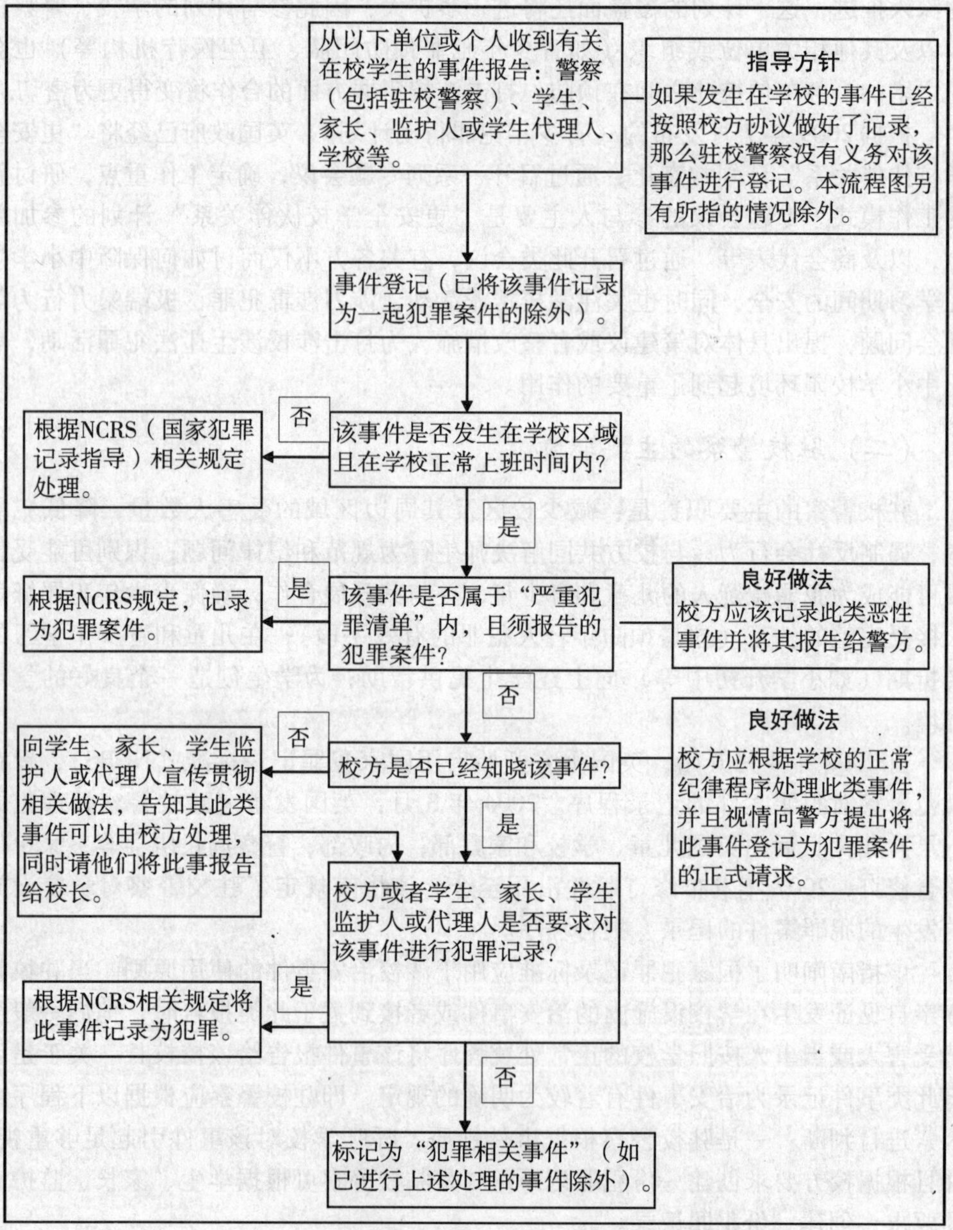

图2 驻校警察犯罪报告程序（2010年4月）

内政部发布的驻校警察犯罪报告程序中规定的“严重犯罪”主要包括以下行为：

叛国；谋杀；过失杀人；绑架；制造可能危及生命财产安全的爆炸；持有火器用于伤害他人，用于抗拒拘捕，或者出于犯罪目的携带火器；扣押人质；劫机；虐待；危险驾驶致人死亡；饮酒或服用毒品后随意驾驶致人死亡；危及机场安全，劫持船只，强占或控制固定站台；劫持海峡隧道列车，强占或控制隧道系统；拍摄、制作猥亵儿童照片；出版淫秽物品；与货物有关且属于1979年《海关和货物税管理法》第170条规定的犯罪，利用欺骗手段避税，或企图逃避有关禁止进口猥亵或淫秽物品规定的行为；强奸；性攻击；在未获允许的情况下强行与他人发生性关系；强奸13岁以下儿童；对13岁以下儿童实施性袭击；导致或引诱未满13岁儿童发生性行为；强行与精神疾病患者发生性行为；导致或引诱精神疾病患者发生性行为；导致或容许儿童、弱势成年人死亡。

除此之外，造成或企图造成以下后果的行为也属于严重犯罪：

对国家安全或公共秩序造成严重侵害；对司法监管或犯罪调查构成严重干预；致人死亡；致人严重受伤；给某人带来巨大收入；给某人造成重大财产损失。

（四）学校在犯罪记录方面的责任

对于涉及中小学校的暴力伤害、损害学校设施、偷盗、骚乱等情况均需校方处理，并且需要作出适当记录。为提高教育机构和警方应对涉校治安事件的响应能力，英国政府也发布了关于事件记录的相关程序，这些程序主要以分项工作指南的形式体现，涉及以下内容：

第一，“正确处理麻烦学生”，这是英国教育部门和内政部制定的一项合作政策，旨在规范包括种族歧视等在内的涉校事件的报告和记录程序，同时提供事故报告程序模板。

第二，“中小学校法律百宝箱”，该指南呼吁将所有针对中小学师生的虐待、威胁或暴力行为进行记录，并将这一伤害情况报告给健康和安全主管人员。

第三，“安全地学习：落实学校反暴力工作”，各校应制定细致有效的措施，预防、制止学生中出现的暴力行为。英国儿童、学校和家庭部建议，各校的反暴力措施应当尽可能地考虑到各种暴力形式，比如种族歧视、特殊教育（如聋哑教育等）需求歧视、计算机虚拟暴力等，学校对暴力事件应作出准确记录，同时记录学校的应对措施，以便进行相应审理，确保正确处理每起事件。

第四，“毒品：中小学校指南”，由于以前校方没有向警方报告涉毒事件的法定义务，为了加强对涉毒事件的处理能力，该指南要求警方参与调查发生在学校的涉毒事件，校方也应与当地警察局密切联系，签订合作协议。同时，该指南也明确了学校通知警方或咨询警方的时机，警方参与事件调查的时机，或者警方单独采取行动的时机等。

除此之外，英国政府还发布了学校行为规范文件，对于种族歧视等行为以及由此造成的治安事件，学校必须进行记录并报告相关部门。

（五）各地做法

伦敦警察局在社区警务部专门设立了中小学校安全小组和中学驻校警察小组，其业务覆盖了伦敦的所有中小学校，主要负责中小学师生的安全意识教育以及涉校治安事件的处理等事务。驻校警察负责与学校管理机构联络，定期或不定期进行专题讲座，实施各种安全计划，努力营造警察与学生之间相互配合、互相帮助的良好氛围。

西米德兰兹郡警察局专门设置了减少犯罪警官一职，主要负责评估安全风险，并向各中小学校教职员工和学生提出安全方面的建议或意见。该警察局也花费了大量时间和精力，与社会弱势群体和中小学校进行正面接触和了解，为其提供免受犯罪袭击的方法。此外，西米德兰兹郡警察局还鼓励学校申请使用英国国家级的移动电子设备（MEND）数据库对校内的所有行动电话进行免费登记注册，发生紧急情况时可及时联络。该方法同样也可适用于其他所有电子设备，如MP3 播放器等。

格罗斯特郡警察局下设中小学组，由四名警察组成，负责指导该郡所有教育机构的安全事务，制订有助于提高师生安全意识的各种课程，同时也宣传贯彻了警察的职能。各中小学校可根据自身教学实际，合理安排这些课程。警察在授课时穿着警服，并且会利用各种教学辅助手段授课，以求达到最佳的教学效果。该组需要探索解决的校园安全问题繁多，比如校园暴力、毒品、人身安全、刑事犯罪和饮酒问题等，针对不同师生群体，讲授的安全知识也有所不同。在研究教学内容的同时，该组所有警察也在积极探索更好的教学模式和方法、手段，力争满足日益更新的教学需求。

（六）合作效果和前景

在推行驻校警察之初，英国某些中小学校担心警察进驻校园会让师生或家长误以为学校治安状况差，但这种顾虑可以通过借鉴那些成熟的做法来得以消除。根据儿童、学校和家庭部大臣艾德·保尔的观点，参与“更安全学校伙伴关系”的学校在发现、制止违法犯罪行为方面比其他学校应该更为积极主动，因为警察机构以及其他单位与学校的合作机制决定了这一方法更能发现校内外发生的事件，并将其消灭在萌芽状态。

从社会各方反应来看，学校与警察机构以及其他相关单位的合作正日趋完善，其积极的影响主要体现在以下七个方面：

第一，年轻人和警察之间的关系变得越来越融洽；

第二，可及时发现离队青少年并对其提供帮助；

第三，及早预防犯罪；

第四，规范在校行为和出勤率；

第五，对学生上下学进行更好的管控；

第六，改善社区关系；

第七，提高各合作单位之间的信息共享能力。

英国政府目前已将这种良好的工作模式加以固化，同时每年也在积极探索更为有效的做法，以期更好地解决中小学校园安全问题。从长远来看，这一方法对于建立、健全校园安全长效机制，提高学校、警察机构等相关单位解决校园安全问题的工作效能，无疑具有十分重要的意义和更为广阔的应用前景。

四、保障校园安全的法律规范

2004 年英国《儿童保护法》规定相关机构应帮助儿童成长。该法对“成长”一词的含义做出了解释，其中第二条“保护儿童免受伤害或漠视”主要涉及校园安全问题。对于如何达到这一要求，规定必须保证以下几点：一是确保孩子免受不良对待，远离暴力和性虐待；二是确保其免受意外伤害，避免造成死亡；三是确保孩子不受凌辱和歧视；四是使孩子无论是在校内还是校外都远离犯罪和反社会行为；五是确保孩子的人身安全、情绪稳定并且能得到相应的关爱。要求各中小学校应根据上述五项要求制定相应的落实措施。

从英国现有的法律法规和政策文件来看，涉及校园安全的数量较多，主要有 1986 年《公共秩序法》、1982 年《地方政府法》、1977 年《刑法》、2000 年《乡村和道路公共权利法》、1996 年《教育法》、1988 年《教育改革法》、2004 年《儿童保护法》、1954 年《居民义务法》、1974 年《工作场所卫生安全法》、1997 年《刀具法》、1996 年《攻击性武器法》、1999 年《国家健康学校标准》、1998 年《数据保护法》等。上述法律从各自角度对校园安全有关事项作出了规定。

英国内政部、教育部等部门也出台了一系列关于校园安全的文件，对入侵校园、人身袭击、攻击性武器等问题作出了较为详细的规定。根据上述政府部门的相关调查，中小学校面临的最普遍的问题是普通扰乱、骚乱、欺凌、破坏等，上述问题容易引发更为严重的治安事件甚至刑事案件。然而，现有的执法资源并未被相关部门熟知，在处理校园安全事件时，各地的操作办法也各有不同，这也导致许多学校认为警察机构和刑事司法机构并未对其提供足够、有效的保护。从这一角度出发，相关部门联合制定、发布了一系列校园安全指导文件，对处理涉校涉生治安事件和刑事犯罪案件作出了规定。

（一）预防、处理非法入侵行为

非法入侵校园扰乱正常的教学秩序，也极易引发严重犯罪案件。英国法律规定，如果学校出现入侵者，学校有权让其离开。如果入侵者拒绝离开，学校可以通知警察或其他授权人员，使其离开学校。地方政府部门或学校也可以对入侵者作出书面警告。如果入侵者制造麻烦或者混乱，警察、授权人员或地方政府部门可根据1996年《教育法》第547条规定诉诸法院。该法规定：第一，如果入侵者扰乱学校安宁，警察有权对其实施拘捕和指控。第二，如果入侵者造成了学校人员财产损失或伤亡，学校有权采取民事行动，寻求赔偿。第三，如果入侵者蓄意或蛮横破坏，学校应向警方报告，以便视情将其起诉。第四，如果入侵者持续闯入学校，地方政府部门或学校可以向法院申请，对该人实行禁令。

根据内政部规定，对于非法入侵校园可进行以下处理：

非法入侵		
行为描述	应对措施	处罚办法
某人入侵学校设施	校方要求该人离开	
入侵者拒绝离开学校设施，或制造麻烦，或骚乱	警察、授权人员驱逐入侵者； 地方教育局、学校书面警告入侵者； 警察、授权人员、地方教育局对其提出指控	最高处罚：二级，罚款500英镑。行为人如果是16岁及以下青少年，其家长或被要求具结候审
入侵者扰乱学校安宁	警察可对其实施逮捕并提出指控	如违反具结候审规定，最高判处六个月监禁
入侵者造成损失或损害（如破坏学校正常活动等）	学校可采取民事措施，寻求赔偿	法院可判定犯罪嫌疑人作出赔偿
入侵者蓄意或蛮横破坏；其他刑事损害	学校将事件报告警方	如果故意威胁他人生命或不计后果地危及他人生命，最高处罚：终身监禁 其他刑事损害：如成立，最高判处十年监禁
入侵者持续进入学校设施	地方教育局或学校申请法院禁令	法院命令入侵者不得进入学校设施。如有违反，法院可对其进行实质性处罚

此外，英国2000年《乡村和道路公共权利法》规定，为保护师生的健康和人身安全，学校有权对穿过校园的公共道路进行保护。公众在使用道路时不应在未获校方允许的情况下进入学校设施，否则可能会按入侵校园处理。学校可以根据道路的实际使用状况，适当采取管制措施，比如加装围墙，提高校园建筑的出入口控制能力，加装视频监控系统等。

（二）对非暴力犯罪的处理

根据1994年《刑事司法和公共秩序法》第154条规定，在校内外对师生造成骚扰、恐慌或痛苦的，可视为犯罪。在校内外威胁、辱骂、污蔑师生的，构成1986年《公共秩序法》第5条规定的犯罪。在决定是否呼叫警察参与调查之前，学校应当考虑以下各种因素：犯罪嫌疑人和受害人的大致年龄，对学校管理制度造成影响的程度等。1986年《公共秩序法》第5条规定，下述行为构成犯罪：使用威胁、辱骂、攻击性言辞或行为，或者使用任何文字、标识或可视化材料等手段达到威胁、辱骂或攻击，从而通过听觉或视觉对某人构成羞辱、恐慌或造成其痛苦，可对无视警告而执意进行上述行为的个人进行逮捕。该法旨在对违反公共秩序的非暴力行为进行处罚，中小学校亦适用。此外，1997年《骚扰保护法》规定了两项罪名，即持续骚扰他人，以及给他人造成暴力恐惧感。

相关处理办法如下：

非暴力犯罪		
行为描述	应对措施	处罚办法
故意骚扰、恐吓或造成他人痛苦的	警察对该人作出警告，且有权实施逮捕	最高处罚：五级，罚款5000英镑，并处（或单独处以）六个月监禁
利用威胁、辱骂或污蔑性的言辞或行为或者利用其他妨碍治安行为的	如果该人继续此种言行，警察有权对其作出警告或实施逮捕	同上
通过一系列行为骚扰他人的	被害人应当报警；警方提出指控	同上
通过一系列行为对他人造成暴力恐吓的	被害人应当报警；警察有权实施逮捕	最高处罚：上不封顶，并处（或单独处以）五年监禁；法院可颁布控制令，如有违反，最高判处五年监禁

（三）严厉打击涉校暴力犯罪

暴力犯罪不仅对师生造成的伤害十分严重，同时也会产生极其恶劣的社会影响。目前，尽管英国对于普通的攻击行为没有逮捕行为人的法律依据，然而如果该行为性质恶劣，即使没有造成受害人身体伤害甚至没有发生任何接触，也可以对该行为人判处监禁。如果对受害人造成了身体伤害，则可对行为人实施逮捕，并判处监禁。学校应当将此类攻击行为（包括学生之间的斗殴等）报告警方，这也是在协助警方和检察机关。应对措施和处罚办法如下：

暴力犯罪		
行为描述	应对措施	处罚办法
攻击或殴打他人的	学校或警察可合理使用武力，控制行为人，保护受害者，阻止行为人进一步实施犯罪； 为维护治安，警察可以逮捕行为人	最高处罚：五级，罚款 5000 英镑，并处（或单独处以）六个月监禁； 青少年适用的罚则不同
攻击他人并造成身体伤害的	学校应当报警； 警察对行为人实施逮捕	最高处罚：五年监禁

（四）禁止攻击性武器进入校园

根据英国 1977 年《刑法》第八条规定，任何携带攻击性武器且没有合法或合理理由进入教育设施的个人将被视为非法入侵，警察有权将其逮捕。此行为可判三个月监禁以及（或者）处以五级罚款（最高 5000 英镑）。

1996 年《攻击性武器法》规定，不合理或在未经授权的情况下在校园及其周边携带刀具或攻击性武器的行为是违法的，三英寸及更短的折叠铅笔刀、教学用的刀具、宗教性佩刀等除外。警察在确信已经发生犯罪的情况下，拥有搜查人身的法定权力。在具体操作上遵循《警察和犯罪证据法——A 法》规定，即：第一，嫌疑人脱去上衣、夹克、手套、帽子（头饰）等衣物时，执行搜查的警察必须与嫌疑人同性；第二，上述搜查有可能在公共场合进行，让嫌疑人脱掉上述衣物时应避开公众视线。

在发生攻击事件后，如果校方确定行为人是无辜的或者未对其他人构成威胁，则无须向警方报告。如果校方有合理理由相信某名学生携带了攻击性武器，在警察到场之前，教职员可在征得该学生同意的情况下对其实施搜查，查获的攻击性武器应尽快送交警方。

攻击性武器		
行为描述	应对措施	处罚
涉嫌在学校设施内使用武器或刀具	学校应当报警	警察可以进入学校搜查、没收武器
在无须合法防卫的情况下，在学校设施内携带武器或刀具	学校应当报警； 警察可以逮捕行为人	携带刀具：最高处罚：二年监禁，并处（或单独处以）罚金； 携带武器：最高处罚：四年监禁，并处（或单独处以）罚金； 较低刑罚适用于十至十七岁青少年，附加刑可施于家长

（五）逐步推动校车安全立法

由于英国社会对校车交通安全日益关注，围绕该领域的立法工作也在逐步开展。自2008年以来，英国议会收到了两份关于规范中小学校车安全运营与管理的提案，即《校车（安全）法案》和《学校交通法案》，两份提案均获得下议院一读通过。

《校车（安全）法案》旨在建立一套中小学校车安全管理体系，对校车的结构和使用作出规定。法案主要包括四方面内容：一是当校车在公交车站停车并且打开停止标识时，超越校车的行为视为危险驾车，超越静止状态下的校车的行为视为违法；二是对学生和司机进行强制性培训；三是要求国务大臣就校车安全事宜每年向议会作出年度汇报；四是建立新的中小学校车安全委员会，监督该法的执行情况。《学校交通法案》则重在对专用校车网络进行规范，修改地方教育机构关于提供学校交通工具的职责范围，改进学校交通工具使用人群的安全状况等。

虽然这两份提案在二读中搁浅，但其在英国产生的影响非常大，其中《校车（安全）法案》甚至被提到英国时任首相戈登·布朗的议事日程，由此可以看出英国社会各界对中小学校车的规范管理给予了极高的重视。相关政府部门、学校、公交运营企业甚至个人都在为加强校车安全作出说明，并且也在试图从各个方面对校车装备、运营、管理进行统一规范。

五、加强校园安全的其他措施

自1996年Dunblane小学暴力残害事件后，英国社会各界进一步认识到维护校园安全的重要性和紧迫性。近年来发生的涉校涉生安全事件也不断促使政府各相关部门和组织积极完善预防、处置措施，大力推进扎实有效的良好做法。

（一）宣传贯彻安全理念，落实安保经费

英国政府已逐步将安全教育理念融入到整个中小学教育目标之中，这样既避免了学校突击式或游击式的教育，提高了安全教育的系统性，同时也加强了学校与警方以及其他有关各方的有机联系，为处理各类涉校治安事件甚至严重刑事犯罪案件提供了更为顺畅有效的沟通平台。此举是英国确保校园安全的最重要的做法之一。

落实各类校园安全措施的资金主要通过以下途径加以保障：第一，学校自身的资金，如学校预算或自筹经费，这是最主要的一种形式。第二，以往的学校安全拨款、基本资金以及学校修缮资金等。第三，中央下拨的其他地方教育管理经费，包括移交资本资金、资产管理计划实施资金、风险管理小组资金、地方或教区行政机构的资助等。第四，学校新项目资金、单次重建预算以及其他竞争性资金。第五，私人投资，包括向学校提供视频监控系统（CCTV）以及支持资本现代化资金（CMF）措施的住房信托资金等。

对于加强校园安保资金管理，英国政府提出了两点建议：一是政府应当及早向教育支持和培训资金（GEST）计划追加专项资金，为校园安全加拨专款。每个地方教育管理机构应当获得相应的专项资金，用于审查学校的安保措施，应当专款专用，并且应当尽量用在急需之处。政府应当主要根据各地的学校和学生情况以及相关的安全风险因素，权衡资金的下拨比例和力度。此外，对于国家直接拨款的中小学校应当均衡考虑。二是内政部在其视频监控系统投标工作中，应当重点考虑涉及中小学校的投标情况。如有需要，还应考虑增加校园安全工作的资助金额，用以保障投标工作的资金。

（二）设置专门岗位，加强学校监管

加强校园安全的另一举措是在学校设置安保协调员岗位，就学校的安全保卫问题向所有相关人员提供咨询，发布指导文件，提供适当的支持。其工作重点主要在于两方面：一是学校设施的24小时安全；二是教职员工和学生的人身安全。

校园安保协调员的主要职能如下：担当学校内有关安全问题的信息和指导性意见的校方代表；为高级管理团队提供有关校园安全方面的最新信息，也为其他

相关组织提供信息；担任学校与地方当局以及其他机构的联络人；发展并维护学校与其他机构特别是警察机构的联系；参与分析安全事故发展趋势以及其他相关事项；帮助制订学校安全事项的培训需求分析，等等。

此外，各中小学校根据教育部以及其他机构制定的文件，定期评估审查其安保情况，针对社会人员进入校园行凶的事件，各学校特别注意加强出入口控制系统的有效性，提高上述技术手段的可操作性。如果学校认为社会人员穿行校区会对学校构成风险，在征得相关管理机构同意后，会合理改变社会人员的途经路线，消除或至少降低此种风险。

（三）运用技术手段，提高校车安全

自2000年开始，英国政府引进了具有北美风格的黄色的中小学校专用校车。英国校车服务均由地方公共交通部门提供，公交部门将中小学校车业务外包给地方公共汽车公司，由后者进行运营。此外，实施校车安全计划对于美化环境而言也具有积极意义。校车安全计划对于加强中小学校师生途中安全起到了积极的作用，但英国各地仍在探索更为有效地提高校车安全的良好实践。

2008年9月，阿伯丁郡两名儿童在交通事故中丧生。为了加强校车运营安全，提高管理效率，阿伯丁郡先后开展了一系列专题调研，采取了相应的应对措施：一是开展道路交通安全教育活动，包括向中小学校师生发放学校交通安全学习材料（如《前方有校车——停!》）和DVD资料等。二是检查校车的上下车站点并对其作出安全评估。三是对创新型校车站点技术——See Me进行测试，该技术在专用的校车停靠站标志上放置一个实时警告单元，学生书包内的微小无线电收发器可激活该警告单元。如出现异常情况，该装置将报警，此举有助于提高学生上下车安全。四是规定郡内所有校车自2010年开始强制加装安全带。

除此之外，阿伯丁郡还实行了一项新的校车标志计划。根据计划，该郡的所有中小学校车将使用新标志，同时淘汰旧的校车标志，进一步提高校车的可见性和安全性。新标志由郡管理委员会联合交通运营商共同开发，其中融合了各种不同的技术设计，更加贴近实际需求。

（四）实施专项计划，确保路途安全

1.“穿行护送”计划

为保障中小学生在上下学路途中的安全，英国政府实行了中小学校“穿行护送”计划（SCP），并以法律或部门规定的形式固定下来，比如德文郡制订了中小学生穿行护送指南以及培训手册，兰开夏郡、莱西斯特郡出台了穿行护送实施细则等。该计划自20世纪50年代开始沿用至今，客观上起到了积极的作用。

中小学校“穿行护送”计划原则上是为11岁及以下的在校少年儿童提供的，

但也不仅仅局限于该年龄段。早在2001年，“穿行护送”计划就将护送对象扩展至成人，其目标是保证孩子以及接送孩子的家长在上下学途中的交通和人身安全。负责护送孩子的机构或团队叫做“学校穿行护送服务队”（School Crossing Patrol Service），人员主要来自社会招聘，有退役警官、年轻的志愿者以及社区的热心人士。执行穿行护送任务时，护送人员必须严格遵守规定，穿着专门的制服（可见度高的外套），佩戴帽子，携带并适时出示标有“STOP”字样的指示牌，并且在切断交通时要提前站在明显、安全的位置，为驾驶员和自身留出足够的缓冲时间。当护送人员出示护送标志时，任何机动车驾驶人必须立即停车。

护送人员在进入服务队之前须经过体检和考察。该项工作主要由各地的市政部门负责，有的由警察局局长进行监督，护送人员由其授权指定，学校也设有“穿行护送管理员”（SCPM），负责协调具体事务。该计划实施后，学生在上下学途中的人身和交通安全得到了一定的保障，有效减少了意外事故的发生，取得了良好的社会效果。

2. 安全巡逻计划

伦敦警察局加强与加拿大机动车协会（CAA）的合作，共同实施了一项中小学“安全巡逻”计划（School Safety Patrol program）。该计划自1960年启动，在实践中也得到不断改进，收效良好。该计划倡导11岁至14岁的青少年自愿在学生上下学路上执行巡逻，提醒其他学生有序排队上下校车，注意途中安全等。警察局社区服务小组负责为计划参与人员提供培训，使其更好地履行计划规定的职责。参与计划的中小学校也有义务参加由警方发起的各项活动。目前，伦敦共有46所中小学校参与了该计划。

此外，西米德兰兹郡警察局在学生上下学途中或其他特定时间内，专门派员在校车上巡逻。负责学校安全的警察也会推动设立一套学生“安全路线”，鼓励所有中小学生通过该路线上下学。某些学校则专门设有校车保安员，负责在上下学的主要路段保护学生。这样避免中小学生被客观地孤立，不给犯罪分子可乘之机，因此孩子们也不会沦为犯罪分子施暴的目标。

（五）颁布“帮派禁令”，打击团伙犯罪

帮派团伙容易引发暴力犯罪，制造恐怖气氛，把年轻人拉入犯罪深渊，对社会安定造成严重影响和持续危害。因此，英国内政部2010年12月16日宣布，从2011年1月31日开始，警察和地方政府有权使用“帮派禁令”，以此打击团伙暴力犯罪。该项禁令由法院发布，利用一系列禁止命令和要求，达到遏制帮派习气的目的。“帮派禁令”对可疑人员进行诸多限制，比如阻止其进入某个特定的地理区域，不准可疑人员携带某些特定的动物出现在公共场合，禁止公开穿戴“帮派色”等。

实施该项禁令后，警察和地方政府可对卷入帮派暴力行为的某些人实行更为严厉的限制措施，同时也可对那些意图离开暴力团伙的人提供强有力的支持，从而更有效地解决当地帮派问题。2010年，英国政府向各地拨款400万英镑，支持其打击由青少年实施或者针对青少年的严重暴力犯罪活动。

校园安全是一项长期性工作，需要举社会各阶层、各部门之力，动员全社会力量共同维护。根据英国内政部近期发布的全国犯罪统计数据显示，2008—2009年度反社会案件约为370万起，2009—2010年度约为470万起，同比增加27%。在2009—2010年度，针对10～15岁青少年的人身伤害案件高达220万起，几乎占到所有该类案件的一半，其中只有11%左右向警方报案。因此，虽然政府相关部门出台了多项措施，各中小学校也在积极完善安保制度，客观上也起到了积极的效果，但英国近年来涉及校园安全的案件仍然层出不穷，给英国社会发展带来了较为严重的影响，维护校园安全依然任重而道远。

主要参考资料及来源：

1. 英国内政部、教育部、青少年司法局、卫生部、公共交通部官网。

2. 教育技能网：www. teachingexpertise. com。

3. 英国教育部资料库：www. education. gov. uk/research/data。

4. 英国莱斯特郡政府网：www. leics. gov. uk。

5. 王鹰著：《外国中小学校的校园安全》，载《中国教育法制评论》第2辑。

美国：校园警察

美国是中小学校最不安全的国家之一，校园枪击案时有发生。1999 年 4 月 20 日，科罗拉多州丹佛市郊杰佛逊县科伦拜恩中学发生了美国有史以来最大的中小学校园恶性枪击事件，两名少年枪杀了 12 名学生和 1 名教师，并造成 24 人受伤。2011 年 3 月，休斯顿市一所高中发生一起枪击案，造成 1 人死亡，数人受伤。校园暴力正日益成为困扰美国社会的一个严重问题，校园安全也越来越为美国各级政府机构和公众所重视，美国各界采取了多种安全措施，设置校园警察即为其中之一。目前，设置校园警察的州已达 40 多个。校园警察虽未能从根本上扭转严峻的校园暴力形势，但也确为维护校园安全发挥了积极作用。

一、校园警察及其职责

校园警察源于 1953 年密歇根州弗林特首创的“学校资源事务官”，最初其角色相当于步行巡逻警察，目标是让学生与警官建立一种良性关系。从 20 世纪 60 年代开始在美国各学校推广，目前，设置校园警察的州已达 40 多个。

校园警察都是全职，在学校办公，拥有警察权力，他们通常由校区直接聘用，而不是由校区之外的执法机构聘用。校园警察具有与其他警察同样的权利，可以携带枪支、拘捕犯人，依据联邦法律、州法律执行事务。

校园警察的主要职责包括：

一是保护校园，预防案件发生。主要预防枪击、抢劫和性暴力等案件，遇到治安案件或者警方大规模抓捕犯罪分子时，校园警察会立即通知附近的学校注意防止逃犯闯入学校。为防止学生携带枪支入校，校园警察常突击搜查校园，负责接听学生的求救电话和监看监视装置发回的图像信息。

二是校园反恐。“9·11”事件发生后，美国校园也被政府列为可能遭受恐怖袭击的重点目标之一，校园警察与联邦调查局的反恐人员合作逐渐增多，与反恐人员一起巡逻，调查外籍学生，有时还组织反恐演习。

三是组织专门培训。通过在校园授课，把警察局的各种观点、方法介绍给学生。一些警察甚至协助或负责课外运动及社会活动，使警察成为学校教职员中的一部分。中小学校在组织社会实践活动时，也有警察参加，警察通过实践活动使中小学生切身体会到安全防范的重要性。

总之，校园警察的工作是“三位一体”——执法、向学生提供咨询服务及进行相关的法律教育。除了校园警察，一些城市的警察局还设立学校交通巡逻警察，这一类警察受市警察局局长的领导，在公立学校附近进行交通执法，有权向交通违章者开出罚单。

目前，美国很多警察局都设有校园安全部门，专职负责各类学校的安全保障问题。如纽约市的“校园安全处”，是1998年纽约教育局将原有的保安部门并入该市警察局而设立的。截至2007年，这支校园警卫队伍已达5100多人，拥有200辆机动车，负责纽约1500所公立学校的安全保卫工作。所有希望参加这项工作的男女志愿者，都由警察局负责招募和训练。学员没有年龄上限，但要经过身体考核，能用英语熟练交流，没有犯罪记录。在训练方面，纽约警察局校园安全训练组负责对学员进行警察执法规则、基本身体训练、自卫和搏斗、警用器械使用等方面的培训。训练时间约为14周。在装备方面，校园警察穿正式的警察制服，但其绣徽和警徽标明为校园警察。每个学校至少有一名警察上岗。校园警察佩带警棍和手铐，没有枪支、钢叉和电击枪。无论护身技艺还是应变能力，这些警察都足以应付日常工作和突发事件。校园警察可以在全纽约州内执行无警告和无书面文件的逮捕、使用手铐和在需要时对嫌犯实施打击和压制。

二、教育部门及其他组织的措施

美国绝大多数中小学校园都没有围墙遮挡，处于半开放的状态。虽然如此，但美国的中小学校园安全保卫工作其实很严格，各部门各司其职，各负其责。

（一）教育部门

教育部门在保护校园安全方面责无旁贷，各学校都为预防犯罪案件采取了多种措施，如对进入校园予以限制、增加学校保安人数、制订紧急情况应对计划、增加学校的电话和无线电通信装置等。

在技术防范方面，各学校更是不遗余力。美国大约有39%的城市学校配备金属探测装置，由于这类设备可以检查出一些金属器件，包括枪支和匕首等，因而备受校方青睐。一些较大的学校还会安装一种名为School Lobby的电子访客管理系统。该系统能够储存学校员工、学生的全部资料和相片，还可以为学生、员工以及来访者制作有一定权限的ID卡，每张卡上面都有一个磁条，以便学校对学生的行踪进行追踪。一些较小的学校则使用一种名为TIMEbadge的系统，这种系统仅为来访者制作相应的出入证件，这类证件有一定的时间限制，一旦来访者在学校停留的时间过长，该系统就会自动报警。

2006年，美国的一些公立学校安装了价格约为15000美元的虹膜识别安全系统，无论是教师、学生、家长还是访客，只要在校园的安全网络里存有虹膜记录，进校时学校的大门就会自动开启；倘若没有记录，就只能和学校的保安部门联系。虹膜识别仪可以精确地识别来访者的身份，使校园更加安全。目前美国学校正努力凭借高科技手段建立和完善多功能的防火、防盗、交通安全、报警等监控严密的安全防范体系，使校园安全防范系统成为一个纵横交错、点面结合的严密网络。宽带无线网络、视频监控系统和呼叫中心系统大大提升了校园安全水平。如美国圣地亚哥市的 Grossmont 学校于 2003 年夏季选择了索尼网络监控解决方案，通过 TCP/IP 网络对紧急情况作出实时反应，对其所属 11 个校园进行图像监控。加利福尼亚州的一所学校把射频身份认证（RFID）附加在身份识别卡上以追踪学生来校的目的，也可阻止学生浴室的肆意破坏公物行为。

在人员防范方面，在哥伦拜恩中学发生校园枪击事件一年后，克林顿总统拨款 600 万美元用于雇用 452 名执法人员作为学校资源事务官，司法部提供了 7475 万美元培训学校资源事务官。在 2008 年，美国司法部宣布用 130 万美元补助培训人员，同时支持学校执法人员采用金属探测器和其他措施。关于对学生在校的监视，有 45% 的校长报告说雇用了学校资源事务官。

在资金投入方面，在 2009 年美国总统奥巴马签署的总额达 7870 亿美元的“美国复苏和再投资”计划中，国会拨出 540 亿美元的“财政稳定”基金用于新建、修缮学校以及改善教学硬件设施。在奥巴马于 2010 年 5 月提交的 2011 财年预算计划中，用于校园安全的经费比上年增长了 12.5%，达到了 4.1 亿美元，除了“成功、安全与健康的学生”项目，该预算还将用于“突发事件应对准备”、“安全学校/健康学生”和“药物滥用与暴力预防”项目。

（二）其他组织

其他组织也积极投入到保护校园安全、学生安全的工作之中。根据美国官方的学校治安交通巡逻计划，当地警察部门、政府运输工程部门、学区和美国汽车协会地方分会联合对中小学进行交通巡逻。以美国中央公园小学为例，学校安全巡逻制度主要由三部分人员组成：巡逻者、教师/管理人员、校长。其中教师/管理人员又称为巡逻管理人员，负责每日路口的纠纷排解，以及巡逻队员交通安全工作的指导，而校长则扮演支持者的角色。圣迭戈警察局青少年处制订的学校安全巡逻计划，旨在促进小学生上、下学时安全过马路，该计划在将近 90 个学校实施。芝加哥小学组织了家长巡逻队，协助维护学生步行交通安全以及校园安全。2005 年华盛顿州法规对校园巡逻队成员的任命、权限、经费和保险作出了以下规定：

- 州教育厅厅长通过学区各个学校校长的任命，使来自公立或私立学校或学院学生机构的成年志愿人员成为学校巡逻队成员的主管。学校巡逻队成员无偿提供服务，并乐于此项任命。

• 学校巡逻队成员在履行职责时应当穿戴标明身份的适当标识或徽章，在学校的十字路口或其他学生通过的路口，他们可竖起“停车”或其他正确的交通指示标志或信号，但是学校巡逻队的成员和主管必须服从和遵守在场的主管治安警察的命令。

• 各学区可自行决定雇用足够数量的成年人担任校园巡逻队主管。

• 任何拥有校园巡逻队的学区应当利用学区的普通基金款项，为校园巡逻队成员购买制服以及徽章、交通标志和其他适当的材料。

• 任何汽车司机在学校巡逻队成员命令其停车而不停车时即属违法；汽车司机无视学校巡逻队成员的任何其他合理命令也属违法。

• 各学区可用其普通基金款项支付学校巡逻队成员的人寿和意外事故保单的保费。

学校还尽力构建强大的社区安全网络，积极争取社区内的每一个人——学生、家长、教师、职工和管理者的支持，并且特别重视志愿者在维护学校安全中的作用。学校与法律实施机关、学区代理人和学习人员、检测鉴定部门、青少年案件负责部门以及社会、健康、福利部门等形成联盟，签订有关校园安全管理的“参加力量协议”或“了解备忘录”，构建强大的社区安全网络。

三、有关校园安全的法律

美国联邦、州等都颁布了一系列法律，以确保校园安全。

（一）联邦层面的法律

1.《改善学校安全法》

该法规定，应制订和实施校园应急响应计划，以处理一系列紧急情况，包括自然灾害、炸弹威胁、枪手射击、恐怖攻击。学校教职工与安全人员、执法人员合作，进行校园安全年度评估。司法部部长代表有权向学校拨款，以加强安防基础设施，包括用于安装和使用金属探测器和监视设备，建立热线以报告有潜在危险的学生或事件，对有关人员和学生进行安全培训，以及司法部部长认为可大大增强安全的其他措施。

2.《校园禁枪法》

该法要求所有接受联邦教育基金的州通过《改善校园环境法》，规定各校区如发现学生带枪入校，有权将其至少开除一年。到 1995 年 10 月，全美 50 个州都颁布了相关立法，联邦政府以此方式得以在处理校园暴力方面对各州立法权施以一定程度的控制。

3.《校园、社会禁毒及安全法》

该法为《美国校园法》修正案的一部分，主要阐述了校园暴力增长造成的危害和校园秩序的衰退，扩展了 1986 年制定时的相关内容，为各州教育机构、地方教育机构、高等教育组织及非营利性组织提供联邦基金以防止校园暴力，提供培训和技术协助，为反暴力教育活动提供资金，制止毒品和酒精的摄入。该法允许举办活动宣传校园安全，强调校规校纪。此外，该法还为学生往返学校开辟安全通道，并且新增拨款，为购买和安装电子监测仪以及雇用额外安全保障人员提供资金，建立社区范围的学校安全和青少年暴力应对机制。这是联邦第一次拨专款用于地方学区以帮助学区实现更为安全的联邦计划。

4.《为学生和教师提供更好的教育法》

为了限制学校规模和班级规模，降低学生与教师之间的比例，增强教职员工对校园暴力的早期预警反应，增加监视器和巡视人员，2001 年美国国会通过了该法。该法规定对学校教职工（包括管理人员和校车司机）进行培训，包括诸如识别潜在威胁（如非法武器和爆炸物装置）、危机准备和干涉程序、识别青少年暴力的早期预警标志并作出反应等；制订包括学校反暴力计划和指导计划在内的暴力预防计划；对学校安全定期进行全面评估；购买学校安全设备，如金属检测仪、电子锁、监控摄像机等。同时，还建立了学校安全的评估体系和政策体系，通过对学生的品质教育培训以及建立校内咨询部门等，为学生提供安全知识、教育和帮助。

5.《不让一个孩子掉队法》

该法鼓励建立 21 世纪的安全学校，规定各州应当批准当地教育机构和银行联合建立、实施当地中小学校预防毒品和暴力的方案；应当批准当地教育机构与社区组织、宗教组织和其他公益性实体、私人组织一起，为青少年拟订上学前、放学后的方案。要求每个中小学校必须建立一套政策体系，对携带武器进校的学生和青少年不良行为进行矫正。要求学校发展和实施品质教育和培训计划，包括诚实、公民职责、公正、个人责任、信用等，开设学校暴力热线，建立社会专业人士对学生、家长和学校职员的个人咨询和小组咨询服务，培训老师的早期预警和干预技术，以及教给学生们在暴力危急时刻的应付手段。此外，还包括对被正规学校开除或停学的学生提供可选择的教育计划或服务，如再就学计划和可选择的教育服务。该法要求学区对校园暴力事件进行详细的统计，并将结果公之于众。规定每个州必须对“长期处于危险境地的学校”作出说明和认定，保证学生的知情权。

6.《21 世纪绿色、高性能公立学校设施法》

该法允许公立学校设施进行现代化改造、翻新或者修缮，包括安装专业的消防/生命安全警报装置，使之符合消防、卫生、防震和安全法规。在 2010 财年批准拨款64亿美元，此款额从2011年至2015年对帮助公立学校翻新和现代化改造都是必要的。批准从2010年至2015年每一财年拨款100万美元以帮助修复被“卡特里娜”和“丽塔”飓风摧毁的公立学校，建设新学校。拨款用于修理、更换或安装学校安全门、屋顶、窗户、水管、照明、排污等系统，使公立学校遵守防火、卫生、防震和安全守则，包括专业安装消防/生命安全警报装置，更新、修理并使之现代化，确保学校能够应对诸如恐怖行为、校园暴力和自然灾害之类的紧急情况。

此外，根据美国的相关法律，禁止不满21周岁的人消费、购买或试图购买、拥有酒，禁止虚报年龄和用虚假的身份获得酒，禁止购买酒送给低于21周岁的人。禁止拥有、使用、制造、分发或销售非法药品和毒品用具，任何人故意制造、销售或拥有控制物质或毒品用具都是非法的，将根据违法次数、程度等进行罚款和判刑。

（二）州层面的法律

美国的教育立法权和学校管理权归各州所有。因此，教育法规大多以宪法、州法、法令、官方政策声明和行政规定中的成文条款的形式出现。到2003年为止，28个州以及哥伦比亚特区已经通过立法来加强对校园暴力行为的惩罚，38个州和哥伦比亚特区已经制定了反欺凌弱小以及伤害保护的学校方案或法案。

2003年9月，新泽西州制定法规，要求学区采取反欺侮政策，处置欺侮和其他骚扰，禁止一切欺侮、骚扰或恐吓学生的行为，为犯罪和犯罪后果作出解释，制定学生行为规范，学区必须限定学校处理违纪事件的权限。

纽约州颁布了名为《拯救计划》的校园安全法，将攻击教师、学校职员与学生的罪名从原来的行为不检上升为D级重罪。

科罗拉多州通过了《学校安全基础设施拨款法》，规定学校可以申请建设项目资金或安全基础设施的改善资金，解决当前的安全或健康方面的问题，预防入侵行为的发生。

加利福尼亚州在1997年通过了本州学校安全领域的标志性立法《学校安全综合规划法》。该法要求每所学校拟订校园安全综合计划，制订与社区紧密合作的综合安全措施与项目，并形成年度评估与更新制度。

美国中小学校参照社会反击暴力威胁和犯罪的措施，各学校、学区也采取了不同的强制措施应对校园暴力，如决不容忍政策、校服政策、安全措施、校警和其他法律执行人员的执勤、预防与减少暴力方案、学校预防枪支政策等。

（三）安全校园的标准

1998年，美国教育部及美国司法部发布《提前警告，及时回应：学校安全指南》，指南中明确规定了安全、无暴力学校的标准，其中包括：

所有的学生都能够遵守学校的规定、达到教学要求的标准，同时学校能够尊重个体差异，让学生平等地享受教学资源。

有良好的学校合作平台，让家长积极地参与到正确教育孩子的过程中。

社区以及当地相关部门都能够积极地参与到学校暴力防治工作中，为学校提供所需的资源。

学生与学生之间能够和谐相处，学校教职员工能够及时地为学生提供在情感上、生活上、学习上各个方面的合理帮助。

学校专门开设安全课程，与学生公开讨论校园暴力问题，教给学生适当的策略来解决暴力冲突。

平等地对待学生，消除由于种族、性别、社会阶层、宗教、身体容貌等带来的偏见。

上报潜在的以及已经发生的校园暴力事件，提供安全的途径。

学校能够公开地、客观地评述暴力事件，并且有完善的暴力防治方案。

在帮助学生成为一名好学生的同时，还应该帮助其成为一名好公民，培训其诚实、善良、有责任感等良好的品质。

四、校园安全的危机管理

美国非常重视学校突发事件应急管理，构建了比较完善的应急体系，把学校突发事件作为国家公共危机的一部分进行管理，政府、企业、社团和公民个人的权力、职责和义务分工明确，应急管理工作依法、有序地开展，在应对学校各类突发事件中发挥了很好的效用。

（一）危机管理的模式和政策

美国各学区和学校的危机管理计划基本上都是在联邦紧急事务管理局和联邦教育部的指导下制订的，在校园危机管理方面采取“四阶段”的管理模式：

- 危机的缓解与预防；
- 针对危机做准备；
- 对危机的反应；
- 危机后恢复。

这四个阶段模式可在实践过程中不断完善和修正，这种完善和修正是建立在经验、研究和实际情况的基础上的。该模式是教育部在2003年5月向全国下发的《危机计划的实用资料：学校与社区指南》（以下简称《指南》）的基础上制订的。《指南》指出：危机是指自然灾害（地震、洪水、龙卷风和飓风）、恶劣气候、火灾、化学与危险品溢出、交通事故、学校枪击事件、炸弹危险、医学紧急事件、学生或教职员工死亡（自杀、他杀、过失和自然死亡）、恐怖事件或战争等。危机的发展可划分为三个时期：潜伏期、爆发期、恢复重建期。在危机潜伏期中，主要是事前的预防。在危机管理的早期，对环境的分析和判断能力很重要，要尽可能地寻找危机出现的各种迹象。事前的预防胜于事后的救济，最成功的危机解决办法应该是在潜伏期解决危机。

根据这个模式，美国教育部为各类各级学校制定了危机管理的政策指南，具体的政策要点如下：

- 提供一个有组织的、系统的危机管理程序来帮助学校师生和家长；
- 让教职员工知道如何在危机情况下帮助学生；
- 在危机管理方针指导下，危机管理组成员制订合作计划，分配职责；
- 学生的双亲和社会其他成员是学校危机管理的重要组成部分；
- 通过法律来保护学校的利益，当没有对应政策能防止诉讼发生时，建立一个基于“最好实践”的政策和程序；
- 各部门协同建立一个强有力的合作关系，以加强学校与社区公众安全的信息交流。

（二）国家威胁预警系统与学校行动指南

“9·11”事件后，美国国土安全部建立了五级国家威胁预警系统，用绿、蓝、黄、橙、红五色旗代表从低到高的五种警戒级别，以实现从常态向紧急状态的转换。美国教育部根据上述“警戒级别”的要求，制订了学校采取相应行动的指南，各个学校可以根据这个行动指南来制订具体的行动方案。

表1和表2为美国国家级和州级的学校危机计划指南。

表1　美国国家威胁预警系统与学校行动指南

警戒级别（DHS 制订）	政府应采取的行动	学校应采取的行动（教育部制订）
严重（红色旗） SEVERE	动员紧急救护队，并布置工作人员评估紧急需要。	通过电台和电视来接受联邦或地方政府的指导； 启动危机管理计划； 限制学校去接近危险的来源； 取消外出活动和野外旅行； 对有需求的学生和教职工提供心理健康服务。

续表

警戒级别（DHS 制订）	政府应采取的行动	学校应采取的行动（教育部制订）
很高（橙色旗） HIGH	地方、州和联邦机构开展协调工作，加强在公众事件中的安全工作。	派专人 24 小时监控学校入口； 熟练评估安全程度； 修正和更新家长对安全的看法和措施； 修正和更新媒体对安全的看法和措施； 告诉学生，他们可能受到的恐怖袭击； 布置事先准备好的学校和地区危机反应组。
较高（黄色旗） ELEVATED	加强对重要地方的监视活动和对威胁的评估工作。	检查学校的建设物，及其周围的可疑物和人； 与公共安全官员一起评估危险程度； 与学校教职工一起复习危机反应计划； 测试可供选择的通信方式。
警戒（蓝色旗） GUARDED	检查紧急状态程序，通知公众所要采取的必要措施。	检查和提升安全措施； 检查紧急状况下的通信计划； 盘点、测试和修理通信设备； 盘点和充实紧急状态下所需物品； 引导针对危机的培训和操练。
低（绿色旗） LOW	保持安全培训和准备状态。	评估和修正危机管理计划和具体操作程序； 与危机反应组成员一起商讨补充新材料； 与危机反应组成员一起回顾他们的义务和职责； 对每个来访者进行身份检查。

弗吉尼亚州教育行政部门认为，有效的学校危机管理计划主要包括：危机前兆识别和干预、危机反应和危急事件管理。

表 2　美国弗吉尼亚州学校危机计划指南

	危机前兆识别和干预	危机反应	危急事件管理
目标	针对学生自杀、潜在危机，建立一个系统方法，以识别和评估可能发生的危机，并起到干预（中介）的作用。	指导有关人员应对学生死亡、教师意外事故、疾病、自杀或交通事故。	即将到来的对学习和生活的威胁，涉及死亡威胁。如校园暴力和伤害，自然灾害和恐怖事件。强调各部门之间的合作和协调。
计划	预防或减少师生在健康、安全和幸福方面的危险。	设计是有时间限定的，针对问题的干预，以确定事实，发布正确信息，恢复正常秩序。	初期的预防和防护。
内容	培训师生认识危机到来的预兆信号；提供强有力的预告； 学校与社区建立畅通渠道，以进行适当、有效干预。	同上	指明信息渠道（协调一致）、服务类型和责任范围，以及心理健康服务。

（三）危机管理的计划和行动框架

联邦政府有关危机管理政策可以为学校的行动提供依据和框架，而有效的危机管理，则依赖于各个学校的具体计划，由学校领导组成的危机反应小组是一个高效的组织领导部门，主要应对和处理多种危机。这个小组在以下三个层面运作：学校、社区和地区的危机管理中心，并在每个层面上形成网络。

根据美国教育部《指南》中的有关规定，美国学校制订有效危机管理计划的原则为：

领导层是危机管理的关键，学校应建立危机反应领导小组，使领导层的各个成员明确职责和任务；

学校危机计划的制订要适合各自具体情况，并考虑师生的需求（如身体、感官、心理变化和语言方面）；

学校危机计划的制订与实施，要与社区组织，包括法律机构、消防机构和紧急卫生机构（如专业的医学、心理卫生组织）紧密结合；

学校要制订一套危机来临时所使用的特定术语，这些术语也是大家所熟悉的；

任何类型的学校都要制订危机计划，要使学校中的教职工都理解危机计划，并能采取相应的行动；

危机计划是学校日常生活的组成部分，危机计划是在实践中发展的，有效的培训和实践是危机计划成功执行的关键。

学校的危机管理计划主要涉及学生安全，如师生意外事故造成的伤亡、疾病、自杀或交通事故等，也包括危急事件管理计划，如恐怖事件等。当然，针对危机的培训是必不可少的，包括危机后的事例讲解、周期性回顾、更新有关材料等。许多学校利用课程和特定的危机训练程序使师生能够预防有害的行为。例如，了解自己学校的建筑物，包括学校建筑物旁的车道、停车场等；了解学校所在的地区，包括地区性的自然灾害、化学事故以及主要的交通路线和设施；缓和与预防工作是整个区域、社区和学校共同的工作；形成有序的学校安全计划以及可靠的安全措施。同时，建立有效的通信网络也很重要，有效的通信能够快速地恢复平衡，缺乏通信沟通会使危机状态进一步恶化。通信网络主要包括：学校与学校之间、家长与社区以及与媒体之间的通信。由于学校危机事件的难以预料和不确定性，要求救援措施必须迅速。学校危机管理的目标就是要迅速认识危机，动员所有人力和物力迅速投入到救援中，尽量避免或降低危机带来的损失、破坏和震荡。这就要求学校的危机管理计划不仅必须针对处于危机状态下的师生，而且政策的实施也必须直接服务于师生。为了有计划和更有效地预防处理现在的和将来的学校危机，美国的一些州政府和学校制订了更详细的危机行动方案。

（四）危机应对训练机制

美国要求每一所学校和学区都要有一个可操作的危急情况管理计划，将管理人员、学生、家长、协调法律实施部门、社区危急情况服务部门和媒体等包括在内。但仅靠计划和书面协议是不够的，还要体现在长时间的训练之中，使学生和教师知道怎么做，同时，学校设施的建设也要对此有充分的考虑。美国要求每一个学区和每一所学校都要制订师生员工的安全训练计划，学校行政人员、教师、职工、学生都需要定期在危急状态中进行训练和实践，以增强师生预防突发事故的意识，培养师生在突发安全事故中临危不乱、沉着自救的能力，同时也有利于评估和改善学校安全规划，使师生员工真正理解与支持覆盖全校的校园安全计划。

美国政府也设立专款，帮助学校进行紧急疏散、预防暴力或恐怖袭击等演练，训练孩子的预测、判断危险和求生能力以及应对歹徒入侵校园等紧急情况的反应能力。按规定，学校每学年都要进行一到两次综合性的安全演习。一般美国小学每隔一两个月便进行一次火灾演习，项目包括让学生熟悉逃生通道、火灾发生时要冷静地听从指挥、各种自救动作等。

在纽约，校方或家长协会经常举办各种以儿童安全为主题的会议，请有关人士讲解诸如儿童如何避免危险、遇到火灾怎样逃生的知识。

五、校园安全的评估体系

美国非常重视评估学校的实际安全需求。在实施评估时，学校安全人员要考虑到影响校园安全的方方面面，要与相关的学生、教职工以及社区居民进行面对面的交流，倾听他们对校园安全问题的看法，以获取较深层次的安全信息。安全人员对学校的安全措施及规章制度进行分析，检查校园的相关安全设备。如果可能，还可以参照其他学校或社区的情况进行对比分析，如最新的学校风气评估制度。

在奥巴马总统提交的2011财年预算计划中，新的校园安全预算方案采用称为“成功、安全与健康的学生”项目，主要致力于对学校风气的评估，为培养安全、健康和成功的学生提供必需的经费。联邦教育部根据学校风气评估的结果，将经费下拨给州一级教育部门，然后再由州一级教育部门下拨给地方教育部门，以帮助地方教育部门通过相关项目提高学生的身心健康与福祉、减少暴力与药物滥用、促进学生的社会与情感学习，最终促使学校风气、学生学习成绩和整体福利的改善。

对校园安全进行权威性的评估主要通过权威性机构来进行，如根据总统指令于1984年成立的全国学校安全服务中心（NSSC），倡导在全球建立安全、和平的学校，协助学校预防犯罪和暴力行为，并向学校社区和学校安全合作伙伴提供信息、咨询和培训服务。

全国学校安全服务中心网站列出了以下美国学校安全与突发事件预案培训主题：

- “新时代，新犯罪”，涉校致命与非致命暴力事件及学校暴力趋势；
- 来自高曝光学校事故与暴力悲剧的教训；
- 恐怖主义对学校安全的影响和危机预案的制订；
- 全国戒备期的实用、高效的安全措施；
- 学校安全的政治与行政障碍及危机预案；
- 应对恐惧：理解恐惧形成的原因，以及为创建更安全的学校如何应对恐惧；
- 威胁评估：对学生威胁进行评估；
- “持久危险学校”的法律意义；
- 认识并管理帮派文化；
- 攻击、打架、攻击性行为、受害预防、个人安全及相关威胁；
- 学校安全与警力模式；
- 安全地对愤怒家长进行管理；

- 行政中心办公室安全与突发事件预案；
- 校车司机的交通安全与突发事件指导大纲；
- 小学的安全问题；
- 放学后安全问题的解决；
- 学校安全技术问题（安全装备、金属探测器、摄像头等）；
- 安全评估过程与内容；
- 入校控制与访校程序；
- 人身安全技巧；
- 安全政策与程序；
- “安全101”：什么是安全，在学校里是指什么；
- 通过环境设计预防犯罪；
- 学校突发事件预案的模式框架；
- 学校突发事件指导大纲的制订内容与程序；
- 禁校、疏散与就地避难问题；
- 做什么：危机应对前30分钟的重点事项；
- 校园平面图、设计图与策略问题；
- 炸弹、自制炸弹与可疑设备；
- 突发事件预案演习与训练；
- 学校秘书的安全与危机应对技巧；
- 警察—学校—社区三方联动预防学校暴力与危机；
- 有效的媒体公关技巧，包括危机媒体管理、制订全面的危机沟通预案。

另外一个对校园安全进行权威性评估的机构是全国学校安全服务署（NSSS）。该机构以其专业素质和务实精神成为美国维护学校安全的一支重要力量，它是一个独立的咨询机构，不隶属于任何政府部门或企业，是美国国内著名的提供学校安全咨询相关培训以及其他有关青少年安全服务的专门组织。

美国拥有大量中小学校预防暴力事件的国家级顾问，探讨学校危机管理问题。这些安保专家可根据成本分析的原理对整个校园安全计划进行分析评价，查看哪些安全项目发挥了应有的作用，哪些项目耗费资金却没有发挥作用，进而确定应当加强、保留或删除的项目。

六、校园暴力干预方案

美国是最早进行学校暴力干预研究的国家之一，其研究起步早、投资大、水平高。在美国，目前处于研究和实践中的学校暴力干预方案不下百种，但就其效果和影响力而言，“和平缔造者方案”、“快速成长方案”、“好行为游戏方案”、

"灵活解决冲突方案"是由各州、学区以及很多非政府组织策划、实施的成功暴力干预方案。

这些方案具有以下特点：

有专门的组织机构。各州、学区建立了很多政府支持的组织和网站，如"反欺凌网络组织"、"明尼苏达无欺凌计划"等，以帮助学校了解欺凌现象，为学校制定相关政策、提供教师培训的指导大纲。很多学区成立"校园暴力防治小组"，根据"各级学校校园暴力事件处理原则及通报要点"，明确暴力事件固定地点处理流程及通报系统，有效掌握信息，介入辅导，并且结合社区资源建立"支持性及矫治性辅导网络"，提供法律和心理服务，对校园的暴力特点、尤其是校内的暴力特点、校内帮派活动的范围进行正确评估。

各种社会力量协作形成教育合力。充分利用各种社会资源，将家庭和社区融入学校方案中，而不是仅仅依靠学校和法律官员来处理这一难题。

不同的学校要制订不同的安全计划。将干预和预防工作及早介入到孩子的生活中，为他们提供积极的经验和反暴力策略。

暴力防治坚持长效性。一旦建立和传达明确详细的行为准则，就长期严格执行。

干预对象低龄化和特定化。

过去，干预的对象主要集中在攻击性处于高峰的童年晚期和青春期，而现在，越来越多的学者认同并证实，在小学或更早的幼儿园阶段对问题儿童进行干预的效果会更好，干预作用也更持久，而且还可以节约费用，降低风险。另一方面，考虑到环境变迁和青春期生理发育与学校暴力的潜在关系，研究者开始针对性挑选特定时期儿童进行跟踪研究，如入学前的幼儿和即将升学的小学六年级学生，以探索更加有效的学校暴力干预方案。

2002 年，美国特勤局和教育部对校园枪击案进行了联合调查，发现这些校园枪手们并没有一个统一的形象。他们研究了 41 位校园枪手，包括科伦拜恩惨案中的两名，发现他们中的大多数事发前情绪沮丧，难以应对"重大损失或个人失败"。他们中的很多人曾有自杀的念头，或尝试过自杀，但他们举枪杀人的举动并非出于一时冲动，往往是计划好的。美国社会学家指出，这些孩子不会选择在电影院安放炸弹，他们之所以选择学校是有原因的。如果学校长期对大量欺凌事件和不引人注意的暴力行为视而不见，那就有可能导致学校暴力的升级，包括学生举枪滥杀。而如果教师和学生的情感冲突比较严重，或关系疏远，校园暴力发生的可能性也会更大。因此，教职员工需要做的日常工作，其中很关键的一项是"检查与联系"，也就是说，对于某些孩子，每天至少要有一位成年人跟他谈话。另一个措施叫做"积极行为支持"，训练教职员工增加学生的有益行为，增强他们参与学校活动的积极性，这些措施都能有效地减少校园暴力的发生。

美国要求学校管理者在学生中进行经常性的走访，与学生交谈，观察学生的生活，了解他们担忧的事情，并鼓励家长和教师也去做这些事情。对于警方和学校而言，如果能够取得学生的支持，他们就可以获得大量可靠的信息。

七、校车制度

在美国，校车在保障学生途中方面安全起到了不可替代的作用。目前，美国大约有45万辆校车，2500万学生乘校车上下学。美国的校车制度非常严格，体现在校车的制造标准、驾驶员的筛选、交通优先规则等多个方面。联邦政府和各州都有专为校车制定的法律，每年各州都要召开讨论校车的年会，每隔五年要召开一次全国大会。“9·11”后，美国政府和学校更加重视校车的安全，立法将校车纳入政府反恐怖安全监视体系的保护范围。任何对校车的攻击都将定为联邦罪行，判二十年至终身监禁。在多种措施的共同保证下，校车成为美国最安全的交通工具。

（一）校车的管理机构

美国已经形成了联邦、州以及当地政府三级共同管理的校车服务机制。联邦政府负责发布规范以及校车安全各方面的底线。目前联邦政府的校车管理机构主要有国家公路交通安全管理局（管理着60多个美国联邦机动车安全标准，其中包括若干专门适用于校车的标准）、国家运输安全委员会（负责处理校车特大事故调查报告及各种问题）、联邦车辆安全管理局（负责学校相关运输的最重要的联邦机构，通过严格执行司机驾照管理、商业运行车辆司机管理、提高商用汽车技术、强化商用汽车设备、操作标准、提高安全意识等来保证安全，降低与车辆相关的伤亡）和联邦运输管理局（负责公共运输系统中学生交通的问题）。

更为日常的控制来自于州政府层面。目前，有超过500部法律以及众多的规章管理校车产业的方方面面。通过联邦车辆安全标准，联邦政府控制着校车的制造，保证它们能够达到安全标准。而校车一旦上路，则由州的法律、法规管理。

（二）校车的标准

国际上校车标准最完善的当属美国。自1966年至2000年，美国境内不同管理机构一共颁布了37项联邦机动车辆安全标准（FMVSS），涵盖了诸如刹车、转向、灯光照明、燃油系统整体安全、视镜、加热除霜设备和压缩天然气压力容器等各个部件标准。其中四个联邦标准专门针对校车：

《学童客车行人安全装置》规定，在校车停止、学生上下时，校车左侧要求伸出停止手臂的装置，以警示校车前后的其他车辆，提高校车附近学生的安全性。

《学童客车翻滚保护》要求校车顶部有足够的强度，目的是减少校车在翻滚事故中由于顶部塌陷而导致的学生伤亡。

《学童客车的车身连接板强度》针对的是校车车身连接件强度性能，目的是减少碰撞事故中由于车身板件撕裂而导致的学生伤亡。

《学童客车乘员座椅和碰撞保护》提出了对校车乘员座椅系统、约束栅栏和碰撞区域的要求，目的是减少在事故和突然加速中乘员撞击到车内结构上而产生的伤亡。

美国其他一些涉及校车的规定还包括：车辆内饰材料的燃烧性能、外表颜色，车内外无其他易导致乘员伤害的与此同凸出物，不允许有站立乘客等。

（三）校车的特权

按照美国的交通法规，校车拥有特权。在全美国所有校车实行统一的标志，即黄色车身加黑色大块条纹，并喷以“School Bus”的醒目字样。校车的待遇与警车、救护车、消防车相同，甚至优于救护车和消防车。在全美国50个州，都有同样的一条交通规则：超越正在停靠和上下学生的校车是最严重的交通违法行为之一。如果超越停着上下学生的校车，校车司机有权对超越的车开出重罚单。以田纳西州为例，按照田纳西州的交通规则，遇有救护车、消防车鸣笛通行时，其他车辆应当尽量、尽快避让。但对于校车则有专门的、详细的“校车避让规则”一节，其规则远比后者复杂和严格，包括：

当校车准备停车时，司机会在驾驶室外预先伸出一个红底白字的“Stop”牌，并闪烁停车信号灯，此时无论从校车前方与校车相向而行还是从校车后方与校车同向而行的所有接近校车的车辆都必须立即减速并完全停车。

在校车停车、学生上下的时候，任何车辆包括警车、救护车、消防车必须处于完全停车状态，且必须停在离校车不少于20英尺的距离之外。

所有车辆在经过有“School Zone”的标志区域时，必须减速，当“School Zone”标志上的黄灯开始闪烁时，所有车辆的时速不得超过15英里。

田纳西州《驾驶员手册》介绍了有关校车避让规则后，有一段用红色大号字体标示的警示语：“在田纳西州，孩子的生命安全超过一切最有价值的财富！”

（四）校车的资金来源

与大众交通工具不同，联邦政府并不负责为学校的交通工具拨款。美国中小学校车的资金，主要通过发行市政债券筹集。同时各级政府财政对校车产业给予补贴，每年每个学生的校车补助为400多美元。纽约校车司机工资一般为4万至6万美元，其他州校车司机工资为3万美元左右。他们是公务员，享有政府公务员的福利，虽然工资不高，但稳定，只要学区不解散，司机总是稳定的职业。

八、保障校园安全方面存在的问题

由教育和执法专家组成的撒拉弗研究团队一直对学校安全问题进行研究、评估，每两年向美国国会提交一份有关学校安全的报告。

通过对全美120个学区的教师、学校保安、警察和校长的采访，撒拉弗研究团队于2010年8月发表了《2011年美国学校安全五大问题》报告。这五大问题是：

第一，对学校安全缺乏正确的理解。学校安全问题不仅仅是有没有摄像头，是否制订了紧急预案，还包括课堂管理、校园亚文化组织、教育目标、特殊教育、不良行为小群体以及有关问题，等等，许多学校和学区的评估不充分。

第二，防患于未然意识不足。很多学校和学区出台了对抗学生攻击性举动和犯罪行为的政策，但却未制定出帮助教职员工和管理者预测和预防这些问题发生的明确的管理程序。

第三，学校管理不到位。学校的管理问题通常有以下几类情况：不良的时间管理、没有基于数据的决策、不愿抛弃传统思维、在处理繁杂工作的过程中未能有效利用最新技术、缺乏社区范围内的有效互动与沟通等。

第四，缺乏治理逃课与迟到的有效计划。学区未能与地方、州和联邦政府的社会服务机构和教育机构合作，联合处理学生逃课和迟到的问题。

第五，低效的突发事件管理。很多学校制订了突发事件应急计划，但未能很好地训练其教职员工控制紧急局面。在紧急情况下如何处理有特殊需求的学生也缺乏训练。有心理或情感问题的学生在突发事件来临时会惊慌失措，教职员工需要接受相关培训，才能处理好他们身上出现的各种问题。

从近几十年来学校暴力的状况来看，不难发现20世纪90年代中期以来，美国校园暴力状况有所缓和，这得力于其较为完善的学校安全管理计划和相关政策法规的执行。美国政府对校园安全问题的关注，促使联邦、各州、各地区尽力完善解决校园安全问题的立法工作，联邦立法者通过制定各种具体法案并要求地方政府积极贯彻法案来保障校园安全。美国学校安全管理体系的基本特征是构筑在整体治理的基础上，通过法制手段，将完备的危机应对计划、高效的核心协调机构、全面的危机应对网络和成熟的社会应对能力包容在体系中。但是，美国校园安全的前景却仍然难称乐观，校园枪击案仍时有发生。如何真正有效地保证校园安全，还孩子们一方净土，是所有法律政策制定者、法律执行者、教育工作者以及家长和全社会必须共同携手解决的一道难题。

主要参考资料及来源：

1. 美国教育部网：http://www. ed. gov/。

2. 美国法律法规网：http://law. justia. com/codes/washington/2005/title46/46.61.385. html。

3. 国际警卫人员基金会网：http://www. ifpo. org/articlebank/school_officers. html。

4. 全国学校安全服务署网：http://www. schoolsecurity. org/。

5. 哥伦比亚特区大都市警察局网：http://mpdc. dc. gov/mpdc/cwp/view。

6. 专业咨询与培训公司 seraph 网：http://www. seraph. net/。

法国：校园安全圈

法国是一个历史悠久的文明国家，具有重视国民教育的优良传统。目前，法国的教育分为学前教育、初等教育、中等教育和高等教育四个阶段。在保证教育经费和教学质量的同时，保证学生安全也是政府的一项重要职责。针对近年来法国中小学校园安全案件频发，政府各有关部门纷纷采取预防和打击措施，取得了一定的成效。特别是2009 年3 月，法国总统考察了巴黎大区加尼职业高中团伙暴力案后，经与其智囊团商讨，于5 月下旬宣布了一系列打击校园暴力政策，名为“净化校园殿堂”的计划（即校园安全圈）正是在这一背景下出台的。

一、校园安全现状

在法国，校园暴力已经成为教育和社会的一大顽疾。近两年来，法国校园恶性事件更是时有发生。例如，2009 年3 月，巴黎大区塞纳－圣丹尼省加尼市一所职业高中内发生帮派火并事件，20 多个蒙面青年持棍棒和刀具闯入校园，造成12 名师生受伤。2010 年1 月，巴黎郊区米约中学1 名女生在与同伴的争执中被刺死；2 月，阿道尔夫·克里欧高中和提埃斯中学的学生先后遭到数名校外蒙面青年袭击；3 月底，梅斯职业高中发生了自制炸弹爆炸事件。法国国民教育部公布2009—2010 学年间地方公立教育机构上报的数据（见表1～表3）显示，每千名学生中遭遇严重事件伤害的有11.2 人（此数据尚不包括未主动报案者）。2009—2010 学年间，校园暴力事件主要是言语威胁（37.9%）和肢体暴力（30.4%）等个人人身攻击事件，共占76.2%；偷窃与破坏校舍等暴力行为占14.1%；消费和交易毒品、持刀械和枪支进入校园的危险事件占9.7%（其中持刀械进入校园所造成的安全事件，由前一学年的2.2%增加到本学年的3.3%；持枪支进入校园所造成的安全事件，由前一学年的0.3%减少到本学年的0.1%）。校园安全事件的制造者大部分是学生，占校园安全事件行为人的84.9%。

表1　中学上报的严重事件的平均数量（每千名学生）

	2007—2008 年	2008—2009 年	2009—2010 年
地方公立教育机构的整体情况	11.6	10.5	11.2
初中	13.1	12.0	12.2
职业高中	15.1	13.1	17.2
普通与技术高中，综合高中	4.0	3.6	4.3

表2　不同性质的严重事件（在上报事件总数中所占百分比）

严重事件的类型	2007—2008 年	2008—2009 年	2009—2010 年
人身攻击	80.9	80.7	76.2
言语威胁	37.5	35.3	37.9
肢体暴力	36.4	38.8	30.4
侵害私生活	2.1	1.6	2.3
性暴力	1.9	1.6	1.8
敲诈勒索	1.7	2.3	2.6
“开心打耳光”	0.9	0.7	0.8
戏弄新生	0.4	0.4	0.4
财产侵害	15.4	13	14.1
盗窃	6.8	5.7	6.5
损害场所或设备	6.5	5.2	6.4
损害个人财产	2.1	2.1	1.2
侵害安全	3.7	6.3	9.7
消费毒品	1.9	1.8	2.4
非法交易毒品	0.5	1.2	1.0
携带除枪支以外的武器（无暴力）	1.2	2.2	3.3
携带枪支（无暴力）	0.1	0.3	0.1
闯入（无暴力）			2.1
其他类型的事件		0.8	0.8
总计	100	100	100

表 3 中学校园安全事件行为人和受害者分布情况（在上报事件总数中所占百分比）

		2007—2008 年	2008—2009 年	2009—2010 年
行为人	学生	85.0	84.7	84.9
	学校职员	0.6	0.5	0.5
	其他人员	14.4	14.8	14.6
	全部	100.0	100.0	100.0
受害者	学生	43.2	41.6	37.2
	学校职员	44.7	43.8	44.3
	其他人员	1.9	2.2	1.5
	无受害者	10.2	12.4	17.0
	全部	100.0	100.0	100.0

二、校园安全主管机构

谈到校园安全问题，人们首先想到警察。其实保证学生安全不仅仅是警察的责任，也需要全社会的共同参与。法国校园安全所涉及的管理机构包括内政部、国民教育部、司法部等多个部，以及省政府、市政府、行业联合会、学校管理委员会等各级政府和组织。因此，要想了解法国哪些单位承担保证校园安全的管理责任，就要明确法国的教育行政管理体制，各相关机构的合作关系，以及各自在确保校园安全方面发挥的作用。

（一）教育行政管理体制

法国是一个集权国家，从中央到地方分四级：中央、大区、省和市镇。法国共有 22 个大区，每个大区辖 2 至 7 个省，全国共有 96 个省，3.6 万多个市镇。目前，法国教育行政管理体制分为中央主管部门、学区和省教育局三级。国民教育部是国家主管教育事务的行政领导机构。学区是教育部设在地方一级重要的教育行政管理单位，是教育部派驻地方的直辖机构。省教育局直接归学区领导，是法国地方基层教育行政管理机构。学校是法国教育管理体制中的最基本单位，小学从属于市镇，初中从属于省，高中从属于大区，但国家仍负责决定教育组织和教学内容，发放教职工工资等。在中小学校，均成立家长委员会，参与学校的管理。

(二) 参与校园安全工作的相关机构

如上所述，对校园安全工作行使管理职责的有内政部、国民教育部和司法部等部。其中，国民教育部及其下属单位和直辖机构负责制定和落实与校园安全有关的各项政策和规章条例，部署实施专项行动计划（如下文所述的“光亮”计划），监督指导学校遵守安全规则，研究、开发和启用应对校园安全问题的各种手段（比如开发应用学校安全检测系统，开设互联网校园安全专门网站、咨询热线、出版行动指南等），向政府其他部门提出自己职权范围以外的有关校园安全的建议（比如在校园周围安装视频监控装置，重点监控在学校周边流窜的社会闲散人员、流氓团伙等）。内政部主要负责制定治理校园安全问题的政策和全国性行动计划，与国民教育部及司法部共同发布有关加强校园安全的行政文件。内政部所属的国家警察和国家宪兵负责与各级教育部门开展密切合作，具体落实预防和打击校园暴力行为的各项计划和措施。

与此同时，各省政府、市政府在制定其行政管理政策时，教育政策必是其中的重要组成部分，而学校的安全问题也是其不可或缺的重要内容。特别是面对近几年校园安全问题严峻的现状，各级政府更是加大了对整治此类问题的政策倾斜、资金投入和重点管理的力度。

此外，在制定校园安全政策，开展校园暴力惩治活动时，学校管理委员会等组织常常从学生的利益出发，提出“儿童安全保护”问题等很多建议和意见。并且，这些委员会在教育学生提高暴力防范意识方面发挥着重要作用。而在加强校园安全技术防范手段等方面，国家信息和自主权委员会（CNIL）负责视频监控系统的申报审批工作。由此可见，参与校园安全工作的某些行业组织在维护校园安全活动中发挥着不容忽视的作用。

三、校园安全圈

2009 年 3 月法国总统考察了巴黎大区加尼职业高中团伙暴力案后，经与其智囊团商讨，于 5 月下旬宣布了一系列打击校园暴力政策。此项名为“净化校园殿堂”的计划（简称 SAGES 计划）正是遵循政府 5 月颁布的这些校园安全政策而拟订的。

这项 SAGES 计划是由国家宪兵队召集专家锁定 100 多所已遭暴力入侵的学校，加以观察分析后所拟订的作战计划，主要目的在于防止校外恶势力入侵校园。国家宪兵总局公共安全组组长 DUBUIS 中校表示，已经大幅度落实对付校园暴力的校内基础预防工作，只有校外部署这一环节尚未受到重视。今后要想有效打击校园内的犯罪、毒品及枪械走私，警方必须从整治各学校周围环境入手。

此项计划严谨周密，以学校为中心向外扩展，将警务区域分成三个同心圆，分别是校内、学校周围和校外，形成校园安全圈（见下图）。其中：

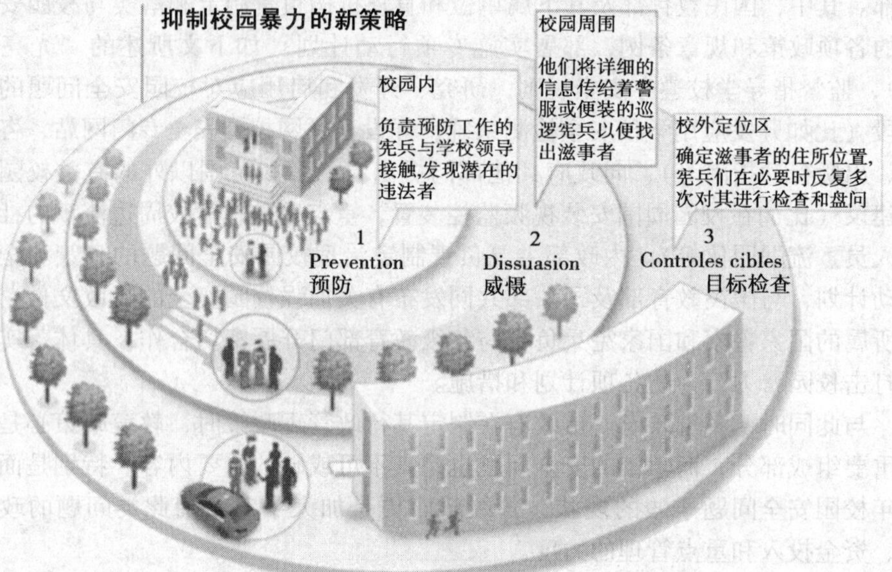

第一圈：校园内。由校内常设的警务人员负责监视，一方面与校方人员、家长及学生建立良好的通报系统，以防止毒品、赌博或其他危险游戏进入校园；另一方面，搜集校内情报，以供驻守外圈的警务团队作为参考。

第二圈：校园周围。固定警力部署在校园周围，分成两批人员分别行动。其中一部分宪兵全副武装、定期开车巡逻，并与接送学生的家长交换信息；另一部分宪兵将以便衣身份暗中观察潜伏在学校附近的可疑人员。DUBUIS 中校指出，青少年帮派的形成，毒品交易、聚众赌博及破坏公物等行为几乎都在这一圈中进行，因此学校外围附近的情报搜集工作格外重要，将有助于抑制校园暴力的发生。

第三圈：校外定位区。最外围涉及一般市区的警力部署。部署在第三圈内的宪兵获得内圈警力提供的准确情报后，将出动行动小队，埋伏在帮派分子出没的地点，伺机攻入，进行封锁和逮捕行动。

SAGES 计划自 2009 年 9 月 23 日正式实施以来，尽管实施对象只限于 12 所学校（其中包括 4 所高中和 8 所初中，分布于全法国各地），但成效较好，尤其在抑制毒品走私与买卖方面已经获得相当大的进展。该计划于 2010 年扩大了实施范围，以拯救更多受到暴力威胁的学校。

四、法规和政令

鉴于长久以来法国校园安全事件时有发生，法国有关部门陆续颁布了一系列法规和政令，使校园暴力防治工作有法可依，有令可循。这些法规和政令主要包括：国民教育部1997年9月18日关于幼儿园和中小学生安全和监督的第97－178号通知；国民教育部、内政部和司法部2006年8月16日关于校园暴力防治的第2006－125号通知；国民教育部和内政部2009年9月23日关于校园安全与犯罪防治的第2009－137号通知；国民教育部和内政部2010年2月15日关于校园安全计划：优先事项的第2010－25号通知；2010年3月2日加强打击团伙暴力行为和加强保护承担公共部门任务人员的第2010－201号法律等。

上述的第2009－137号通知将校园安全措施列为教育重点工作，2010年由国民教育部与内政部共同发布的第2010－25号通知则进一步列出校园安全之优先办理事项以及完成期限，其主要内容包括：

• 完成安全诊断工作，及早防范与预防。限期于2010年6月前，全国所有学校完成安全诊断工作，其中184所校园安全问题较为敏感的学校是安全诊断工作的重点对象，已依据规定建立防范与通报机制。其他各级学校，则限期于2010年6月前，参照上述184所学校，依据各校实际状况拟定校园安全防范与通报机制。上述184所学校，如遇到较为复杂的安全事件，则应立即启动防范性的“安全机制”，这种安全机制将委派经过专门训练的“安全联络警察或宪兵”负责，预先推测各种可能发生的暴力事件，事前评估各项可行的技术或手段。在深入校园实地勘查后，应撰写分析报告，呈报至公共安全的省级负责人或者负责将其上报省长的宪兵大队指挥官以及校长。省长再将此文件转发至相关权责单位处理。

• 建立安全机动队（EMS）。由各学区负责建立，并列为优先重点工作，要求于2010年3月底前完成。安全机动队由教育与安全专业人员组成，由学区区长管辖。主要有两个目标：一是确保校园安全，保护学生与教职员工免受各种形式的暴力威胁；二是在校园安全不稳定期间，确保授课与教学能够不间断进行。安全机动队有以下三项任务：遇有紧急状况时，能迅速恢复校园内与校园周边的安全稳定；防范任何可能的危险事件；近距离保护遭受暴力侵犯或威胁的学生和教职员工。

• 派遣安全联络警察和宪兵。警方确定专门承担校园安全任务的联络员，各校校长或各学区区长应建立安全联络警察和宪兵名单，以便各校遇有紧急状况时，能够实时取得警察和宪兵单位的支持。联络警察和宪兵在学校校长同意并知会学校管理委员会的情况下，可在校内进行以下活动：在尊重校内专业人员与职业伦理的前提下，规划安全信息与情报交流的具体行动；筹办各项活动，教授学生各种防范暴力的知识与技能；协助规划校内各项暴力防范措施；防范毒品进入校园，并实时通报各种毒品渗透校园的征兆；实施必要措施，确保学生与教职员工上下学途中的道路安全。

● 安全问题与危机处理的相关训练。限期加强校内人员（特别是担任领导职务者）对危机处理的训练，由国家教育高等学院（ESEN）和国家高等安全与司法研究所（INHESJ）共同规划试办，并纳入教育人员的基本训练课程之中。

● 开展校园犯罪跟踪调查，定期召开省级安全会议。第 2009－137 号通知要求，省长定期组织省级安全参谋会议，由省长和检察官联合主持，学区监察员和国民教育部省级部门负责人参加。此外，省议会议长或其代表、相关市镇的市长、参与学校事务的协会代表以及校园安全联络警察和宪兵也可被吸收参加这些会议。会议的主要目的是依据各地所遇困难的汇总情况，向警方和学校负责人提出行动指示。

为了保证对有关部门的正确指导，第 2009－137 号通知特附上校园犯罪情况跟踪调查表。该调查表由两个表格组成。第一个表格（见表4）是编号 4001 统计报表的摘要，由司法警察中央局负责提供情报，并于每月 6 日将调查表的情况综述提交省长。第二个表格是由学区督察员负责提供情报，由学区区长于每月 6 日直接向省长提交。这两个表格的内容将成为省级安全参谋会议有关校园安全所作决定的重要依据。

表4　校园暴力事件调查表

校长申报的校园暴力事件	地点							受害者					行为人				学校给出的结果或者下文					
	学校				学校附近	路途中	其他地方（1）	学生		职员	亲属	其他人	学生		职员	其他人	学校内部处理	国家警察/国家宪兵		检察官（3）	省议会（4）	市长（5）
	小学	初中	普通及技术类高中	职业高中				女	男				女	男				申诉	告发（2）			
人身伤害																						
未使用武器的肢体暴力（导致医护）																						
使用武器的肢体暴力																						

续表

校长申报的校园暴力事件	地点							受害者					行为人				学校给出的结果或者下文					
	学校				学校附近	路途中	其他地方（1）	学生		职员	亲属	其他人	学生		职员	其他人	学校内部处理	国家警察/国家宪兵		检察官（3）	省议会（4）	市长（5）
	小学	初中	普通及技术类高中	职业高中				女	男				女	男				申诉	告发（2）			
使用武器进行威胁																						
性暴力（包括强奸）																						
财产侵害																						
盗窃或企图盗窃																						
敲诈勒索																						
毁坏场所和设备（火灾或企图破坏）																						
侵害学校安全																						
闯入（个人或团伙）																						
携带武器																						

（1）健身房、体育场、学校出口等；

（2）司法情报；

（3）学校直接向检察官告发；

（4）参考：2007 年 3 月 6 日重建儿童保护法，执行省议会负责的有关儿童保护程序；

（5）参考：2007 年 3 月 5 日犯罪预防法，执行市长负责的有关程序。

为帮助完成上述第 1 点提及的安全诊断工作，有关部门编制了一份《学校安全诊断指南》。该指南内容包括：

• 以报表形式介绍学校的一般情况并对学校生活数据进行分析，以便根据 2005 年 8 月 30 日关于地方公立教育机构的第 2005－1145 号法令制订暴力预防方案。该报表由校长及教学团队完成。

• 对地方公立教育机构的物质条件状况进行观察，与警察或宪兵联络员合作分析暴力危险因素。

• 从以上两个阶段得出的结论，即包括对暴力现象的评估和学校保护措施的状况。

除第 2010 – 25 号通知以外，特别值得一提的还有上述的第 2010 – 201 号法律。为加大对校园暴力的打击力度，遏制恶性事件的发生，该法对《刑法典》进行修订，增加了有关打击校园暴力的内容。例如，第 431 – 22 条规定：未经许可闯入学校或在学校逗留，目的是扰乱学校安宁和良好秩序的行为，应判处一年监禁和 7500 欧元罚款。

根据上述会议和多部联合发布的通知精神，法国各地陆续采取落实行动，并取得了阶段性成果。截至 2010 年 8 月 31 日，校园安全诊断工作共涉及 7936 个地方公立教育机构，其中 83% 的学校完成了安全诊断，15% 的学校正在进行安全诊断，2% 的学校计划进行安全诊断。完成安全诊断的同时，还提出 9250 项建议，这些建议主要涉及在学校周边实行监控，建造围墙、安装视频保护系统或安检门，另外有 55% 的建议是诸如安装报警器、场所整治、开展增强安全敏感性活动以及加强教职人员管理等其他措施。各学区已成立的安全机动队在所有地方公立教育机构中已进行了 7675 次干预活动，其中 63% 涉及预防措施，14% 是危机即时管理，8% 是配备教学队伍，15% 是培训、提供信息或者帮助设计安全诊断方案。2011 年 2 月 2 日部长会议上国民教育部部长通报的情况显示，为了更好地了解校园暴力问题的现状，将通过在全国范围内 300 所公立初中进行受害者调查，补充完善“校园安全信息与警戒系统”（SIVIS）调查工作。4807 名校园安全联络员（警察或宪兵）已得到任命，其中 33 人已被安排在特别敏感的学校中。

五、国民教育部的三原则

2009 年 8 月，国民教育部部长达尔科斯召集全国各学区区长，就如何防止武器进入校园、治理校园暴力问题展开讨论，并提出“教育、防范、阻止”三项治理原则。即：

• 在“教育”层面，要求对学校领导和教师进行培训，帮助其了解与校园暴力相关的法律法规，同时教会学生对自己的行为承担责任。为了向学生清楚解释在学校应遵守的行为规范和制度，国民教育部正在起草《校园安全法》，于新学期下达全国各中学。

• 在“防范”层面，要求法国各中学在 2009—2010 学年建立自己的安全防卫系统，在必要的情况下，可以安装固定或移动监控装置。

• 在“阻止”层面，达尔科斯解释说，目前学校领导在监督校园安全方面缺乏必要的法律保障。因此“阻止”的前提就是要赋予校方领导检查学生课桌、书包，以及在必要时没收危险物品等权力。

此外，达尔科斯还计划在各学区成立由10至50人组成的学区安全机动队，由学区区长直接领导，负责防范可能发生的校园暴力事件，以及在出现暴力事件时迅速介入，控制事态。

2010年4月7日至8日，国民教育部在巴黎索邦大学召开“校园安全总体检”大会，重点讨论法国校园暴力问题的成因及发展变化，号召社会各界共同行动，为建设安全校园提出切实可行的建议。大会提出三项原则：认识——认识校园暴力的成因、表现和影响；预防——借助现有一切措施保护人员和财产的安全；行动——最终落实到短期、中期和长期的行动中。

国民教育部现任部长吕克·沙泰尔在大会发言中提出法国政府遏制校园暴力的五个努力方向：

• 加强学校安全监测。早在2001年，法国就启用了名为“暴力行为指示”（简称“Signa”）的校园暴力监测软件，其统计项目非常细致，包括诸如在校园里扔石块等具有暴力倾向的行为共26项。每年有近95%的学校向该数据库汇总校园安全信息。2007年，国民教育部评估展望绩效局（DEPP）推出新的校园安全监测系统，名为“校园安全信息与警戒系统”（简称“SIVIS”），替代了Signa软件，其标准有所简化，主要统计最严重的暴力行为：警察局、宪兵队或法庭了解的事件，引起投诉或受到纪律委员会处置的事件，以及已经引起关注的事件。该系统还包括一个调查表，通过有关学生之间的关系、学生与成年人之间的关系，总体环境以及学校周边安全等六个问题，更好地显示校园环境状况及其发展。此次大会提出，要完善SIVIS软件的统计标准，SIVIS研究报告由每年一次改为每季度执行一次，由各省区负责，并整合多项新的参考指标。评估展望绩效局定期在国民教育部官方网站的“信息和文献工具”栏目中公布其分析收集数据的信息摘要。

• 防范暴力进入教师课程。法国将在师范教育、教师实习及教师在职教育中增加防范暴力的课程，教授如何应对校园暴力、处理危机现场，在一些问题集中的学校还将开展现场教学。

• 安全机动队保护校园。自2009年起，各学区已奉国民教育部指示，陆续建立“安全机动队”（EMS），以便在校园发生紧急事件时，能实时控制局势，避免事端进一步扩大。“安全机动队”由学区区长主管，每个队由10至50人组成，成员既有教育界代表，如校长、教师，也有内政部雇用的安全专家，如防爆人员、调解员、退休警察或宪兵等。无论其从事哪种职业，这些机动队成员都应接受培训以适应校园干预行动的特点。沙泰尔部长强调，要在问题突出的学校加强校园安全治理，学校将完善电子监控设施，增加学区“安全机动队”的人数，在校园治安最为敏感的学区内，加倍设置“安全机动队”，负责校园巡逻、在校园开展防暴力宣传活动，确保学校内和学校周边人员以及财产保护和安全，加强对品行有问题学生的管理。据法国《世界报》2010 年 2 月 16 日报道，已有 19 个学区设置了这种机动队。

• 家长配合严格校纪。为了减少学校内部学生之间、学生与教师之间可能存在的冲突，法国教育部提出应进一步强调校规及基本行为规范。对于不能承担教育责任的家长，可能将受到取消社会补助的惩罚。同时，为了保证孩子的安全和健康成长，法国政府计划于 2010 年年底出台健康计划。

• 在问题学校展开行动。在继 20 世纪 80 年代初推出“教育优先区”之后，国民教育部拟对暴力问题突出的学校进行新的归类，即“光亮计划”（CLAIR）。“CLAIR”是法语缩写，意思是建设上进、创新、成功的初中和高中。该计划希望保证“问题学校”教师队伍的稳定性，鼓励他们实行教学创新。从 2010 年秋季学期开始，该计划在 100 多所中学展开试点，并在 2011 年推广到全国。

六、技术防范措施

按照政府相关部门的部署，法国各学区的各级学校在进行安全诊断的基础上，纷纷采取与本地情况相适应的各种技术手段和人力措施，如安装视频监控系统、警报装置、安检门、建围墙、检查学生书包，增加校园巡逻安保人员等。其中选择在学校周围安装视频监控系统的占各学校安全部署的首位（28%），其次是建造围墙（14%）。对 184 所校园安全问题比较敏感的学校进行的安全诊断结果显示，20% 选择了视频监控手段，而建议在学校入口处安装安检门的只占 2%。

（一）视频监控系统

学校中使用摄像机在萨科奇任总统（2007 年）之前就已开始，而最近几年得到快速发展。在巴黎大区，60% 的学校安装了摄像机。在滨海阿尔卑斯省议会所属的公立中学，截至 2010 年 3 月底，385 台摄像机已分布在 66 所学校中。此后，预计还有 20 台新机器将根据学校管理委员会的申请进行安装。此外，39 所公立中学周围安装的摄像机与安装在学校内的机器不同，它们可以与警察局的监视系统相连接。在尼斯、芒通、昂蒂布和瓦洛里等城市，已有 19 所中学周围的摄像机通过协议与其辖区市政警察局相连。

以上这些视频监视设备都是在严格遵守相关法规的前提下安装和使用的。此类规定主要包括以下三个方面：

第一，没有学校管理委员会及市镇的同意，不得安装摄像机。公立地方教育机构应由学校管理委员会经过其场所业主归属的地方行政单位的同意，才可决定安装视频监控系统和安装的位置（《教育法》第 R. 421 – 20 条第七款）。例如，在巴黎大区中，初高中校长要向大区议会提出安装视频监控系统的申请。另一方面，幼儿园和小学隶属于市镇，市镇是其场所的所有者，应特别保证其设施的建设、改造、扩展、重大修缮、装备和运行工作（《教育法》第 L212 – 4 条）。学校管理委员会应由校长、市长、学生家长代表以及国民教育省级代表组成，唯一被选定就“儿童安全保护”问题提出意见。

第二，公共道路上的视频监控涉及公众信息。法律规定，拍摄学校周边必须以“保护公共建筑物和设施及其周边，或是预防特别面临侵犯和盗窃危险的场所中人员和财产受到损害”为目的（1995 年 1 月 21 日第 95 – 73 号法律第 10 条）。各省中的国家代表或巴黎治安行政长官在征求由一名法官主持的省级委员会的意见后批准此类活动。在任何情况下，摄像机都不得显示住宅房屋内部及其出口处信息。应以清楚和持续的方式告知公众视频监控系统的存在以及该系统的主管机构或负责人的信息，拍摄的录像资料必须最迟在一个月后销毁。

第三，须向国家信息和自主权委员会（CNIL）申报视频监控系统。所有视频监控系统均应向国家信息和自主权委员会申报，该委员会负责关注其是否遵守“信息和自主权”法律的规定：相关人员（学生和教职员工）的信息，必须保证被收集和处理的数据非常安全、被限制的保存期限以及学生家长获取数据的权利等。根据国内安全指导与规划法（Loppsi 2）的规定，监视学校外部的摄像机的审批权将由新的行政主管部门——全国视频防护委员会负责。

（二）安检门

使用安检门是上一任国民教育部部长达尔科斯宣布的措施，新任部长吕克·沙泰尔承认，省议会根据其管辖下的中学的申请，可以批准安装这种设备。但目前这种措施的实施者寥寥无几。在巴黎大区，没有任何一所学校安装了金属探测器，也没有任何学校提出安装申请。原因是要运行这种设备非常困难：学生必须提前两小时到校，尤其是需要额外的工作人员。

（三）其他措施

除了学校采用的上述防治校园暴力手段以外，法国政府有关部门还采取了以下措施：

第一，编订暴力防治手册，供教师与学生参考。其中较为重要的包括 2007 年出版的《危险游戏与暴力手段》以及 2010 年针对高中生出版的《反暴力手册》。2010 年的手册，内容主要分为两部分：“了解暴力本质与对抗暴力”和

“受害者与见证者应采取的行动”。

第二，设置青少年暴力免费咨询与求助专线电话，以及提供信息、交流与辅导的专属网站。

第三，要求各地成立健康和公民教育委员会（CESC），并于 2005 年得到推广，参与制订校园暴力预防计划。

第四，通过设立“暴力行为 SOS 救援中心”热线，并且在大部分学区中通过电子邮件，加强对受害师生的帮助。同时提供司法援助。

七、校车安全管理

在法国，校车问题属于学校公共交通运输问题，纳入法国城市公共交通管理体系，接受交通主管部门的统一管理。

（一）学校公共交通运输主管机构

法国城市公共交通管理体制以“城市交通管理委员会”（AOTU）为管理机构，“城市交通服务区”（PTLJ）为责权范围，“城市交通税”（VT）为资金来源。公交服务采用所有权和经营权分开的模式：所有权为公有，由行业主管单位“城市交通管理委员会”管理，地方政府收购公交设施的所有权并负责新的投资建设，经营权则由运营公司负责。公交企业与“城市交通管理委员会”之间存在服务合同关系。法国城市公共交通企业包括私营、公私合营和国营等三种不同的经营形式。

作为城市公共交通体系的一部分，学校公共交通也是由“城市交通管理委员会”主管。委员会或直接管理学校公共交通的组织和运营工作，或“通过协议方式将该管辖权委托给其他地方行政单位或其他团体，或者委托给其他针对某些区域或公共协议定义的服务的公法或私法法人”（《巴黎大区组织学校交通法》第 1 条）。也就是说“城市交通管理委员会”可以将学校交通运输的组织和运营管理工作通过签署协议的方式全部或部分委托给省政府、市镇、市镇间合作的公共机构、混合型工会、教育机构、学生家长联合会和家庭协会。

法国中小学生往来于学校和家庭之间的公共交通主要有两种形式，一是乘坐大众交通工具：地铁、公共汽车和城际快铁；二是搭乘有特殊约定路线和专职司机的校车。

对于采用第一种公共交通方式的学生而言，其家庭可以享受政府发放的交通补贴或者购买学生优惠乘车卡。办理学生乘车卡需要在学生就读的学校领取申请表，填好后送交通运输公司（如法国国营铁路公司、巴黎独立运输公司等）以获得预约卡，即购买季度票、半年票或者年票。通常，学校会将乘车线路、时间表和获得此类交通卡的限制条件等相关信息告知学生家长。一旦学生交通卡丢失或被盗，可向警察局或宪兵大队申报丢失或被盗情况，领取报失收据。凭此收据，向交通运输公司申请获取新卡。

对于校车，法国各级主管部门依据现行规章条例，本着“安全第一”的主导原则，对其进行严格管理。例如，按照有关规定，固定乘车的学生在五人以上时才可开办校车。一旦固定乘车学生数量不能满足此项要求，则停止该校车的运营。乘坐校车的学生也是凭乘车卡乘车，同样可获得政府发放的交通补贴。

校车的组织和运营由“城市交通管理委员会”或其通过协议委托的组织主管机构负责，从作出营运（或停运）校车的决定、与承运商签订合同、设计校车线路和停靠站点、选择车辆和司机、部署各项安全措施、对司机和乘客进行安全规范等各个方面对校车进行严格管控。此外，上述机构还要对以下几个方面负责：确定并检查校车营运服务协议中的质量和安全等级；对事故或事件申报信息追根溯源；预测危机状况；研究与校车承运服务商的关系、与国民教育部门的合作；财政问题（各省分担的份额，家庭可能分摊的款项，执行此类运输投入的经费）；增强相关各方对道路安全的敏感度。

以巴黎大区交通管理委员会（STIF）为例，自2005年起，巴黎大区交通管理委员会行使“学校交通运输”的管辖权，并且与有关部门（省政府、学区监察机关、省装备管理局、大学区区长以及地区教育和大学工作中心）合作承担学校交通运输工作，主要负责四种任务：一是学校专门的行车环线的组织工作；二是拨付学生交通补贴经费；三是清偿中小学生和大专院校残疾学生的交通费用；四是授权学校交通运输开支。2007年，巴黎大区交通管理委员会与大区各省议会共同拟定了巴黎地区学校交通运输管理条例，确定巴黎大区学校交通专线的组织规则，并将学校交通运输年度预算提高到1.2亿欧元。巴黎大区交通管理委员会主管的学校交通情况是：

- 由400个地方组织者经营的1300条学生专用的公路公交线路；
- 每天运送4.45万年轻人；
- 为6.6万名学生提供专门的交通凭证，使他们可以每天在常规公交线路或者铁路线（巴黎独立运输公司的大区快铁，铁路郊线）上预定的起点和终点之间每天往返一次；
- 运送残疾学生5500人。

（二）关于校车的政策法规

法国没有关于校车安全管理专门的法规，与此相关的是关于儿童公共运输和学校公共交通的规定，它们包含在其他一些法规和文件中，比如《教育法》、《国内交通运输指导法》、1982年7月2日法国交通部部长签署的关于人员公共运输的行政决定、某些大区或省颁布的省级《交通运输条例》、法国国家交通运输委员会（CNT）颁布的《学校交通运输安全指南》等。这些文件分别对学校交通运输的组织主管机构的责任、运行管理、校车线路、车辆的规格、驾驶员的资格和责任、校车停靠站点的设置、乘车学生必须遵守的规则等涉及学校交通安全的各个方面作出了较为明确的规定和建议。

1. 与校车承运方签订的合同

法国《教育法》第 R213－4 条规定，学校交通运输服务实施协议应包括 1982 年 12 月 30 日《国内交通运输指导法》第 7 条第Ⅱ款和第Ⅲ款规定的项目，尤其应明确以下内容：

• 教学机构和通达的站点；
• 行车路线和每日行车里程；
• 需保证服务的天数；
• 预计运送学生的数量；
• 行车次数和需遵守的时间表；
• 签订协议的各方在为保证看管学生所采取的措施中各自应负的责任；
• 无学生身份人员的运送条件。

2. 对用作校车的车辆的规定

1982 年 7 月 2 日法国交通部部长签署的关于人员公共运输的行政决定，对用作校车的人员公共运输车辆作出明确规定，列出严格核算允许乘载人数公式，根据不同年龄儿童的平均体重等因素，设定校车座位的数量；不仅要求座椅要坚固耐用，牢牢固定在车辆上，而且对座位的高度，座位之间的距离，车厢内过道的宽度，座位至车顶的高度等均有严格规定。该文件还特别规定，在校车的前部和后部距离地面至少 60 厘米的空白处必须明显地带有描绘儿童运输的信号标志。为了使该信号昼夜可见，必须使用黄色反光材料标在车辆外部车身外形允许的垂直位置，或者放在挡风玻璃和后窗内侧不影响司机正常视野和后视野的位置上。2008 年 10 月 20 日以后注册登记的新校车必须配备带有突出人物剪影的照明式的儿童运输信号标识；此类照明设备只在车辆停顿、儿童上下车时使用。车辆重新启动后或者在车速不超过时速 5 公里时，照明时间只限 20 秒。此外，要求校车必须配备以下安全装备：

• 每个座位配备一个安全带；
• 应急出口：检查人员必须保证应急出口正常，出口旁边明显标出“应急出口”的文字；
• 酒精测试仪（以免司机酒后驾车）；
• 限速器（以免超速行驶）；
• 风镐或等效装置（用于紧急状态下破窗逃生）；

• 在某些老式车辆门的左后部从内侧将车门锁紧的装置；

• 打开车门的内部控制装置；

• 被认可的“交通型”灭火器（在乘客车厢内禁止使用卤化碳氢化合物，必须每年检查灭火器的有效期和最小容量）；

• 灭火器的专用位置（必须显而易见，触手可得）；

• 急救箱；

• 车内张贴警示说明文字（例如，禁止与司机交谈，允许乘载人员的最多数量，系好安全带，以及其他禁止行为）；

• 可从驾驶室操纵的蓄电池断路器；

• 制动减速器或等效装置（4 吨以上在道路崎岖较难行驶的地区中行驶的车辆）；

• 车辆防滑装置（在结冰或有积雪的道路上行驶的车辆）；

• 应急灯；

• 车顶逃生窗（如果存在的话）。

通常，运送儿童的校车必须让每个儿童都坐着乘车，不允许站立乘车。仅仅在特殊情况下（在城市地区，距离不超过 5 公里，主管机关特批），可以有部分学生站立乘车的校车，但此类校车必须严格遵守乘载人数的规定。

此外，要建立校车乘客清单，写明每个乘车儿童的姓名和联系方式，负责联系人的电话，以及校车出行组织者的联络方式。

3．校车司机的从业条件和责任

校车司机通常供职于某一公交企业（校车服务承运商）。法国国家交通运输委员会（CNT）2011 年 1 月发布的《学校交通运输安全指南》中，详细列出了校车司机的从业条件和责任。

（1）驾照类型

在现行规章条例规定下，驾驶包括司机在内的 9 座以上的公共客运车辆，司机应持有 D 类驾驶执照。驾驶包括司机在内 9 座或 9 座以下车辆的司机要求其必须持有 B 类驾驶执照。

（2）体检要求

公共客运车辆司机、持有 B 类和 D 类驾照被分配驾驶校车的人员或者出租车司机，只可在符合定期体检规定的条件后，才可从事此类活动。

受雇用的公交客运司机，9 座（含 9 座）以下车辆司机还应遵守职业医疗检查的以下规定：

• 雇用时的体检；

• 每两年一次的定期体检；

• 劳动事故或职业病 7 天后或者停止劳动 21 天以上者的复工体检。

（3）行车速度限制

在城市及其郊区以外的地方行驶，要求校车强制遵守最大限速规定：30 公里/小时，50 公里/小时，70 公里/小时。在城市及其郊区以外的地方行驶，允许最大时速为 90 公里/小时。

（4）驾驶持续时间和休息时间的规定

法国校车通常遵守欧洲的行车条例规定，即：

- 最大连续驾驶时间为 4.5 小时，其中包括 45 分钟的休息；
- 每天总驾驶时间不得超过 9 小时，其中包括两次休息；
- 每周的驾驶时间不得超过 56 小时；
- 连续两周总驾驶时间不得超过 90 小时；
- 每天正常休息时间至少 11 小时，每周的正常休息时间至少 45 小时。

（5）司机的培训

1998 年 2 月 6 日第 98 – 69 号关于改善公路运输承运商的职业活动状况的法律规定，职业司机必须接受职业培训，这种培训分为两部分：强制性最低初始培训（FIMO）和强制性安全继续培训（FCOS）。校车司机的培训首先应遵循公交客运司机的培训要求，即：

- 在取得公共交通运输驾驶执照后，接受 140 小时的强制性最低初始培训，这种培训必须保证司机具备从事这种职业所必需的基本知识和技能，这是在招聘前就必须接受的培训。
- 在接受强制性最低初始培训五年后，接受三至五天的强制性安全继续培训，主要目的是进行知识更新。这种培训每五年进行一次。

此外，校车司机还要接受关于儿童公共运输的特殊培训。对于校车司机而言，儿童是一群特殊的乘客，具有因身材矮小而视野受限、年幼好动、在一天的课业压力后更容易胡闹或表现出粗鲁言行等特点。无论是在校车行驶过程中还是在停靠站点上，司机必须对儿童乘客的这些特点保持敏感，学会在发生事故或事件时如何应对（维持秩序、疏散、开展救援行动，等等）。这种儿童运输特殊培训，包括心理学方面的内容，多年以来由交通运输培训发展协会在继续培训范围内提供，也可由公共教育国家教育交通运输联合会进行培训。有关文件规定，每年要对负责校车运输的司机进行四个小时的继续培训。

（6）司机的服务职责

在校车出发前，承运商或其职员（特别是司机）应考虑交通运输工具的类型、车辆的特性、路线、指令以及气候条件，同时必须做到以下几点：

- 核查车辆的内外状态，各种零部件、信号灯以及特殊辅助装置是否正常运转；
- 核查记录仪器和载体的有效性和兼容性；

●测试制动装置，检查水平仪；

●核查安全装置；

●检查“儿童运输”标识；

●保证在上车地点停靠的车辆出发前，启动车辆的操作不会威胁到任何儿童；

●车辆启动前要等待儿童就座到位。

在服务过程中，司机应做到以下方面：

●保证车辆的正确运转，监视车上仪表盘的各种指示器；

●严格遵守校车行车路线和停靠规定；

●注意在每个停车点停车时开启求救信号灯（应急闪烁灯）；

●在学生未上车前，避免车辆运行或者倒车；

●在车辆没有完全停止前不开车门；

●在不同站点上，注意学生上下车安全（尤其是学生有持续或暂时障碍时）；

●注意是否超载；

●在重新发动车辆前，保证车门关闭，保证下车的学生没有危险，尤其是保证已经下车的学生没有试图从校车前面穿行；

●提醒学生必须留在座位上坐好，直到车辆停稳；

●如果校车上配装了安全带，提醒学生系好安全带；

●危险时刻采取必要措施（比如立即停车）；

●在延长停靠时间时，采取相应的保护措施，确保人员绝对安全，尤其要启动遇险求救信号装置，并放置预警三角标（司机本人要穿上安全背心）。

在服务结束后，应做到：

●有条不紊地检查车辆，保证没有任何孩子留在车上；

●检查车辆内外总体状况；

●在校车承运企业交给司机负责的登记簿上填写已发现的车辆异常情况；

●指出在履行服务职责时发现的不安全现象（例如，成年人在马路的另一侧等待乘校车儿童）。

4. 对乘车儿童的要求

关于儿童在校车内的行为，必须经常教导和提醒儿童以下内容：

●必须系好车上配装的安全带。

●任何时候，过道或应急入口处都必须保持畅通，为此必须把书包、毛巾或书籍包裹放在座椅下或者行李架中，如果放在座位上则应注意避免其滑落。此类要求对于保持学生上下校车的良好秩序很重要，它的遵守更是发生事故时能否快速疏散的一个关键因素。

●在校车行驶的全路程中，都必须保持坐在座位上，不得以任何方式妨碍司机操作，分散司机的注意力（例如，不得在车内打闹和喧哗）。

• 只可在下车时且车辆停稳时离开座位。

• 在车辆停站前，绝对不要触摸车门把手、门锁或解锁装置以及应急出口。

以上规定是法国校车管理的一般原则，法国各地区在遵守上述规定的基础上，组织主管机构在与营运服务企业签订服务合同时，会根据本地的实际情况，加入一些特殊规定，以期达到保证安全的目的。

综上所述，法国尽管校园暴力问题屡见不鲜，也屡禁不止，校车安全事件也偶有发生，但法国政府一直在不懈地采取各种对策，进行各种尝试，力求遏制校园暴力事件的发展，尽可能保证学生在校和乘坐校车时的安全。其中的一些做法，比如实施“净化校园殿堂”（校园安全圈）和“光亮”计划，设置校园安全联络警察（或宪兵）和安全机动队，开发利用校园安全监测系统等，都是比较有益的实践和探索，值得我国有关部门参考借鉴。

主要参考资料及来源：

1. 法国内政部网：http://www. interieur. gouv. fr。
2. 法国政府文件及法规网：http://www. legifrance. gouv. fr。
3. 法国国民教育部网：http://www. education. gouv. fr。
4. 法国国家宪兵总局网：http://www. gendarmerie. interieur. gouv. fr。
5. 法国《观点》杂志网：http://www. lepoint. fr。
6. 法国《费加罗报》网：http://www. lefigaro. fr/actualite - france/。

日本：危机管理机制

近几年，日本发生了多起在校内或上下学路上伤害学生的事件。为防止发生此类事件，加强学校的安全管理机制、充实防范教育、整顿设施设备、提高教职员工的危机管理意识、整顿保护儿童安全的机制等问题已迫在眉睫。为此，文部科学省、国土交通省、总务省、警察厅等多个部门联手合作，公布了诸多关于校园安全的通知或文件，并下发各都道府县相关部门。同时，针对校园突发事件，日本形成了一套行之有效的危机管理机制，确保了中小学校师生的安全。

一、校园安全主管机构

文部科学省和警察厅作为政府机构，主管校园安全事宜；此外，各学校、各社会团体也起到了非常重要的作用。

（一）政府机构

1. 文部科学省

作为日本中央教育行政部门的文部科学省发布了一系列政策性文件，以强化校园安全管理体制、充实安全教育、完善学校安全设施、加强教师危机管理意识、动员社区力量协助维护儿童安全。表 1 是文部科学省近年来针对校园安全相继发布的通知。此外，2005 年日本政府成立了犯罪对策官僚联络会议机构，该机构由内阁府、警察厅、总务省、法务省、文部科学省、厚生劳动省等九个政府机构的事务担当局长构成。

表1　文部科学省公布的关于校园安全的主要通知（2001—2009年）

时间		题目
2001年	6月11日	关于确保幼儿、儿童、学生安全及学校安全管理的紧急应对事项的通知
	7月10日	关于确保幼儿、儿童、学生安全及学校安全管理的紧急措施的通知
	8月31日	关于确保幼儿、儿童、学生安全及修订学校安全管理检查项目（范例）的通知
2002年	4月	孩童安心课题的启动
	11月	关于学校设施的防范对策的公布
	12月	《可疑者闯入学校时的危机管理手册》的公布
		儿童紧急报警装置的设置（警察厅）
		《儿童防范教科书》的编制及发放（警察厅）
2003年	6月	《关于校园安全管理实践事例集》
	8月	《学校设施整顿准则》的修订
2004年	1月23日	校园安全紧急呼吁——为保护儿童的安全
	1月30日	关于确保幼儿、儿童、学生安全及学校安全管理的通知
2005年	11月25日	关于确保幼儿、儿童、学生安全及学校安全管理的委托
	12月6日	关于确保幼儿、儿童、学生在上下学时的安全
	12月20日	《为保护儿童远离犯罪的对策》
2006年	2月17日	关于为确保儿童、学生在上下学时的安全而有效利用公交车的通知
	10月19日	关于彻底研究欺负他人的问题的通知
2007年	3月	《游泳池的安全标准准则》
	7月23日	关于确保幼儿、儿童、学生在上下学时的安全的委托
2008年	5月7日	关于确保幼儿、儿童、学生在上下学时的安全的委托
	6月20日	关于防止在学校发生滚落事故的委托
	8月29日	关于防止在学校发生滚落事故的注意事项的发送
	12月25日	关于防止在学校设施内发生事故的注意事项的第一次报告
2009年	3月	《学校设施整顿准则》的修订

不仅如此，自2004年日本政府宣布市民也可以使用自动电击器（AED）后，

在机场、学校、车站、体育场馆等公共场所都可以看到该仪器。从文部科学省2009年6月17日公布的《在学校安装自动电击器的情况调查》可以看出，截至2008年年底（包括预计安装的情况；该数据已是最新数据），安装AED的小学从前一年的35.4%上升到72.0%，中学从58.2%上升到89.8%，高中从91.9%上升到98.0%。与前一年相比，各项比例均有大幅度提升，说明学校越来越重视AED在应急中所发挥的作用。

校园安全管理的原则是早期发现危险，早期采取应对措施；而当突发紧急情况时，能够做到沉着冷静，并按照《防范手册》或平时避难训练的方法去应对，则需要通过平时定期、不断的训练或开展各种有关活动，才能达到高度保持危机管理意识的目标。另一方面，事故或事件发生后对儿童、学生的心理辅导也是校园安全管理的重要一环。

2. 警察厅

警方在校园安全中的职责包括：

第一，加强街头巡逻。警察在街头巡逻，目的不仅是为了制止犯罪行为，而且还有可给予儿童、监护人、学校相关者、地区居民等安全感的效果，同时，对广泛收集地区内的各种信息、防止针对儿童的犯罪等也起到了非常重要的作用。尤其是需要加强对上下学路线、上下学时间段的保安工作；发现可疑者或接到地区居民通报时对可疑者进行详细询问；对地区居民提出的问题（如上下学道路晚上太黑等）迅速采取必要措施。

第二，掌握各类信息，并提供给地区居民。为了保护儿童不受犯罪的伤害，警方与地区社会、市町村等之间的合作不可或缺，因此，能够提供可确保地区安全的必要信息就成为地区志愿者、学校、市町村等开展自主防范活动的基石。为此，各警察署致力于加强掌握针对儿童的犯罪及可疑者的信息，同时，也积极采取各种宣传手段，将地区安全信息准确提供给地区居民。例如，使用网络、手机、报纸等媒介；利用“学校警方联络协议会”，定期组织学校与市町村集会等。

第三，构建着眼于确保儿童安全的城市。构建一个不利于犯罪活动发生的环境是预防犯罪最有效的方法。为此，从警察本部到知事各部门、从警察署到市町村，都积极推动各种有利于加强构建安全环境的工作。例如，整顿上下学道路、公园、停车场等设施的安全，一旦发现问题，及时与市町村或相关管理者合作，采取必要措施；各警察署在市町村制定的《生活安全条例》的基础上，积极提出各种具体且具有实际效果的建议，并予以实施等。

第四，加强与地区居民等的合作。为防止儿童成为犯罪受害者及罪犯或可疑者在其他区域发生犯罪活动，不仅警方需要加强措施，而且地区居民也应积极开展自主防范活动。为此，警方的一个重要职责就是支援防范志愿者或地区居民开展自主防范活动，例如，退休警察可成为防范活动顾问、出借防范设备等。

警方与教育委员会、学校的合作对预防儿童受到犯罪伤害非常重要，为此，通过“学校警方联络协议会”的活动及进一步充实其机能，则能达到加强警方与学校间紧密合作的效果。例如，警方接受学校要求举行防范训练或讲座、安装紧急通报装置、协助学校整顿设施或防范设备。

（二）校方

为构建一个“安全、安心”的校园，日本各级幼儿园及中小学校从“软建设、硬建设”两个方面采取措施。“软建设”，是指建立校园安全教育体制与机制。“硬建设”，是指完善校园防范设施设备，构建防止可疑者闯入校园的铜墙铁壁。

“软建设”可分为以下三个方面：

第一，建立健全组织机构，明确各自职责。日本的学校普遍都有学校安全委员会及相关组织机构来具体负责学校的安全事务，制订各种与安全有关的计划，并组织开展相关活动。在各自的职责方面，学校校长是学校安全的总负责人，主要负责推动学校的安全计划，带领教职员工理解、重视学校的安全工作，促进教师之间的信息交流；年级主任、学科教师负责学生的安全教育、安全指导与实践；学生的指导主任负责指导学生上下学及校外活动；研修主任负责培训教职员工在学校安全方面的知识；安全主任全盘具体负责学校的安全工作，并保持与地方相关机构的联系。

第二，制订切实可行的安全计划及《危机管理手册》，并根据实际成效不断修订完善。日本各级学校都制订有详细且可操作性强的学校安全计划，包括与安全教育有关的事项、与安全管理有关的事项等。学校一般遵循“计划、实施、评估、改善”的步骤来落实计划。此外，与安全计划配套的还有校园安全日常检查细目表，其目的是用于学校进行自我检查及自我评估。不仅如此，为确保学校的安全计划能落到实处，日本文部科学省每年都会对所有幼儿园及中小学校进行与学校安全情况有关的专项调查。

第三，为学生编制实用性强的安全与应急行动指南，建立记录学校周边安全隐患的系统。日本中小学校利用综合学习时间开设预防事件的课程，教授学生一些安全常识（见表2），例如教导中小学生不要走行人稀少、偏僻的道路；上下学要结伴而行；对陌生人的搭讪应保持警惕并不跟陌生人走等。有的学校还根据学生的不同年龄特征开设防范教室，教授学生防范知识，并不断充实教育内容，改进教学方法。同时，还会定期或不定期地举行一些安全防范演习。

“硬建设”可分为以下四个方面：

第一，在学生上下学路上及儿童公园等场所安装紧急专用的红色灯具、警铃、有线通话装置及报警用摄像头等。

第二，加强校园安全设施设备的日常检查。为发现是否存在安全隐患的死角，教育行政部门和学校经常组织有关人员对校门、围墙、防范灯、校舍门窗、门锁的状况进行检查与维修；检查报警装置、录像监控系统、通信设备（例如，校内紧急电话系统、与警察及保安公司的联络系统等）在紧急情况下的实际运转情况等。

第三，为学生配备用于联络及防范的有效通信工具。例如，给学生配备可随时显示其所在位置的GPS联络系统。

第四，实行严格的门卫制度，对所有来访人员进行登记，使可疑者无法进入校园。此外，学校在开放日时，一般会严格划分出开放区域与非开放区域，以防止可疑者闯入非开放区域。不仅如此，为确保开放时学校的安全，学校还会邀请监护人、教师及地区居民志愿者巡视校园。

表2　防范教育的内容

	基本内容	根据情景或情况采取的行动
幼儿园	对拐骗及性犯罪的防范方法（日常生活中的防范方法、危险的预知、求助方法、报警方法等）、与防范相关的机构（警察、儿童110之家）、对生命的尊重	可疑者闯入时应采取的行动、在园外的集体行动、回家后的行动、安全度过寒暑假的方法
小学	犯罪受害现状、对拐骗及性犯罪的防范方法（日常生活中的防范方法、危险的预知、发生时的心理变化及冷静的行动、求助方法、报警方法等）、与防范相关的机构（警察、儿童110之家）、自己能做到的防范角色、伤口等的简单处理方法、心理上的援助、对生命的尊重、参加与防范有关的社会活动	可疑者闯入时应采取的行动、上下学时的安全、远足时的安全、校外学习时的安全、回家后的行动、长期休假的方法、防范训练
初中	有关犯罪受害及危险的现状（包括手机等网络危险信息）、犯罪受害的防范方法（日常生活中的防范方法、危险的预知、发生时的心理变化及冷静的行动、求助方法、报警方法等）、与防范相关的机构及措施等、自己能做到的防范角色及责任、急救方法、心理上的援助、对生命的尊重、参加与防范有关的社会活动	可疑者闯入时应采取的行动、上下学时的安全、远足时的安全、校外学习时的安全、回家后的行动、长期休假的规划及安全、防范训练
高中	有关犯罪受害及危险的现状（包括手机等网络危险信息）、犯罪受害的防范方法（日常生活中的防范方法、危险的预知、发生时的心理变化及冷静的行动、求助方法、报警方法等）、与防范相关的机构及措施等、自己能做到的防范角色及责任、急救方法、心理上的援助、对生命的尊重、参加与防范有关的社会活动	可疑者闯入时应采取的行动、上下学时的安全、长期休假的规划及安全、防范训练

（三）各相关机构之间的合作

为确保校园安全、推进安全防范工作，不仅需要各部门共同规划及密切合作，而且也需要全体人员行动起来。

为加强学校与相关团体之间的联系、交流与合作，日本各地都成立了“地方学校安全委员会”，家庭、教育委员会及相关机构各尽其责，密切配合，主要包括学校与教育行政部门、学校与监护人、学校与地区、学校与警察、学校与媒体等。此外，有些地方的一些民间机构或个人还会担当起护送儿童上下学的任务；有些地方主动为学校周围、街道等安装监控摄像头，或设立救助学生的商店，或成立各种民间机构，例如，确保儿童学生安全的看护队或保护儿童学生之家等。不仅如此，家庭也非常重视对儿童的安全教育工作。各级教育委员会将编制好的与家庭安全教育有关的资料免费提供给学生监护人，以便帮助监护人指导子女，并让儿童掌握有关的安全知识。

目前，都道府县的警察本部（东京为警视厅）与各地的教育委员会、警方与学校签订《互相联络协定》的情况不断增多，其联系方式被称为“学校与警方间相互联络的制度”，有时也被称为“为培养身心健康的青少年的支援系统”。该支援系统不仅包括管辖高中的县教育委员会，而且还渗透到市町村的教育委员会中，所以很多中小学校都纷纷加入了该支援系统。

学校与警察署互相联络的内容包括：校方将所知具有不良行为的孩子（儿童或学生）的情况告诉警方；警方则将逮捕或收容教育过的孩子的情况告诉校方（见图 1）。

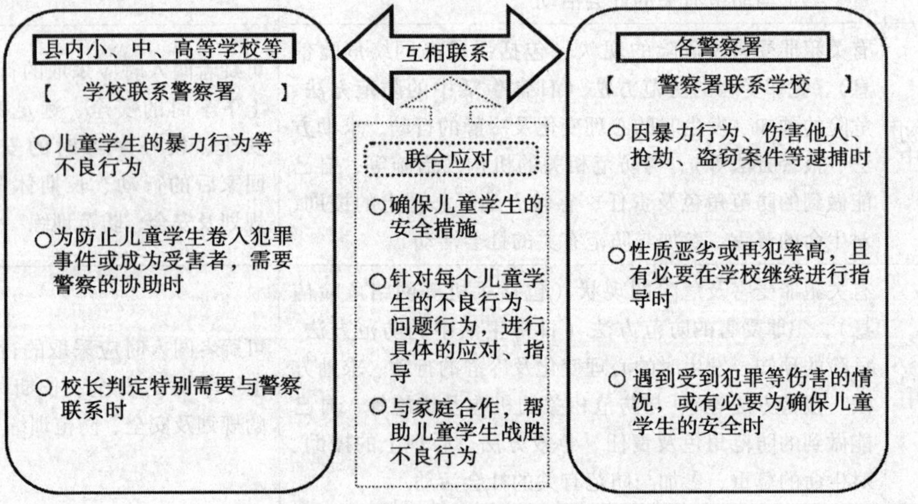

图 1 学校与警方联络制度示意图

学校与警方间互相联络的制度在各都道府县开展的情况如表3所示。

表3　学校与警方联络制度在各都道府县的开展情况

地区	都道府县	有无或执行时期	方向	备注
北海道		2004年9月1日	双向	
东北	青森	预计2004年11月	双向	有来自警方的提议时
	岩手	2004年8月13日	双向	
	宫城	2002年10月	双向	全国第一个协定
	秋田	无		
	山形	有，不清楚实施日期		
	福岛	2004年1月13日	双向	
关东	茨城	无		
	栃木	无		
	群马	2004年7月	双向	
	埼玉	2004年2月1日	双向	2003年12月14日签订
	千叶	无		
	东京	2004年5月	双向	
	神奈川	无		
中部	新潟	2004年3月18日	双向	
	富山	无		
	石川	2003年7月	双向	
	福井	无		
	山梨	只在公立高中	双向	中小学校不作为执行对象
	长野	无		
	岐阜	2004年4月	双向	
	静冈	无		
	爱知	无		

续表

地区	都道府县	有无或执行时期	方向	备注
	三重	2004 年 4 月	双向	
	滋贺	2003 年 1 月	双向	
	京都	无		
近畿	大阪	无		
	兵库	基于事实正在商议	警方→学校	没有考虑要签订协定
	奈良	2004 年 1 月	双向	
	和歌山	无		
	鸟取	2004 年 5 月 1 日	警方→学校	只有实施要点
	岛根	2004 年 9 月	双向	
中国	冈山	无		目前没有预计签订协定的计划
	广岛	2003 年	警方→学校	不是协定
	山口	2004 年 1 月	警方→学校	不是协定
	德岛	无		
四国	香川	2004 年 4 月 27 日	双向	
	爱媛	无		正在研究实施的方向
	高知	无		没有签订的计划
	福冈	无		
	佐贺	预计要实施	双向	时期未定； 正在研究保护个人信息的事项
	长崎	无		
九州	熊本	2004 年 4 月	双向	
	大分	2003 年 2 月	警方→学校	不是协定
	宫崎	无		
	鹿儿岛	无		有成为研究课题的趋势
	冲绳	有，不清楚实施日期		

（注：该表是 2004 年 7 月至 9 月由免费法律团队负责人向各都道府县的教育委员会查询后归纳总结而得出的结果，免费法律团队对其负责）

二、学校危机管理

学校危机管理旨在确保儿童及教职员工的生命、身体安全。为此，早期发现危险，将事件或事故防患于未然，以便确保儿童及教职员工的安全是最为重要的，这被称为“事前的危机管理”。如果万一发生事件或事故，则应迅速且准确地采取措施，将伤害控制在最小范围内。不仅如此，为防止事件或事故再次发生及重新开展教学工作而采取的相应措施，也是学校危机管理的目的之一，这被称为“事后的危机管理”。

（一）危机管理的内容

学校危机管理的内容可概述为以下三点：

1．学校安全计划与危机管理

为能够在学校进行符合学校实际情况的危机管理，需制订细致周密的安全计划。学校安全计划包括关于安全教育的事项、关于安全管理的事项、关于安全的组织活动（见图2）。

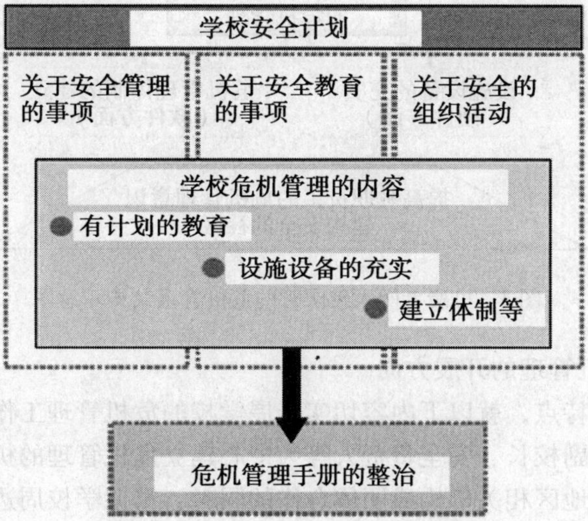

图2　学校安全计划与危机管理示意图

学校的危机管理不仅应以确保儿童学生安全为前提，根据学校、家庭、地区及相关机构或团体的实际情况制定，而且还需考虑到发生各种情况时应采取的危机管理措施。例如，在学校内外学习时、上下学时、在学校休息时、用餐时、学校举行活动时，校长或副校长或安全负责人不在校时的危机管理措施等。此外，还应规划可充分应对各种事件或事故的措施。

不仅如此，在学校安全计划的基础上，编制可具体实施危机管理措施的《危机管理手册》，其内容不仅包括应注意的事项、步骤等，而且还应在开展训练的同时结合通过训练获得的经验教训，进一步完善手册。

2. 针对可疑者闯入学校的危机管理

基于校园事件复杂的背景及情况，该方面的危机管理应从设施整备（即硬件方面）及安全管理体制、教育（即软件方面）两个方面采取综合措施。例如，在硬件方面的防范，可根据需要在学校内安装报警装置、防范监控系统等。在软件方面的防范，可根据儿童的心理及生理的发展阶段、学校及地区的实际情况，构建起可实施的安全管理及安全教育体制，编制并落实符合各学校实际情况的《危机管理手册》；不仅应平时就与监护人、地区相关机构或团体密切合作，而且还应有计划、有组织地开展为将事件或事故防患于未然的安全管理及安全教育活动。此时，不可或缺的是提高全体教职员工对危机管理的意识。在此基础之上，为保护儿童及学校的安全、为防止犯罪，居民可通过检查当地社会的安全，或共享与可疑者相关的信息等活动来构建安全的社区（见图3）。

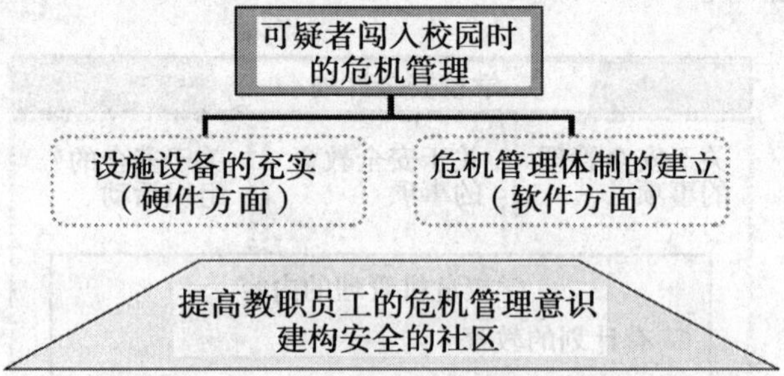

图3　可疑者闯入校园时的危机管理结构示意图

3. 学校危机管理的开展方向

应结合学校特点，就以下内容切实开展学校的危机管理工作：

- 以校长、副校长、安全负责人等为中心建立危机管理的机制；
- 与家庭、地区相关机构或团体合作的同时，掌握学校周边可疑者的信息；
- 根据各种情况，采取可行且有效的措施；
- 策划与地区相关机构或团体的合作，寻求监护人、地区居民的协助；
- 编制符合学校、地区实际情况的《危机管理手册》，并明确事件或事故发生时所采取的措施的先后顺序；
- 为能有效执行《危机管理手册》而开展适宜的训练；
- 根据通过训练获得的经验教训，进一步完善《危机管理手册》；

• 积极开展教职员工的危机管理研修工作，为提高并保持教职员工的危机管理意识而努力。

（二）可疑者闯入校园时的危机管理体制

可疑者闯入校园时的危机管理体制应从以下几个方面进行：

• 为防止可疑者闯入校内，应采取相应措施，该措施可避免发生威胁儿童及教职员工安全的局面。

• 如果发生可疑者闯入校内的事件，为保护儿童及教职员工免受闯入者的伤害，应迅速掌握事态发展、开展急救工作，并为防止受害程度扩大或降低受害程度而采取应对措施。

• 闯入校内的可疑者离开或被逮捕后，除应对来自于校内外的询问外，还应为防止事件或事故再次发生及重新开展教学工作而采取相应措施。

为切实并有效进行上述危机管理，应采取相应措施以便能够充分且彻底开展日常准备、训练、教育等活动。

为实现上述危机管理体制的基本理念，教育委员会、学校、家长教师会、监护人、地区居民、地区相关机构或团体等应在了解自身特点、实现自我价值的基础上开展协助工作，并为构建密切的合作关系而努力。学校及相关机构或团体等在可疑者闯入校园的危机管理体制中所承担的职责如表4所示。

为构建学校危机管理体制，应注意以下几点：

• 根据学校、地区、相关机构或团体等的特点及实际情况制定；

• 以确保儿童安全为前提；

• 即使校长、副校长、安全负责人不在校时也可应对；

• 在可应对多种局面的方面下工夫；

• 为让危机管理体制有效运营，希望学校、地区、相关机构或团体之间也能积极交换信息，并相互理解。

表4　各机构在针对可疑者闯入校园的危机管理体制中的职责

机　构	职　责
学校	确保儿童、教职员工的安全 检查学校设施设备、上下学路线及事后措施 推动安全教育（防范教育） 研讨应对可疑者的方法 唤起教职员工、儿童、监护人等的危机意识 整顿学校安全、管理可疑者的相关信息

续表

机　构	职　责
家长教师会、监护人等	指导儿童学习安全知识 检查上下学路线的安全、指导上下学时的安全 巡逻 提供可疑者的相关信息 事件或事故发生时监护人之间的支援与合作 向学校提出、汇集事件或事故的相关要求或意见
地区	提供可疑者的相关信息 巡逻 事件或事故发生时提供避难场所（儿童110之家等） 事件或事故发生时的安全确保及报警（上下学时、校外学习时等）
教育委员会	支援学校 对危机管理提出相关指导与建议 信息的收集、整理、提供 根据需要配置保安员等 心理辅导的支援、派遣专家等 提高教职员工的素质 培养危机管理专家（教职员工） 与相关机构或团体的联系、调整 开展调动地区居民危机意识等活动 设施设备的配备或维修
警察	提供可疑者的相关信息 巡逻 对防范训练、防范启发活动、防范教室等提出指导与建议 可疑者的收容或逮捕 危险物品的应对
消防	急救处理 送往医院 灭火活动 危险物品的应对
医疗机构	治疗、心理咨询 对学校的保健、卫生管理等提出指导与建议
附近学校	提供可疑者的相关信息 支援其他学校

（三）对危机管理体制的整顿措施

1．编制《危机管理手册》

各学校应编制符合自身实际情况的《危机管理手册》，并为其顺利实施而建立相应的机制。在编制手册时，除参考文部科学省、各自治体等编制的手册外，还应参考警察、防范协会等的资料及建议，并经常进行训练及检查，以便有效发挥手册的功用。

为能应对可疑者闯入校园的局面，应事先分配好教职员工各自担任的职责，这些设定需根据各学校的特点及实际情况制定并分配。此外，为确保担任某职责的教职员工即使不在校措施也能运作，就需要在获得教职员工的共同理解上下工夫。不仅如此，当发生意料之外的局面时，也能采取灵活的应对措施。

为避免事件或事故发生时出现判断失误的情况（例如，认为已有人报警但实际并没有等），除分配各自的职责外，还应在平时就整顿切实可行的报告、联络、商议、确认等机制。

为早期发现可疑者并防止其闯入，对校内、出入口及周边的巡视，应采取上下学时间外上锁等管理措施及在传达室确认来访者等彻底检查的限制管理措施。此外，掌握学校周边可疑者的相关信息也是非常重要的一项。为能够收集、整理、确认及顺利转达相关信息，应配备相应的联络机制。该机制包括可疑者相关信息的收集与整理；可疑者闯入时的迅速联络与报警；教职员工之间，学校与儿童，学校与家庭，学校与教育委员会，学校与相关机构、家长教师会、地区居民等之间的联系。

2．建立适用于可疑者闯入时的机制

虽然为避免发生事件或事故而积极、努力地开展事前的危机管理工作，但如果一旦可疑者闯入校园发生紧急局面，应有相应的机制应对以便保护儿童、教职员工、来访者等校内人员的安全。在文部科学省于2008年公布的《学校危机管理手册——为保护儿童远离犯罪》中，根据事态发展的不同阶段给出了相应的处理方法。应对方法可分为八个步骤（见图4），即确定是否属于可疑者（此处作出的判断将决定接下来对可疑者采取何种措施）；劝其离开；有无带来伤害、危险的可能；隔离、报警；保护儿童的安全；有无受害者；对负伤者采取急救措施；事后的对策或措施。图5为发生紧急事态时，校内工作人员、急救人员等负责的工作内容及应急机制。

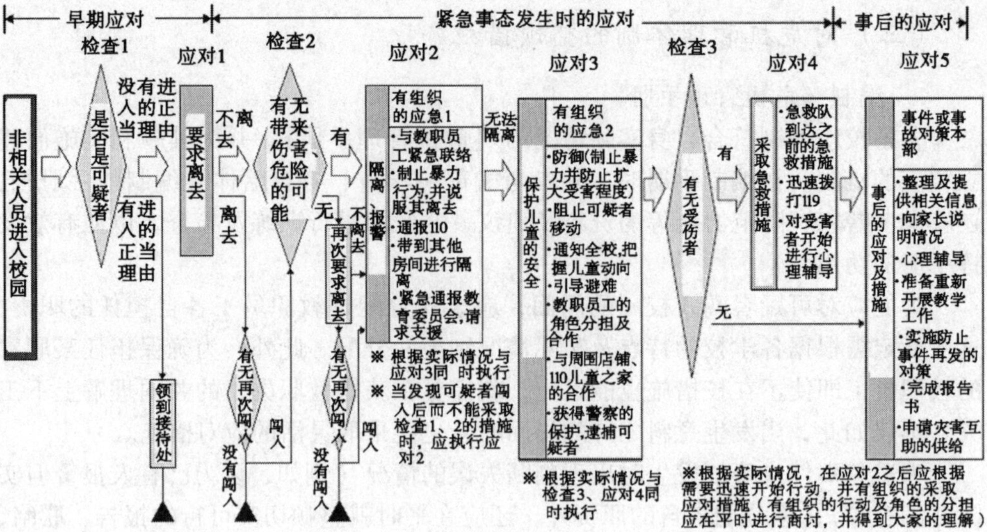

图4　可疑者闯入校园时的应对措施

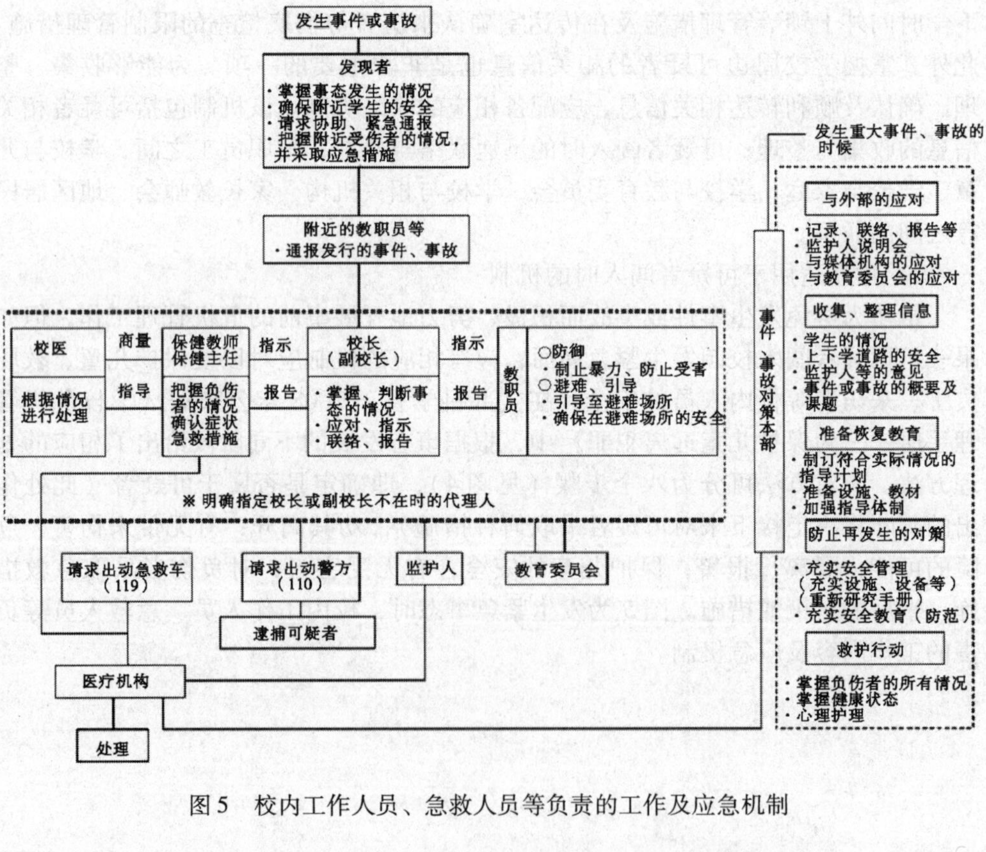

图5　校内工作人员、急救人员等负责的工作及应急机制

3．建立可疑者离开（被逮捕）后的必要机制

建立在可疑者离开学校或被逮捕后可采取必要措施的机制，其内容包括以下几点：

第一，事后的应对措施。在准确且迅速采取事后的应对措施的基础上，需要一个能迅速开展各项活动的组织机制，该机制旨在为能顺利且切实执行各种事后的应对措施。例如，收集、整理及提供与事件或事故有关的信息、向监护人等说明情况、与附近学校及相关机构或团体取得联系、完成报告书、申请灾害互助的供给等。

第二，信息的收集、整理及向监护人等的说明。需要建立一个机制以便把握及整理事态状况、整理相关信息、记录事件、与家庭及相关机构或团体取得联系、应对来自于媒体等的询问等。此外，为能综合思考事件或事故的严重性，当根据情况以向监护人说明或发表文件的形式说明事件时，则需要能切实应对这些情况的机制。

第三，重新开展教学工作的准备及实施防止事件或事故再发的对策。需要建立一个机制以便把握事件或事故发生的情况及应对的经过、重新研究目前的对策、梳理存在的问题、针对重新开展教学工作及防止事件或事故的再次发生而采取措施等。

第四，心理辅导。需要对遭遇事件的儿童及其监护人、教职员工进行心理辅导，为此需要建立一个机制以便把握儿童及其监护人、教职员工的身心健康情况，该机制还应与家庭取得联系、向专家或专门机构征求意见，并与其合作共同解决造成的心理伤害。

4．建立范围更广的学校安全防范机制

为能更为有效地实施上述危机管理，在落实上述事项时，还应从平时就注意充分建立一个与学校安全防范有关的范围更广的机制。例如，防范教育，教职员工的研修或训练，与家庭、地区、相关机构或团体等合作、收集并整理相关信息等。

三、校内的设施安全管理

为确保儿童安全，学校的相关人员不仅应具备危机管理的意识，密切配合，采取具体的防范对策，而且还应根据各学校的实际情况，从设施设备的硬件方面及安全管理体制的软件方面综合采取应对措施。为此，文部科学省公布了一些与此有关的综合措施，例如，修订《学校设施修建指南》中与防范对策有关的规定（2003年8月）、《学校设施修建指南》中与防范对策有关的规定的说明指南书（2004年9月）、向学校设置者公布了《关于学校设施防范对策的调查研究报

告书》。此外，文部科学省还根据发生的多起闯入校园造成儿童学生及教职员工伤害的校园事件，向各学校指出，为确保校园安全应具备危机管理的意识，并在监护人、地区相关机构或团体、建筑及防范专家等的共同合作下，对既存的学校设施的防范对策进行有组织且持续的日常、定期检查及评估。

日本文部科学省公布的《幼儿园设施整顿准则》、《小学校设施整顿准则》、《初中学校设施整顿准则》、《高中学校设施整顿准则》、《特殊教育学校设施整顿准则》规定，为确保屋外各处及建筑物内的共用场所等处不存在死角，为明确哪些范围应采用何种方法怎样防范，为防止可疑者接近或闯入校内或建筑物内，应在布局规划、行走路线规划、建筑物规划、各部位的设计等方面下工夫。对涉及防范对策的设施、设备，应定期或在必要时临时对其功能进行检查、评估，如果发现有不妥之处，则应迅速采取整修、替换等改善措施。从防止可疑者闯入、防止犯罪的角度考虑，应在从教研室、办公室等教职员工所在地看视野宽广且不存在死角的位置设置大门，在防范的区域边界处设置围栏。

检查、评估是地方公共团体等学校的设置者与各学校的教职员工一起根据需要，在监护人、地区相关机构或团体、建筑及防范专家的协助下进行的有效检查。检查、评估时应进行的步骤见表5。

表5 检查、评估时应进行的步骤

STEP1：检查、评估相关图表
此阶段应准备好校舍等配置图、平面图、防灾的相关资料、用地周边地图等。
1. 大门、出入口、主要行走路线等的确认 确认正门或边门及校舍等处的出入口，向地区居民开放的区域位置，学生、教职员工、相关人员、来访者等的主要行走路线。
2. 需保护对象的确认 由于学生（特别是幼儿、低年级儿童、残障儿等）的所在地容易成为被盗窃的对象、被放火的对象，因此应确认这些场所的安全性。
3. 闯入路径及避难路线的确认 除推测犯罪企图者可能会从用地及校舍等地闯入的路径外，还应确认学生避难的路线。
4. 可看到的场所的确认 关注时间段，同时还应确认教职员工所在地及该处的可视范围、学校周围居民的所在地及其可视范围。

STEP2：检查、评估现场
携带在 STEP1 时检查过的图表到现场对设施的现状进行检查、评估。
1. 大门、围障等的检查 检查大门、校舍的出入口等处的上锁装置、墙或栅栏等围障的构造、周围环境及可视范围。
2. 可能会闯入的路径的检查 关注时间段，同时检查可疑者可能会闯入的路径及其周围的可视范围、茂密的树木或建筑造成的死角等处。
3. 各管理室可视范围的检查 检查校长室、教研室、办公室等各管理室的玻璃及该处的可视范围，如果设置了防范摄像机，则包括其摄像范围及监控器图像。
4. 夜间出入口及外部照明的检查 检查校舍出入口、行走路线、外部照明的位置及亮度。

STEP3：检查、评估模拟训练
开展发生各种紧急情况时采取的应对防范模拟训练，并研究防范对策的改善方法。
1. 闯入事件的防范训练的实施 开展闯入事件的防范训练，对发现及通报可疑者、传递校内信息、引导学生避难、确认所在地安全等方法进行检查。
2. 问题的提出及改善方法的研讨 在检查结果的基础上，提出设施存在的问题及防范对策方面的问题。同时，整理出应立即改善的问题及中长期课题，并研讨其具体的改善方法。

四、校外的安全管理

学校外的安全不仅是指学校、设置者开展指导儿童学生掌握回避危险、预知危险的能力的安全教育工作，而且还需要监护人、地区、警察、道路管理者等也加入其中，从商讨安全上下学的措施、建立健全地区全体保护儿童学生的安全机制、共享学校与警察联络协议会的信息等方面协助学校加强安全管理。

（一）出台《关于确保幼儿、儿童、学生在上下学时的安全》的通知

文部科学省于2008年5月7日向设置附属学校的各国立大学法人事务局局长、各都道府县私立学校主管课长、各都道府县教育委员会学校安全主管课长、各指定都市教育委员会学校安全主管课长下达了《关于确保幼儿、儿童、学生在上下学时的安全》的通知，其内容包括以下五点：

1. 彻底检查上下学路线的安全情况

为确保幼儿、儿童、学生在上下学时的安全，首要任务是设定尽可能安全的上下学路线。对于那些无论如何也不能排除危险因而必须留意的地方，则要求在准确掌握相关情况的同时，有关人员也应对其内容达成共识。

（1）设定安全的上下学路线，并定期检查

教职员工、监护人应实际走一次，以便能够发现需防范的事项、容易发生交通事故的区域等潜在问题，相关人员必须在讨论后设定尽可能安全的上下学路线；由于上下学路线周围的情况会时常发生变化，所以要求定期、每学期进行检查，在必要时，应随时检查；当检查发现有放置障碍物、涂鸦、隧道式通道内电灯断电等不利于防范工作的情况时，应与相关机构合作，共同整顿上下学道路周围的环境。

（2）掌握上下学路上应留意的地方，并将其毫无保留地告诉人们

在上下学路上，监护人、警方、自治会等相关人员之间对下列场所必须达成共识：危险、应注意的地方（如道路狭窄、视野不开阔、来往行人稀少、离仓库或空屋等容易藏身之处近、大型车辆频繁通过等）；公园、空地等任何人都可以出入的场所；在出现紧急情况时，幼儿、儿童、学生能够跑进派出所、“110儿童之家”等可得到庇护的场所。

在家长教师会、监护人会议上公布已掌握的信息，并应在经过说明后达成共识。此外，还应将资料发送到最近的派出所或警察署、自治会等处。

2. 贯彻上下学时幼儿、儿童、学生的安全管理措施

根据学校、地区的实际情况，制订上下学安全方案。在加强地区整体的保护体制的同时，应与警方共享关于上下学路线、时间等信息，因为这是为了不让可疑人员接近上下学道路，或者事态不会发展为犯罪事件的重要要素。

（1）制订、实施安全的上下学方案

从尽可能不让幼儿、儿童、学生独处的角度考虑，首要任务就是需得到监护人以及地区的协助，并制订、实施上下学安全方案。为此，做好下列各项非常重要：

教职员工与监护人就上下学方案进行讨论，并达成共识，特别是对小学低年

级的儿童，为了能够确实保证其安全，使其能够应对学校发生的各种情况；学校举行各种活动将导致上下学时间不规律，此时，应提前通知监护人，并联系警方及地区相关机构，采取措施；特别是在冬天，由于日落时间较早，如果社团活动延迟时，应事先联系监护人，必要时应采取要求监护人前来迎接的对策；针对迟到、早退的幼儿、儿童、学生，应就上下学的时间、方法与其监护人进行确认。

（2）加强地区整体对幼儿、儿童、学生上下学的保护体制

加强地区整体对幼儿、儿童、学生上下学的保护体制非常重要。具体来讲，可获得志愿者的协助、向上下学的儿童打招呼、营造地区整体保护儿童的气氛。

（3）与警方共享关于上下学的路线、时间等信息

应事先将幼儿、儿童、学生上下学的路线、时间等信息告诉距离最近的派出所或警察署，必要时，可以委托警方在上下学时段巡逻；警方已制定了《在上下学的时间段加强警察在学校周边、上下学道路、儿童公园等容易发生针对儿童的犯罪场所的警备任务》（警察厅《为保护儿童远离犯罪的措施的推动要领》，2005 年 5 月 19 日），加深学校与警方的合作，共享有关上下学的信息，这一点对防止犯罪也很重要；警方希望在下述三个方面能够与教育委员会、各学校在各阶段密切交换信息：

- 关于儿童受害案件发生的所有情况；
- 关于性犯罪、拐骗、搭讪案件、可疑者进出儿童受害案件发生的场所、时间段、作案手段等信息；
- 收集并提供易发生儿童受害案件场所的信息。

为了能够与警方就确保幼儿、儿童、学生在上下学时的安全交换意见、共享信息，正如已经公布的《对校园安全对策的再次检查》（2005 年 3 月 31 日）所示，多利用学校警方联络协议会是非常有效的方法。

3．推动幼儿、儿童、学生掌握预测、逃避危险能力的安全教育工作

为了不让幼儿、儿童、学生卷入犯罪，必须利用各种机会（例如，一起制作上下学安全路线图、有效利用防范学习班、开展应急对策指导活动等），培养他们掌握预测、逃避危险的能力。特别是对小学低年级的儿童，必须让他们充分理解上下学时也存在各种危险，被不认识的人搭讪或者不走规定的上下学路线就有可能被卷入犯罪，不得靠近离上下学道路很近但其实也有危险的地方等事情。

4．共享关于可疑者的信息

除平时就应与警方共享关于可疑者进出的信息或向幼儿、儿童、学生搭讪案件的信息等外，还应在学校与监护人及地区相关团体之间，加强快速并准确共享信息的工作也非常重要。

5．与警方的合作

如前所述，在确保上下学时幼儿、儿童、学生的安全方面，与警方的合作不

可或缺。

通过学校警方联络协议会，加强在不同场景（例如，参加防范学习班或防范训练等）、不同阶段（例如，交换平时的信息、共享有关可疑者的信息等）交换意见的工作。

（二）拟定《关于贯彻落实在上下学路上防止儿童受到犯罪伤害的诸对策》

警察厅于2005年12月16日向各都道府县警察长、警察厅内各局部课长、各附属机构长、各地方机构长下达了《关于贯彻落实在上下学路上防止儿童受到犯罪伤害的诸对策》的通知，其内容包括以下五点：

1. 制订符合《关于控制街头犯罪、闯入犯罪的综合对策的基本方针》的计划

对于在儿童受害比例高的街头发生的强奸、强行猥亵及拐骗案件，已不局限于“属于侵害个人生命、身体的高危犯罪”的认识，《2006年度综合控制街头犯罪、非法闯入犯罪对策的基本方针》提出将这些犯罪列为控制的重点目标，各都道府县的警察也重新研究在上下学路上防止儿童受到犯罪伤害的计划，积极推动各种综合措施。

2. 应迅速并准确掌握搭讪案件等可疑者的信息，并做到信息共享

关于针对儿童犯罪的可疑者的信息，如与儿童搭讪的案件、心理变态者或其他可疑者经常出没等信息，应及时通报警方或努力做到迅速、准确并没有遗漏地掌握相关信息，不让危险潜伏于地区居民、监护人、儿童、教育委员会、学校当中。

对于已掌握的信息，除警方有关部门之间共享并加强合作是不言而喻的事情之外，在认真考虑会涉及的相关人员的隐私后，以市区町村或学校为单位，充分利用信息网（例如网络、电子邮件等）、各社区的广告媒体（例如传真、各种宣传单等），及时并尽可能详细地向教育委员会、学校、防范志愿者、地区居民、监护人、儿童等提供有关上述种类案件的发生情况和防范措施的信息。

3. 加强与学校、家长教师会、防范志愿者团体、地区居民等的合作

应具备以地区为单位（例如，警察署管辖地区或学校地区）能够让警方、教育委员会、学校、家长教师会、学校支持者、校园警卫主管、防范志愿者团体及地区居民等交换信息或意见的协商体制，结合该地区的实际情况具体商议防止受害的对策，采取紧急保护儿童安全的措施。其中，应特别就下述内容进行商议：

- 检查并整顿在学校周边或上下学路上等发生过案件的场所、环境不安全的道路或公园、不分车道和人行道的道路等拐骗案件发生率高的危险场所；

• 帮助绘制学校附近、上下学道路等地区的《地区安全图》；

• 作为一般性防范部门（例如，地区防范协会等）或涉及防范业务的部门、位于上下学路上的商店会、110 儿童之家等被委托进行安全管理的机构或组织，与他们共同构建合作体制；

• 实行集体上下学，或者商讨由警察、教师、家长教师会、防范志愿者团体等联合进行防范、探索为能够做到信息共享而构筑网络系统的方法等；

• 为能够做到信息共享而构筑网络系统。特别是与教育委员会、学校之间的合作，除有效利用学校警方联络协议会外，还需有效利用学校与警方之间相互联系的制度，或学校支持者等制度，以便形成共享和共有信息的认识。

4. 大力推动防止儿童受害的教育活动

从分析与儿童搭讪案件、拐骗案件的情况可以看出，嫌疑犯除使用甜言蜜语、冒充他人的手段外，还经常使用暴力、恐吓，或突然拽进车里等粗暴手段。为此，根据受害的实际情况，按照儿童的理解力、年级等，应有效利用警察到学校进行“防止不良行为学习班”等活动的机会，并通过采取各种教学方式（例如，由警察与教师合作的小组教学、角色扮演等）推动实践型教育活动，让儿童能够参加或体验防止受害的活动。此外，在进行上述活动时，要求监护人、地区居民也能参加。同时，还应就儿童安全问题举行意见交流会等活动。不仅如此，还应努力进行有效的防止受害教育的工作，例如，设置110 儿童之家的地点应众所周知，特别是应该努力做到与教育委员会、学校等合作，让全校儿童每年至少接受一次上述教育活动。

5. 对受到犯罪伤害的儿童的支援

应按照前述《关于制定实施保护妇女和儿童措施的大纲》、《关于制定推动防止少年不良行为综合对策的大纲》，以及《关于推动保护受害少年的对策》（1996 年 11 月 13 日警察厅丙少发第 22 号），采取适当对策。

五、确保校车安全的措施

文部科学省《关于确保儿童在学校包括上下学路上的安全的通知》中指出，校车主要是以供儿童学生上下学为目的而运营的大巴，是基于《偏僻地区教育振兴法》为缓解儿童学生远距离上下学，或作为一种确保儿童学生在上下学路上的安全手段而引进的工具。校车的运营方式主要有两种，即“专用校车”与“利用专线大巴等其他交通机构的车辆”（以下简称“专线大巴”），而引进校车的自治体占全国市区町村的 62.7%。其中，利用专用校车的自治体占 82%，这些自治体不仅将校车作为一种安全对策，而且接近半数的自治体是以应对远距离上下学为目的而引进校车的；利用专线大巴的自治体占 55%，这些自治体超过一半是以安全对策为目的而引进校车的。

文部科学省还与警察厅、总务省及国土交通省协商，于2006年2月17日向各地方公共团体下达了《关于将专线大巴作为校车使用的基本思路及具体配合措施》，警察厅向各都道府县警察长下达了《关于确保有效利用专线大巴上下学时的安全的通知》，总务省向各都道府县总务担当部长下达了《关于为确保儿童学生上下学时的安全而利用专线大巴的通知》，国土交通省向各地方运输局下达了《关于为确保儿童学生上下学时的安全而利用专线大巴的通知》，这些文件都为校车安全作出了明确规定。

（一）引进校车的契机

在日本，幼儿园或保育所、特殊教育学校、公立小学校、公立中学校、与距离最近的地铁站有段距离的一部分私立学校、外国人学校、私塾、驾校等都有自己的校车。而日本开始运营校车的契机，主要可以归纳为以下三点：

1. 伴随着偏僻地区学校的合并而引进

1954年实施的《偏僻地区教育振兴法》要求市町村采取措施，以方便偏僻地区学校的儿童学生上下学。为此，为支援偏僻地区学校的儿童学生上下学，国家设立了国库补助制度，用以购买校车。

2. 伴随着市町村的合并而引进

根据“平成大合并”政策，国家对校区及学校的重新评估及合理部署进行了研讨，其结果是加速了学校的合并或撤销。此时，很多地区提出在合并市町村的条件中加入引进校车的要求，并且在此情况下购买的校车也得到了国库补助制度的认可。

3. 作为一种确保儿童在上下学路上的安全方法而引进

近几年来，确保上下学路线的安全性已成为一大课题。从确保上下学学生安全的角度讲，允许距离学校近的学生搭乘援助偏僻地区学生上下学的校车，则是赋予了校车新的使用目的。不仅如此，以文部科学省为首，警察厅、总务省、国土交通省多部门合作，向各都道府县及指定的都市教育委员会下发了《关于为确保儿童学生在上下学时的安全而利用专线大巴的通知》（2006年2月），并且提出要求研究为确保上下学路线的安全性而利用专线大巴作为校车的事宜。

（二）运营方式及现状

1. 运营方式

校车是为连接学生或幼儿园儿童所居住的住宅区与学校（包括托儿所）之间、距离学校最近的车站与学校之间、分别位于不同地区的校区之间等而运营的，其运营主体一般为经营学校的团体（学校法人等）。乘坐人员除学生或幼儿园儿童外，其他人员不得使用（不包括教职员工，如果是保育所、幼儿园的校车，则保育士、教职员工也可一同乘坐）。此外，通常情况下，运营时间、途经路线、车站只可告知学校相关人员，但也有非特定多数的相关信息会公布于可供浏览的网站。也就是说，外部人员不一定绝对不会知道校车的运营时间，特别是外部人员有事来学校时（例如，大学或私立大学的校园开放日、学校参观、校园文化节、入学考试等），学校会经常公布距离学校最近的校车车站所在地。

从运营主体看，学校作为运营主体的主要是私立学校及幼儿园；自治体作为运营主体则主要是公立中小学校，还有就是居住地距离学校很远的人口过稀地域或山间等地区。特别是北海道利用校车的情况比较多，这是因为该地除人口密度小、学校少之外，冬季还很难徒步或利用自行车上下学。

此外，在总务省向各都道府县总务担当部长下达的《关于为确保儿童学生上下学时的安全而利用专线大巴的通知》中对校车运营的财政措施作出了规定，即用于运营校车的经费及用于维持专线大巴的经费，可采取必要的地方财政措施来进行；而涉及将专线大巴用于校车的必要经费的地方财政措施，各地区应根据具体的财政分配情况进行。

2. 现状

文部科学省于2008年委托三菱综合研究所在日本全国范围内对中小学校引进校车的目的、专用校车及专线大巴一年间的运营费用等实际情况进行了调查，同时也对外国校车的实际情况进行了调查，并将其调查结果汇总为《关于〈国内有效利用校车情况的调查报告〉及〈国外有效利用校车的情况调查〉的概要》。根据该概要，可以看出日本校车的现状。

目前，62.7%的自治体（1132个，包括市区町村及事务组织）为供公立中小学校的学生上下学引进了校车。特别是新潟县、山形县、青森县、富山县、北海道、岩手县和岛根县引进校车的自治体超过了90%，而东京都、神奈川县、埼玉县、福冈县和爱知县引进校车的自治体却低于30%。也就是说，与拥有很多偏僻地区或降雪地区的道县相比，拥有大都市的都府县引进校车的概率有偏低的倾向。此外，校车的运营经费（如果是使用专线大巴，则仅指行政负担额）为一年353亿日元，其中一部分由监护人负担。

（三）今后的发展方向

1. 利用各类交通机构

结合各地区的实际情况，并根据专用校车、专线大巴、出租车等特点采取相应措施，才是确保儿童学生安全的有效方法。

2. 应在综合交通体系中进行研讨

市町村应引进并实施适合于综合交通体系的校车，如此可削减自治体的支出成本，实现有利于居民的行政性服务。此外，教育委员会还可通过与相关交通部门的密切合作，大幅度缩减运营成本。

3．形成“地区支援”的理念

从确保儿童安全的角度讲，校车的运营有必要得到志愿者、地区居民、企业等整个地区的协助。特别应注意的一点是，校车不是“有儿童家庭专用的车辆”，而是“地区支援的公共车辆”。这在有效利用专线大巴或地区区间车的地域，居民们比较容易有这种意识。此外，提高儿童学生认为“校车是学生自己的大巴”的意识，对其重视使用大巴有很好的效果。

4．应注意车站安全

相关措施都应以确保儿童学生的安全为前提。例如，为避免儿童学生在穿越主要干线时发生危险，在设定校车运行线路时应忽略运行效率，设定绕远但安全的线路，或即使提高运行成本，也要加强对风险的管理。例如，由直接运营的方式转为更易管理的方式。同时，各自治体有必要编制更为详细的运行管理手册，研究包括紧急时应对措施在内的高度安全确保对策。此外，道路管理者、警察也应对在上下学路上设置的安全等候所、发生灾害时的安全避难确保所等设施采取相应的综合措施。

六、典型案例：池田小学校无差别杀伤案件

近几十年来，引起日本国民震惊、社会广泛关注的校园案件主要有京都小学生遇害事件（1999年12月21日，被刺儿童死亡）、大阪教育大学附属池田小学伤害事件（2001年6月8日，8名儿童死亡、13名儿童及2名教师受伤）、大阪寝屋川中央小学教职员工伤害事件（2005年2月14日，1人死亡、2人重伤）。

其中，大阪教育大学附属池田小学伤害事件受害人数最多，情况最惨重。故以该事件为例进行分析。

（一）事件原委

2001年6月8日上午10时左右，一名手持菜刀的男子从大阪教育大学教育系附属池田小学的汽车专用入口处闯入校内，造成8名儿童死亡、13名儿童及2名教师受伤的惨重后果。同年9月14日，大阪地方检察厅以杀人、杀人未遂、私闯建筑物及违反刀枪法罪名对被告人向大阪地方法院提起了公诉。

（二）造成惨重后果的原因

事件发生后，有关专家分析指出，造成如此惨重的后果主要有两个原因：即校方的应急反应过慢且毫无头绪，学校的安全对策体制名存实亡。具体情况如下

所述：

1. 校方的应急反应过慢且毫无头绪

校方毫无头绪的应急反应导致学校陷入混乱状态，结果延误了救助受害学生及逮捕犯罪嫌疑人的时间。以下是事件发生过程中教师采取的行动，从中可以看出教师应对措施的不足，并对今后遇到此类事件时起到警示作用。

• 某教师在体育馆旁边与犯罪嫌疑人擦肩而过时向其点头问候，但犯罪嫌疑人没有回应，此时教师虽然发现此人既不是监护人也不是教职员工，但并没有采取任何行动，例如，上前询问；

• 犯罪嫌疑人闯入某教室时发出很大动静，但正在上课的教师没有发现；

• 当该教师发现犯罪嫌疑人刺伤学生时发出悲鸣，本想利用校内广播求救但广播不能用，之后该教师看到犯罪嫌疑人又要刺伤学生时，不但没有引导学生避难，反而打开靠近走廊的门跑到办公室去报警；

• 途中，该教师看到被刺伤躺在走廊上痛苦的学生（该学生直到被其他教师发现为止被放置了 6 分钟之久，之后死亡），但没有采取任何措施而是直接跑到办公室报警；

• 在报警时，该教师花费了约 8 分钟来回答警察的询问，导致警察请求救护车支援晚了 5 分钟；

• 当犯罪嫌疑人在各个教室行凶时，有三名教师路过其他教室但都没有采取通知学生有危险、引导学生避难等应急措施。

从控制住犯罪嫌疑人到确认逮捕犯罪嫌疑人为止，校方不仅没能掌握负伤学生的姓名、负伤场所、负伤人数、负伤程度等情况，而且也没有将受害程度控制在最小限度内，即采取针对学生的有组织的避难引导、救生行动、搬运处置等应急行动，导致死亡的学生不是因为被犯罪嫌疑人杀害致死，而是因为救生行动迟缓致失血过多而亡。

此外，虽然有教师提出随救护车一同前往医院，但由于管理层、教务主任处于混乱状态没能理解事件的全貌，从而导致被放置将近 20 分钟濒临死亡的负伤学生送往医院时，几乎没有教师伴随其左右，并且通知监护人负伤学生被送往哪家医院也晚了很久。为此，事件刚发生后有的监护人虽然在第一时间就来到了学校，但不仅没能在学校见到自己负伤的孩子，而且当依靠自己的力量找到医院时面对的竟然是已死亡的孩子。不仅如此，事件发生后，来自于学校的说明、吊慰也都非常迟，可以说，教职员工没有感情的表现、言语、行动给死者的家属带来了莫大的心灵创伤。

2. 学校的安全对策体制名存实亡

虽然在 1999 年京都小学生遇害事件发生后当时的文部科学省公布了《关于安全管理的通告》，但是负责设置及管理附属学校的文部科学省、大阪教育大学都没有实际掌握各附属学校的安全措施情况。对于文部科学省的通告，也只是口头传达，并没有采取特别的应对方案。

（三）处理措施

事件发生后，文部科学省颁布了若干相应措施，如《关于确保幼儿、儿童、学生安全及学校安全管理的紧急应对事项》的通知、《关于确保幼儿、儿童、学生安全及学校安全管理的紧急措施的通知》、《关于确保幼儿、儿童、学生安全及修订校园安全管理检查项目（范例）的通知》，以及《公立学校紧急安全的对策》。

此外，负责管理小学的文部科学省向遇害者家属支付了总额达四亿日元的精神赔偿费及其他赔偿费用。

（四）影响评估

大阪教育大学附属池田小学伤害事件引起了相关教育部门乃至全社会对校园安全的极大重视，相关的教育设施部门纷纷采取应急行动。例如，以此事件为契机，主张在学校（尤其是小学校）、幼儿园、保育园等幼儿、儿童、学生频繁利用的教育设施内设置“警察巡逻”的标志，严禁外部人员进入学校设施，加强保安体系措施（学校设置监控摄像机）等的呼声越来越强烈。不仅如此，携带防范警铃的学生不断增多；废除要求学生佩戴写有姓名的胸牌或只限定在校内佩戴胸牌的小学校不断增多；很多学校开始向校内部署保安员或采取让学生集体上下学的防范方法，并且除上下学时间外，关闭日常开放的大门且严格警戒外部人员的出入，甚至有的家长教师会要求监护人或地区居民来校时佩戴袖章。此外，自治体也尝试着采取各种措施，例如，设立“儿童110”、“学校安全志愿者”、“学校安全对策委员会”等。可以说，此事件使日本的学校从“地区开放式指导方针”转变为“关闭式指导方针”。

主要参考资料及来源：

1. 江泽和雄：《学校安全的课题与展望》，国立国会图书馆调查及立法考察局2009年11月号。

2. 文部科学省：《关于校园安全管理实践事例集——可疑者闯入学校时的危机管理》2003年。

3. 文部科学省：《学校危机管理手册——为保护儿童远离犯罪》2008年。

4. 文部科学省：《关于学校设施防范对策的调查研究报告书》2004年。

5. 文部科学省：《小学设施修建指南　第九章防范计划》2010年3月。

6. 文部科学省：《关于〈国内有效利用校车情况的调查报告〉以及〈国外有

效利用校车的情况调查〉的概要》2008 年 4 月 25 日。

7. 文部科学省:《关于为确保学生上下学安全而利用专线大巴的通知》2006 年 2 月 17 日。

8. 大阪教育大学网:《附属池田小学事件的概要》。

9. 自治体频道网站:《“学生安全与校车”——校车利用现状及待解决的问题》2008 年 8 月号。

10. 罗朝猛:《日本：全民动员给孩子一个安全的校园》，载《上海教育》半月刊 2010 年 6 月上半刊。

11. e－GOV 电子政府综合窗口，http://law. e－gov. go. jp。

俄罗斯："平安校园"建设

2004年9月1日，俄罗斯北奥塞梯共和国别斯兰市第一中学发生校园恐怖袭击，恐怖分子劫持了该学校的学生、老师以及前来参加新学年开学典礼的家长，并与闻讯赶来的警方展开对峙。直到9月3日，匪徒被消灭，人质方才获救。但在此次恐怖事件中，共有317人死亡，其中包括180多名儿童。

事件发生后，校园安全问题引起俄罗斯各界空前关注，时任俄罗斯总统普京随即下达命令，要求相关部门通力协作防止校园恐怖事件。俄罗斯科学与教育部（科教部）迅速响应，成立了预防和制止恐怖活动工作组，内务部也下达了保证学校安全的相关命令。之后，结合正在开展的"平安城市"工程，俄罗斯部分地区开始建设"平安校园"，安装监视系统和报警系统，配备安全保卫人员，部分地区的中小学生开始配备身份识别卡。2004年以来，俄罗斯再没有发生校园恶性惨案。

一、落实"平安城市"工程，建设"平安校园"

2005年12月26日，俄罗斯前总统普京发布"关于俄罗斯内务部建立预防犯罪体系"的命令。根据这一命令，俄罗斯开始实施"平安城市"工程。该工程是在城市实施的、由各信息系统组成的、用于向公共治安部门提供技术支持的综合性系统，包括值勤人员指挥中心、地理信息系统、智能视频监控系统、"公民—警察"紧急联系子系统等。

目前，"平安城市"工程已在59个联邦主体推广，最初主要在100万人口以上的大城市开展，自2009年起，开始在10万人口的城市实施。在实施"平安城市"工程的地区，部分城市也将这一规划引入学校，开展"平安校园"建设。为支持这一项目，2004年俄罗斯用于学校安全的拨款为12亿卢布，至2010年，这一数字已猛增为170亿卢布。

开展"平安校园"建设，首先是安装固定和旋转摄像机，安装位置包括学校外部周界、大楼入口、大厅和楼梯、食堂、更衣室、体育馆、运动场等。在上述区域安装视频监控可及时发现潜入校园的无关人员，制止其对学生和其他人员实施侵害，记录违反纪律的事实、可能的偷窃行径、损坏学校财物或教师学生物品的行为，以及统计学生和教师进出学校时间。

其次是设置接入内务总局（局）部门外保卫处中心监控室的紧急呼叫警察按钮，在发现无关人员闯入校园时，及时呼叫巡逻警察前往学校，同时也可制止学生的犯罪行为。

再次是装备警卫信号设备，报警信号既能传送至学校的保安哨位，也能从那借助紧急呼叫按钮传送至内务机关，或者直接传送至专业保安单位的中央监控室，这样可缩短对报警信号的反应时间。

在首都莫斯科，内务总局部门外保卫处共担负4094所学校的保卫任务，其中教育局所属的有3585所（普通学校1335所，学前教育学校1509所，其他741所），其他教学机构509所。为落实市政府2005年8月12日“关于将莫斯科市教育局的单位纳入城市安全保障体系”的决议，莫斯科市内务总局部门外保卫处在2005至2006年间，在莫斯科市教育局所属的学校安装和开通了部门外保卫处中央观察操纵台。除此之外，根据区长的决定，中央行政区的306所学校和西北行政区的264所学校已接入了商业监视系统。

此外，莫斯科内务总局还注重对这些技防设施的检查，在每年新学年开学前，都会查验报警信号系统的工作性能，根据检查结果向各受检单位提出加强安全的整改意见。

二、设置校园警察，增强安保力量

为了保卫校园及在校师生的安全，俄罗斯设置了校园警察一职。目前，78个联邦主体（编注：俄罗斯联邦主体相当于我国的省份，全国共有89个联邦主体）已配备6000多名校园警察。其主要任务是打击未成年人所处环境内的犯罪，维护教学机构（包括中学、小学、学前教育学校、培训学校等，以下称学校）秩序。正如内务部所指出的，校园警察的直接责任不是解决孩子间的冲突，而是保护校园及其邻近地区安全。这一做法在预防针对学生的犯罪方面取得了明显的成效，同时学生自身的违法事件也大大减少。

校园警察职责包括分析学生违法犯罪情况，每周向未成年人事务工作处（科）长报告，提出消除未成年人违法犯罪成因的建议；参与制定与落实在校园内和居住区预防未成年人违法措施；编写学校的信息统计材料，每月不少于一次向当地的内务机关领导报告有关未成年人的工作；向家长解释所担负的教育、预防责任，包括预防违法犯罪、抽烟、吸毒、饮酒和使用其他精神药品等；发现那些未成年人的家长或法定监护人未履行教育、抚养责任和对未成年人造成负面影响的家庭，对其采取法律允许的措施；通过居民保护机关找到处于危机状态的家庭；查找发生在学校的违法行为，并采取法律许可的措施；审查有关发生在学校的未成年人实施的行政违法和危险行为的投诉和申请，以及有关家长未履行教育责任的投诉；制止和揭露发生在学校及其邻近地区的犯罪案件；保护未成年人的权利和法定利益，向学生、家长就未成年人及其家长违法责任和未成年人的违法行为提供咨询。

校园警察拥有俄罗斯“警察法”规定的警察所有权利，可获得任一学生包含心理、文化教育在内的所有信息，建议科教机构完善法制教育，走访未成年违法人和不幸家庭的住所。

校园警察根据现行的劳动法确定工作时限，工作章程需经学校校长同意，由内务机关批准；校园警察配合负责安全、心理教育的副校长开展工作，如果在学生居住地，则配合该地区负责未成年人事务的警察、片警以及进行刑事侦查的警察；校园警察每月制订工作计划，该计划需经未成年人事务处（科）长批准，并经校长同意；在休假、生病、外出学习或由于其他原因不能在位期间，由未成年人事务处（科）指定人员代理。

校园警察的协作部门包括开展未成年人预防工作的刑事侦查处，涉及未成年人犯罪工作及家长未履行职责工作的片区警察，进行未成年人犯罪侦查的侦查员，预防未成年人犯罪的机关和部门，心理辅导中心，地区委员会、家长委员会以及其他社会团体，其他相关组织。

此外，依据“反恐法”，俄罗斯内务部也采取了一系列旨在保护学校及学生的措施，规定自2006年8月起，警察调整巡逻路线，使巡逻路线更靠近学校，收到报警信号后应在3~5分钟内抵达事发现场。建议禁止无关人员进入校园，犯罪分子应不能从旁侧潜入学校，为此需建立出入管理制度，结合使用出入口控制技防设施。及时通知和呼叫警察前往学校，以对付潜入学校的无关人员。保管好贵重的教学仪器和危险品。

三、成立跨部门委员会，进行日常安全检查

1. 安全保卫现状

目前，俄罗斯各学校的保卫工作现状是：内务总局（局）部门外保卫处（科）负责保卫的学校共有45700所（占全部学校的39.8%），其中安装技防设备的45668所，有警察固定哨位的304所。内务部所属的联邦单一制国有企业“保卫”公司负责保卫的学校共2947所，占1.8%，私营保安公司负责保卫的学校共16602所，占14.5%，这些学校既有技防设备，又有固定哨位。门卫（值班守卫）纳入学校编制的学校共81170所，占70.6%（无论有无技防设备）。

据目前掌握的数据，43950所学校（占38.3%）安装了紧急呼叫警察按钮，89000多所学校（占78.2%）有周界围墙（栅栏），1228所学校没有任何安保措施，其中特维尔州（117所）和奥伦堡州（91所）数目较大。在运送学生的1.6

万台交通工具中，安装格罗纳斯或 GPS 卫星定位系统的只有 774 台（占 3.6%）。

2. 成立跨部门委员会进行日常检查及演练

为对学校安全状况进行日常检查，俄罗斯成立跨部门委员会，成员包括内务部、紧急情况部、联邦安全局在各地的下属部门以及其他相关单位，此外还包括内务部所属的联邦单一制国有企业“保卫”公司，以及其他相关保安公司。

2009 年上半年，在跨部门委员会对俄罗斯 11.5 万所学校的检查中，共发现 12.3 万多起安全问题，包括工程技术问题 47916 起，防犯罪技术设备问题 35810 起，保安措施问题 15109 起，出入口控制和内部制度问题 24729 起。

在检查期间共收到 11.3 万条建议和意见，其中 91746 条送达行政当局，10783 条送达执法机关，6631 条送达地区反恐委员会，4809 条送达检察机关。

检查后，共有 21601 所学校加强了安全措施，其中 7278 所安装了紧急呼叫警察按钮，3727 所安装了技防设备，4340 所安装了视频监控系统，6591 所强化了工程技术手段，1684 所安排了有经验的人员守卫，2949 所安装了呼叫应急部门电话，2131 所安装了出入口控制系统，6965 所安装（或重新恢复）了围墙（栅栏）。

为了提高各执法机构间的协调配合能力，2007 年前 8 个月共在学校进行 558 次战术演习，6154 次业务训练。在寄宿制的教学机构内进行了 70 次战术演习，1113 次业务训练。

四、设置安全副校长，加强安全事务管理

目前，俄罗斯许多学校（包括中学、小学、学前教育学校等各种类型的教学机构）设立了安全副校长职位，负责校园安全事宜，并已取得了较好的结果，针对学生的和学生实施的违法犯罪数量明显下降。

安全副校长的职责主要是：

第一，及时发现威胁，并报告校长及其他相关人员和单位。

排查违法犯罪、自然灾害、技术保障等方面的潜在和现实威胁：查明对教职工、学生、家长、来访者、居住在学校小区的公民构成的威胁；发现对学校自有、借用、保管的资金，纸质和电子信息，各种通信手段传输的信息构成的威胁；揭露对学校动产和不动产、工作人员的财物、保护学校安全的技术设备构成的威胁；及时将有关情况报告相关人员和单位（校长、消防队、内务机关和紧急情况部的值班人员、校园警察、片警、紧急救助部门、保卫学校的保安公司等）。

第二，阻止所发生的威胁事件。

采取措施防止威胁增大，阻止其蔓延、扩散至学校，靠近学生、全体教职工以及重要目标。如果发生针对学校的技术性威胁，对其阻止可延长疏散人员、撤

离财物、消除威胁的时间。

第三，消除、隔离威胁。

独自或与执法机关、保安公司、消防队、紧急情况部的人员一起，采取必需的措施消除或隔离所发生的威胁。

第四，记录威胁事件。

在日常履行职责时，特别是在发生威胁并采取措施制止威胁时，从安全角度记录有关重要事件经过。

五、实施开学前检查，禁止不合格学校开学

2004 年俄罗斯别斯兰市第一中学发生校园恐怖袭以来，俄罗斯每年在学校新学年开学前都进行安全检查（见表），禁止不合格的学校开学。6 年来，共有 1500 所学校因安全问题而不能按期开学。

2009 年 6 月 1 日，内务部、科教部、联邦安全局、紧急情况部、经济发展部和技术监督局等再次联合发布命令，要求在新学年开始前组织检查开学准备工作。

命令中指出，为保证学生在校内的安全，建议对学校在开学前进行一次检查，检查委员会组成人员来自从事教育管理的联邦执法机关、地方自治机关、学校、紧急情况部、内务部、联邦安全局、消费者权益保护局、技术监督局、科教部，以下单位的人员可参与检查工作：能源供应、供热、供水和排水等公用设备单位，专业协会，未成年人事务委员会，负责公民卫生保健、监管医疗救助是否符合联邦标准的、医疗许可证发放的俄罗斯联邦主体权力机关，国家劳动监察机关。

从事教育管理工作的联邦主体执法机关人员为了组织检查，制订、批准新学年学校高质量开学准备计划，该计划在必要时经内务部、紧急情况部驻所在地机关批准；对各学校新学年开学准备情况进行评估，评估依据学校的具体计划进行；检查结果上报联邦主体领导人；每年的 8 月 26 日向俄罗斯科教部上报有关学校新学年开学准备情况。

俄罗斯科教部负责收集和通报学校新学年开学准备情况的评价消息；交换有关资料，以掌握学校管理状况；组织开展与紧急情况部、内务部、联邦安全局、消费者权益保护局、技术监督局、其他联邦执法机关的信息通报合作，交换有关学校开学准备的情报，制定完善学校安全措施的政策；根据俄罗斯法律规定，组织实施学校新学年开学检查；必要时联邦执法机关就组织检查问题提出相关办法或提供咨询服务。

表　学校新学年开学准备情况检查计划

序号	措施	执行者	执行期限	执行标记	备注
消防安全					
1	取得（替换）消防设备				
2	安装自动火警信号、火情通报系统，并进行技术维护				
3	安装报警信号系统				
4	木制阁楼建筑物可用防火材料浸湿				
5	设计有疏散通道				
6	安装消防供水系统，并进行技术维护				
7	设计有事故照明设施				
医疗卫生措施					
8	食堂拥有技术设备和其他设备				
9	拥有排水和供水系统设备				
10	供暖系统设施完好				
11	供电系统完善，可保持正常照明				
12	热餐供应				
13	医务室				
14	对全体人员进行身体检查				
15	学习室桌椅符合学生不断长高的特点				
16	已采取保持卫生的措施，保证房间符合要求				
反恐安全					
17	设置周界围墙（障碍）				
18	安装视频监控系统				
19	安装危机报警信号				
20	保安				
21	安装与内务机关、联邦安全局紧急联系系统（经同意）				
修缮工作					
22	大修				
23	日常修理				

续表

序号	措施	执行者	执行期限	执行标记	备注
其他措施					
24	在“教育”国家规划内提供校车				
25	在“教育”国家规划内提供直观教学设备				
26	可接入国际互联网				
27	拟定有关火灾安全的指挥调度文件（包括指定负责校园防火的责任人，出台消防安全细则、疏散方案等）				
28	开设生活安全、交通安全课程				

六、完善未成年人管理工作，加强对青少年的监管

为了完善未成年人的管理工作，莫斯科市内务总局 2007 年 4 月 11 日发布“关于完善未成年人事务处工作的措施”的命令。

命令中称，通过对各区内务分局未成年人事务工作处的工作情况进行调研证实，预防未成年人犯罪的工作不能适应当前的青少年犯罪现状，部分未成年人事务工作处的工作人员很少亲自前往所工作的片区，没有定期走访所在区的学校，只是将大量时间用于待在办公室内。这种工作模式不可能有效开展针对青少年违法犯罪的预防工作，不能提高与学校管理人员、社会积极分子、警察其他部门的协作。

为了强化未成年人事务处工作，为其创造更有效地预防未成年人在校的违法犯罪工作，莫斯科市内务总局局长 2007 年 4 月 2 日发布命令《关于组织编制问题的命令》，为区内务分局增加 109 个负责未成年人事务的警察编制。该编制指定行使校园警察职能的未成年人事务处警察在社会秩序保卫岗位和所在区的学校工作，开展所在地未成年人违法犯罪的预防工作。

命令中称，将未成年人及其家长的预防工作作为内务机关未成年人事务处的优先工作，莫斯科市各区内务分局未成年人事务处的警察都有责任履行“校园警察”的职责。要求莫斯科市内务总局治安警察在 3 天内拟定并上报莫斯科市内务总局、莫斯科市教育局关于教育机构和内务机关就安排校园警察工作时的协调配合及各自权限的协议，莫斯科市内务总局与各区内务分局在 2007 年第 2 季度联合制订校园警察工作计划，并组织实施。

命令要求各区内务分局局长2007年5月1日前采取措施按新增编制补充校园警察；根据新编制再次任命负责社会秩序保卫部位和学校的警察，以适应新的部署；对确认其工作区域的每位未成年人事务警察的职责命令进行修改，使之符合现命令的规定；为新从事校园安全工作的警察开展工作提供必要的条件，下发俄罗斯内务部2000年5月26日命令规定的技术装备、家具以及其他工作用品，必要时，向各行政区区长申请技术设备；经学校行政管理部门同意后，将校园警察的配置情况通报全体教职工、学生、家长委员会，规定其在校工作时间以及办公地点；将校园警察纳入教职工委员会，使其定期在教职工会议上通报所在区的未成年人所处环境的治安状况，以及预防未成年人违法方面存在的问题；参照片区内警察的工作情况，拟定校园警察维护秩序工作制度。

七、发放安全护照，提出人身安全建议

1．向中小学生配发“安全护照”

自别斯兰校园人质事件发生后，俄罗斯的中小学生都随身带有一种类似军人身份识别牌的“安全护照”（身份识别卡）。该护照印有学生的照片、血型、家庭电话、健康状况和一些必要的电话号码，即便遭到炸弹袭击，里面的信息也不会丢失。与该护照同时使用的还有一个袖珍型的登记卡，上面有学生的姓名、照片、指纹、血型、父母或监护人资料，还有一些指导学生如何应对洪水、火灾、交通事故以及恐怖袭击的知识，可使学生在危险情况下进行自救。据悉，目前这一计划还在试运行当中，如果效果良好，将在全国范围内推广。

2．校园安全网对加强学生人身安全的提议

校园安全网是专门为学生量身打造的安全网站，内容包括国家安全政策、反恐措施、安全新闻等。该网对加强学生人身安全也提出了具体的建议，内容包括：

- 往返学校结伴而行，或是选择行人多的路线。
- 决不采纳陌生人的提议，尤其是陌生人自称已问过家长，但家长此前并未告知时。
- 随时与老师、同班同学（朋友）在一起，禁止单人前往学校的无人处，特别是顶层阁楼、地下室、灌木丛，禁止单人在操场或游乐场所玩耍。
- 将所发生的不幸事件报告老师、护士、校长和保安员。
- 禁止与携带武器（刀具、手枪、手榴弹、烟幕弹、炸药包）或毒品前往学校的人交朋友。任何情况下都不能品尝毒品，即使是免费品尝，并将此事报告家长。
- 在打架斗殴事件中不参与任何一方。

• 只有在课间时才去卫生间，或与人结伴去卫生间。如果在卫生间发现不认识的成年人，应立即离开。在绝大多数情况下，成年人只能前往指定的卫生间。

• 看管好自己的物品，禁止将其放在无法观察到的地方，别忘记放在更衣室的外衣口袋的现金和手机。

• 如果有人攻击你，立即还击。

八、典型案例：别斯兰市第一中学恐怖事件及启示

2004 年 9 月 1 日，30 多名车臣恐怖分子突然占领俄罗斯北奥塞梯共和国别斯兰市第一中学，将正在举行开学典礼的 1128 名学生、教师和家长劫为人质。恐怖事件发生后，俄政府迅速调集军警进行处置，经过近 52 个小时的对峙，以强攻结束战斗。虽然大部分人质获救，但造成 317 名人质死亡，多人受伤，举世为之震惊。

（一）恐怖事件主要经过

事件经过大体可分为四个阶段。

第一阶段：事发阶段。莫斯科时间 9 月 1 日 9 时 30 分左右，30 多名恐怖分子乘卡车强行进入别斯兰市第一中学，当地警察和内卫部队迅速作出反应，包围学校并与恐怖分子短暂交火。恐怖分子占领学校后，将人质按学生、成人分开，羁押在学校体育馆内，埋设大量爆炸物，并提出俄罗斯从车臣撤军，释放因袭击印古什而被逮捕的恐怖分子等要求。得知消息后，俄高层迅速成立了由联邦安全局牵头的解救行动指挥部，调集阿尔法特种部队等对目标实施多层包围。

第二阶段：僵持阶段。在达成军事封控以后，俄政府重点做了三项工作：一是与恐怖分子进行谈判，但各项要求均被拒绝。二是争取国际社会支持，及时向联合国通报人质事件，安理会应俄罗斯要求，连夜开会并发表声明，强烈谴责这起恐怖事件。三是进行武力解救人质的准备，拟订了武力解决方案，并按方案完成部署。在僵持阶段，恐怖分子释放了 26 名妇孺，杀害了 20 多名人质。

第三阶段：攻坚阶段。9 月 3 日 12 时 45 分，指挥部与恐怖分子商定从学校向外运送人质尸体。13 时 5 分，当紧急情况部人员进入学校运送尸体时，突然发生爆炸，部分人质开始外逃，恐怖分子随即向逃跑的人群开枪。为保护人质，隐蔽在周边的俄军警立即予以还击，特种部队冲进学校与恐怖分子展开激战，并炸开围墙，解救人质。双方一度处于胶着状态，战斗持续了近 4 个小时。至 17 时左右，大部分人质脱险，战斗基本结束。

第四阶段：善后阶段。俄军警完全控制学校后，展开一系列的善后救援工作。据别斯兰恐怖事件调查委员会的统计数字，在这次事件中，317 名人质死

亡，811 人获救，其中包括 547 名儿童。俄强力部门在解救行动中共有 10 人丧生。参与这次袭击的恐怖分子共 32 人，其中 31 人被当场击毙，1 人被判终身监禁。

（二）俄处置恐怖事件的失误

虽然俄罗斯政府非常重视此次事件，也积极采取了应对措施，但在处置过程中，仍存在较大失误。

1. 错判形势，未能预料恐怖发生

在别斯兰事件发生之前一周的时间内，俄罗斯境内恐怖事件就已不断上演。2004 年 8 月 24 日，俄罗斯两架民航客机从莫斯科的多莫杰多沃机场起飞后，几乎同时在图拉州和罗斯托夫州坠毁，两架客机上的 89 名乘客和机组人员全部遇难，经调查最终判定为自杀式恐怖爆炸事件。2004 年 8 月 31 日，莫斯科里加地铁站附近发生恐怖爆炸事件，造成 10 人死亡，51 人受伤。频繁发生的恐怖事件未能引俄罗斯的高度重视，没有预料到恐怖事件还会再次发生，各级政府部门没有及时采取预防措施，对所获得的情况也未能给予足够的关注。根据别斯兰恐怖事件调查委员会的调查，在人质事件发生前数天，俄内务部就已向相关部门提出警告，并命令别斯兰市所在地北奥塞梯共和国警方在各学校开学当天加强安全措施。开学当天，只有 1 名女警在别斯兰市第一中学附近执行巡查任务，这就足以证明相关机构并未对先前的警告给予丝毫重视。在恐怖事件发生前，警察抓获了 1 名车臣恐怖分子，他向警察供出了恐怖分子将袭击别斯兰学校的计划。但是，得知这个消息后，政府并没有采取任何安全措施，学校没有停课，在通往别斯兰的必经之路上也没有设置任何障碍，警方甚至没有意识到会发生劫持事件。不论是俄罗斯政府还是北奥塞梯共和国乃至别斯兰地方当局，都错误地判断了形势，未能采取有效的防范措施。

2. 信息失真，导致临战决策失误

事发之初，时任俄罗斯联邦安全局北奥塞梯分局局长的瓦列里·安德烈耶夫报告说有 354 人被劫持，但随后证明人质远远不止这一数字。安德烈耶夫当时作为危机处理负责人，未能及时了解并上报真实信息，这种误导无疑会对临战指挥决策产生消极影响。

在处置过程中，也曾出现严重的信息失误。9 月 1 日中午，恐怖分子曾通过人质传出一张纸条，要求同北奥塞梯共和国总统谈判，同时威胁政府不要进攻。他们发生这样的警告：一旦有 1 名同伙受伤，就要杀 10 名人质；有 5 名同伙受伤，就要杀 50 名人质；有 5 名同伙被击毙，就要炸毁整个学校；如果政府切断水源和电源，也要每小时杀掉 10 人质。纸条最后还留下手机号码。然而，这张纸辗转传到警方手中时，却发现手机号码的最后两个数字变得模糊不清，当警方谈判专家费尽周折终于打通恐怖分子的手机时，已经是下午 4 时了，接电话的恐怖分子说，在过去 5 小时里已经有 30 名人质被处决，就因为“一直没有人打电话”。如果事发后，现场处置更专业，在对恐怖分子电话号码的处理上更迅速，现场布控更周密，不给恐怖分子以可乘之机，该事件的严重后果完全可能大大降低。

3. 多头指挥，临场组织协调不力

当时在事发现场的有北奥塞梯共和国总统亚历山大·扎索霍夫、俄罗斯联邦安全局北奥塞梯分局局长瓦列里·安德烈耶夫、俄罗斯中央驻北奥塞梯的官员等官员。由于各方利益不同，因此指挥部实际上分成了强力部门指挥部和非军事指挥部两部分。强力部门指挥部一直策划发动突袭，非军事指挥部则一直在寻找和平的解决方式。作为强力部门指挥部，他们解决事件的目标是通过强力来解救人质，人质的伤亡在他们看来是不可避免的，只是数量问题。对于非军事指挥部来说，他们的目标是和平解救人质，尽量满足劫匪的要求，不造成任何伤亡。观点不一，目标不同，无疑是犯了临战指挥的大忌。

在解救人质的具体过程中，当时在场的政府力量包括当地警察、联邦内卫部队、联邦军队以及特种部队等，他们分别隶属于北奥塞梯共和国、内务部、国防部和联邦安全局，但由于缺乏统一的指挥协调，未能形成合力。

4. 外界干扰，打乱整体行动计划

在别斯兰事件进行到第三天，也就是当地时间 3 日下午，特种部队在事件现场设立的封锁线，没能阻止住别斯兰一些激愤市民冲进行学校解救人质的行动。居民自发向校内恐怖分子开火，事件由此完全失控。被劫人质和劫匪都误认为营救的特种部队已发动进攻，大批被当做人质的孩子们趁机慌乱逃跑，恐怖分子随即向四散奔跑的孩子残忍扫射，致使特种部队在行动准备不足的情况下被迫向恐怖分子展开强攻。救子心切的市民们的自发行为打乱了整个行动计划，这说明别斯兰居民缺乏一定的反恐组织意识，不了解盲目行动可能产生的严重后果，不了解现场任何人的一切行动必须服从现场警方的意义所在，他们在激愤冲动之下的鲁莽行为将惨剧引爆，使得政府失去了回旋余地，令一切都无可挽回。

同时，各种新闻媒体多角度、全方位地进行报道，使恐怖分子对政府军警部署，作战行动了然于胸。连人质中有哪些重要人物等通过电视、电台，以及外围恐怖分子同伙的通风报信，被劫匪轻易得知，给他们更好地与当局抗衡提供了诸多帮助。恐怖分子得知北奥塞梯议长、行动指挥部重要成员马姆苏罗夫 11 岁的儿子和 15 岁的女儿在人质当中的消息后，立即将其找到，并通过电话直接警告马姆苏罗夫所在的指挥部不要进攻，否则人质面临全部被杀的结局。无疑，这加大了事件处置的难度，而且使这位高官的子女比其他人质更直接面对被恐怖分子伤害的危险。

（三）别斯兰事件对我国的启示

前车之师，后车之鉴。我国虽没有发生像别斯兰市第一中学这样的大规模恐怖事件，但小范围的恐怖暴力活动也时有发生，特别是西部地区，一直深受恐怖主义之害，新疆、西藏民族分裂势力等时常实施恐怖活动，破坏民族团结和社会安定，影响国家经济的发展和和谐社会的构建。因此，在我国发生恐怖活动时，应将别斯兰事件引以为戒，避免处置中出现失误。

1. 完善应急指挥体系，加强反恐力量建设

俄罗斯别斯兰恐怖事件调查委员会主席托尔申称，解救行动指挥部的组织工作存在一系列严重问题。调查委员会成员萨韦利耶夫称，指挥部队的直接错误造成了大批人质伤亡，确信有106～110名人质因当局错误手段，在最初的两次爆炸和其后的大火中遇难。因此，我国应继续完善反恐应急指挥体系，明确各级政府、各个部门在处置突发事件中的责任、义务，针对可能发生的恐怖爆炸袭击做出详细预案，并尽可能地制度化、规范化。反恐应急指挥领导小组的成员构成明确，武警、公安、交通、消防、卫生等部门的职责明确。建立一支精干的反恐队伍，按照过硬的思想、一流的装备、超常的训练、精湛的技能、强健的体魄等要求，把反恐部（分）队建设好，形成科学、坚强的力量体系。加强装备建设，着力发展适应现代反恐作战的高技术武器装备。强化反恐训练，围绕反袭击、反爆炸、反劫持、反核生化恐怖等任务，狠抓基础科目训练、战法训练和综合演练，一旦发生恐怖事件，能够拉得出、用得上、打得赢。

2. 完善危机预警系统，加强情报分析研判

据有关资料显示，恐怖分子在事件发生之前，就在别斯兰市第一中学储藏武器，并将大批的炸药堂而皇之地运入学校体育馆的地下室。发生前的一周内，恐怖分子就住在别斯兰附近，他们的活动并不十分隐蔽，甚至引起不少人的警觉，但警察和其他护法机构没有掌握这一恐怖活动的有关情报。恐怖事件发生后，也对现场情况不明，对恐怖分子的人数、武器装备、爆炸装置的具体位置等重要情况并不掌握。

建立预警机制，是预防恐怖活动的非常重要的一环。许多恐怖事件的发生，都有明显的征兆，平时，应将一切可能导致恐怖的因素一一列出，做好各方面的准备，制订相应的应急方案。针对可能发生的各种情况，组织模拟演习，锻炼管理人员的应变能力。同时，在政府反恐职能部门之间建立顺畅、快捷的反恐情报信息流通渠道，明确情报信息的通报渠道、程序和方法，及时报告可疑情况和发生恐怖袭击事件的信息。完善反恐情报信息研判机制，提高情报预警性和前瞻性，在看得清、盯得住上下工夫，要能够迅速查明、盯住恐怖分子的位置，查明爆炸装置的主要性能和攻击地点。

3. 完善校园安全建设，加强师生防范意识

别斯兰事件暴露出校园安全存在严重的薄弱环节，校园安全问题引起了俄罗斯各界空前关注，时任俄罗斯总统普京随即下达命令，要求相关部门通力协作防止校园恐怖事件。俄罗斯科学与教育部迅速响应，成立了预防和制止恐怖活动工作组，制订了《2004—2007年学校安全计划》，近年来，俄罗斯中小学再没有发生恶性恐怖事件。我国应借鉴俄罗斯及其他国家的做法，充分利用先进的科学技术，通过安装金属探测仪、监控摄像头、护栏、探照灯等设施加强校园安全保卫工作。设置校园警察，警察巡逻路线尽量靠近学校，在学生上学和放学的高峰期加大巡逻力度。

学校安全措施的重要组成部分就是培养学生在应对危险情况时的处理能力，因此，应规定学校定期对学生进行安全教育和演练，设置专门课程或是向学生发放安全手册，以指导他们学会自我保护的方法，不仅包括学生应当如何应对歹徒入侵校园的紧急情况，还包括预防暴力、恐怖袭击、火灾等各种可能的突发事件，从而培养青少年的安全意识与求生能力。

4. 完善新闻管控制度，加强舆论正确引导

俄罗斯政府在处置别斯兰市第一中学恐怖事件中，对媒体、记者控制不严，各大新闻通讯社、报社近距离拍摄、报道现场情况，互联网上大量相关信息传播，将一线指挥部的构成、参与处置的军警情况以及一些人质身份曝光，对解救行动造成极大的干扰。我国在反恐行动中，应设定严格的新闻发布制度，要加强媒体控制，正确引导舆论，使之为我所用，防止因舆论失控造成被动。在反恐应急领导小组成员中，应设专人负责信息发布和媒体宣传管理，既要通过媒体宣传凝聚人心，又要避免因媒体采访泄露警方秘密行动计划。

主要参考资料及来源：

1. 俄罗斯内务部网：http://www.mvdinform.ru/。
2. 莫斯科未成年人事务及维护其权利委员会网：http://kdn.mosreg.ru。
3. 莫斯科市内务总局网：http://www.petrovka－38.org/。
4. 圣彼得堡市和列宁格勒州内务总局网：http://www.guvdspb.ru/。
5. 俄罗斯校园安全网：http://www.schoolsave.ru。
6. 郑威：《别斯兰反劫持失败的心理因素分析》，载《湖北警官学院学报》2008（3）。
7. 李晨耕：《俄罗斯人质事件的启示》，载《人民公安》2004（18）。
8. 杜怀强：《俄罗斯处置别斯兰人质事件的教训与启示》，载《国防科技》2004（12）。

澳大利亚：校车制度

近年来，澳大利亚中小学校屡次发生暴力事件。维多利亚州官方数据显示，2008—2009年度，全州学校共报告了659起袭击案件、1388起盗窃案件、856起故意破坏公物行为，与2007—2008年度相比，分别增长22.5%、1.9%和2.4%。2009年7月，昆士兰州教育部部长称学校发生的暴力行为的增长速度，已经完全令人无法接受。欺辱、骚扰、暴力已经成为澳大利亚全国对学校的重点关注问题，有关利益方要求严惩在校园发生的或者针对学校职员和学生的各类犯罪。澳大利亚各级政府对此非常重视，纷纷出台对策，维护学校安全，为学生创造更好的学习、成长环境。

在澳大利亚，校园安全的行为主体涉及校外人员、来校人员（合法或非法）、教职员工、学生等；行为方式包括破坏公物、欺辱、骚扰、暴力、性犯罪等；行为对象既有学生、教职员工，也包括学校财物；时间范围涵盖了白天和夜晚，开学和放假期间；地域范围从校内延伸至学校周边。校园安全的复杂性，使澳大利亚社会期待负责管理学校的有关机构，无论是政府还是非政府机构，都应采取一切可能的措施确保学校安全。在校园安全中，一个关键环节即是校车。校车承担着安全接送中小学生上下学的任务，为乡村地区学生、城市郊区学生和具有特殊需求的学生提供校车服务。

一、中小学校园安全管理机制

澳大利亚是联邦制国家，公立中小学校由政府拥有和管理，资金主要来自州（地区）政府；私立中小学校由私人拥有和管理，联邦政府是私立学校公共资金的主要来源，同时也向公立学校提供辅助支持。

在校园安全管理机制中，联邦机构、各州（地区）教育主管部门、中小学校以及警察部门各司其职，共同维护中小学校园安全。

（一）教育系统

澳大利亚联邦教育机构主要从宏观角度对中小学校园安全进行管理，而具体政策及措施则需要由各州教育主管机构及中小学校制定。

1. 联邦机构职责

澳大利亚教育、幼儿发展与青年事务部长级理事会是管理中小学教育的联邦机构之一。该理事会于2009年7月1日成立，由教育、就业、培训与青年事务部长级理事会以及职业与技术教育部长级理事会重组而成，其职责主要包括：在国家层面对战略政策进行协调；在理事会职责范围内磋商、制定有关共同目标和利益（包括澳大利亚联邦政府/国家关系的原则）的国家协议；就一致的目标和重点、国内报道职责权限、信息共享、资源合作利用的范围和形式进行磋商；负责相关国家机构间的联络与合作。

2. 州教育部职责

澳大利亚各州（地区）教育主管机构的名称不一，新南威尔士州、首都地区、北部地区、西澳大利亚州、昆士兰州为教育与培训部，南澳大利亚州为教育与儿童服务部，塔斯马尼亚州为教育部，而维多利亚州为教育与幼儿发展部，本文统称教育部。各州（地区）教育部负责制定本辖区内公共学校的教育与培训政策，通过政策、战略和计划，引导学校的实践，从而为学生创造良好的学习成长环境。而制定维护学校安全与秩序的政策，即是其中一项重要内容。北部地区《2007年工作场所健康与安全法》规定，该州教育部有法定职责确保在合理可行的前提下，教育部雇员及其他人免受健康或安全风险的威胁。有效的规划与管理将降低欺辱、骚扰或暴力事件发生的可能性，减少当事人所受的影响，缓解此类事件的长、短期不良后果。

3. 中小学校职责

澳大利亚社会普遍认为，提供令学生感到安全的学习环境是学校的基本职能，学校卓越的领导力将是筑牢构建安全环境根基的必要因素。在维护校园安全方面，中小学校的主要职责包括：制定、实施营造安全学校环境的政策、计划，并使整个学校社区都参与制定、实施过程；定期监视、评估其政策和计划，以便为决策和改进提供实践证据。

4. 教职员工职责

在学校履行职责过程中，校长和学校雇员发挥了重要作用。在北部地区，校长经与其雇员及相关团队（如警察）磋商后，必须确保所有雇员和其他相关利害关系人知晓该州教育部对欺辱、骚扰及暴力行为的零容忍方法；推动营造无暴力的工作环境，制订、实施针对工作场所欺辱、骚扰和暴力行为的预防、准备、响应、恢复措施计划，并定期检查、复查计划，确保与时俱进；确保高危雇员受到合理对待，并通过向员工提供冲突解决和压力释放技能的培训及其他风险管理战略，预防欺辱和骚扰的发生；处理发生的所有相关事件，并确保所有事件都得到报告。

而作为维持学校正常运转的所有雇员则应确保熟悉工作场所的欺辱、骚扰、暴力处理计划，在发生事件时遵循约定的指示或程序，并使用约定的联络办法向校长报告所有欺辱、骚扰、暴力行为，无论自己是当事人还是证人。

（二）警察机构职责

在澳大利亚，警察除了在涉及学校安全的事务中履行日常职责外，还通过加强与学校的合作，积极参与学校的安全防范工作。

这类合作主要有两种形式：一种是警察在学校履行职责，北部地区、昆士兰州、新南威尔士州称为“驻校警务计划”（School Based Policing Program），而塔斯马尼亚州称为“校警计划”（Police in School Program）。其实施方法多是向学校或者学校联合体（由一或两所高中及其预备初中组成的一组学校）派驻警察，如昆士兰州即根据该计划向47所高中指派了35名驻校警察，而塔斯马尼亚州则向全州范围内教育部指定的高中（college，在塔斯马尼亚州特指第11、12年级）提供着装警察。驻校警察在学校的工作时间不一，“驻校警务计划”的警察须全天在学校办公，而根据塔斯马尼亚州的“校警计划”，校警只需在学校开学期间，每天在学校执勤4小时。另一种是在警察和学校之间设立警察联系人。昆士兰州“接受警察计划”即是警察在自愿基础上，与指定学校建立联系，这些警察被称为警察—学校联络官。

无论是驻校警察、校警，还是警察—学校联络官，其主要目的都是通过参与学生教育，在中小学校与警察之间建立良好关系，构建教育、发展战略，预防不利结果的发生，实现社区参与和犯罪预防的目标。一方面，通过帮助创建支持型学生福利和学习环境，加强校园安全，提升学校教育成果；另一方面，此类计划可以强化警察与年轻人之间的关系，树立警察和当局的良好形象。以昆士兰州为例，通过向有犯罪风险的学生提供帮助，或者支持学生参与青少年司法系统，驻校警察可以帮助改善学校社区的综合健康与福利。该计划还鼓励学校社区采取措施，帮助预防犯罪。

警察在上述措施中发挥的作用主要有：

• 履行警察职责。包括：在适当的情况下，处理学校社区内与警察相关的事务；对向其报告的在学校附近发生的犯罪作出第一响应、调查和记录；协调并实施校园看护、安全房舍及财产识别等措施。

• 教育作用。包括：参与针对学生的权利与责任教育；在其拥有专长的教育计划中辅助学校；在其参加会有助于教学的学生活动中帮助学校；通过举例和示范，促进守法行为；告知非法行为的后果；在学校从事通常由警察实施的教育活动，如演示如何确保交通安全、人身安全、居家安全等。

• 桥梁作用。包括：促进学校社区和警察之间的建设性关系；帮助学校社区了解法律/立法过程或程序，特别是与青年有关的过程和程序；辅助教师准备、演示课程材料，以符合警察和学校社区需求；发表演讲，提供法律、警察职责以及支持学校课程的其他相关主题的信息，参与学校活动，以便为将来的犯罪预防计划打下基础。

• 咨询作用。包括：在适当的情况下，就交通问题、财产及人身安全问题向学校社区成员提供建议，向其他机构提供参考意见；与相关青年福利机构建立并保持开放式沟通。

上述职责通常是经协商决定的。在昆士兰州，驻校警察可以直接向主管警官、学校联合体所在区域的青少年援助局报告；如果没有青少年援助局，则向学校联合体所在区域的指定部门的主管警官报告。校长、警察以及其上级长官组成的当地顾问组负责监督。

二、中小学校园安全管理政策

“无以规矩，不成方圆”。无论是澳大利亚联邦政府还是各州政府，都非常重视校园安全相关政策的制定。南澳大利亚州要求所有公立学校必须制定行为守则及反欺辱政策，新南威尔士州所有学校都制定了纪律政策，规定对实施欺辱或骚扰行为的学生的处罚，而西澳大利亚州教育部还定期更新其反欺辱政策。这些政策为学校的安全管理和防范工作提供了依据和指南。

（一）联邦政策

2003年7月，澳大利亚教育、劳工、培训与青年事务部部长委员会签署了《国家安全学校框架》，并向全国学校下发。《国家安全学校框架》旨在提供一种协商一致的全国性方法，帮助学校处理欺辱、骚扰、暴力和儿童虐待等问题，并向学校提供可以评估其政策和实践的标准，以改善学校安全环境，促进学生健康。

可以说，该框架是联邦政府、各州公立学校、非公立学校主管机构及其他利益相关机构的集体智慧结晶。它提供了一种平台，使澳大利亚所有学校能共享关乎学生身心健康安全的政策和措施。该框架包含事前和事后战略，强调将学校作为社区来行事的必要性，以减少暴力，改善儿童保护。该框架还就制定书面政策向学校提供指导和建议，并向学校推荐了一些实践效果良好的做法，如鼓励、促进“全校总动员”方法，包括家长、学校董事会，以及代表家长、照管人、社区成员的协会；学校课程应包含学生保护教育，如通过理解性别、种族、信仰等因素来探究歧视行为；对教职工进行职业拓展和培训，如应对欺辱和骚扰、儿童保护立法及程序（包括强制性报告）、识别和理解儿童虐待，包括受害者的需求；向教师提供资源，帮助学生识别/报告虐待行为，掌握保护行为，提高恢复能力，培养乐观精神；鼓励学校允许学生参与决策、处理过程，如培训同龄人斡旋或采用“朋友”系统；提供专家支持，包括向遭遇或报告虐待的教师以及负责对具有持续攻击性学生进行教育的教师，如行为教师、顾问、反骚扰官、学校顾问、心理咨询师和驻校警察提供此类支持；由警察对学校人员进行检查，等等。

2005年，澳大利亚所有学校均已开始实施该框架，私立学校可以根据当地反歧视立法，申请某些豁免。自2006年起，各州开始报告其实施情况，《关于澳大利亚学校教育的国家报告》每年都会公布相关情况。

（二）各州政策

各州关于校园安全的具体政策主要由各州教育部制定和发布，如新南威尔士州《采取措施维护安全》、昆士兰州《学校安全》、西澳大利亚州《CEO指南：校内武器》、南澳大利亚州《职业健康安全与福利·暴力处理程序》等，其主旨都是要求学校应采取适当安全措施保护学校安全，为教职员工与学生提供安全环境。这些政策涉及校园安全的方方面面，主要包括：

• 硬件环境安全。涉及设备识别、钥匙安全、现金保存、昂贵设备保护、易燃物品存放、用电安全等方面。如西澳大利亚州《校园安全》引入了经该州警察局证明有效的做法，规定学校应在学校设备上标刻“EDUC”或学校名称及学校识别码作为识别记号，以降低被盗概率。且一旦被盗，也容易查找。该文件还规定，为减少非法入侵，学校需要制定程序，确保钥匙的使用能被准确地追踪和记录。

• 安全防范系统。此类文件主要集中于对安全警报系统、电话报告系统、身份识别系统、CCTV系统的规范。如规定学校校长应教导学校职员熟悉学校安全警报系统的操作程序，在警报系统旁边放置记录本，记录放学后校园内的使用情况，等等。

• 行为规范。主要是对学生、家长/监护人、学校社区全体成员的行为作出规范，并制定学校反欺辱、反骚扰、反暴力政策；同时，亦包括对上述行为和事件的处罚、处置措施。澳大利亚所有州都制定了反欺辱政策，有的州还明确规定了针对欺辱、骚扰、暴力行为的应急管理原则、政策和流程要求。虽然有的要求原则性较强，并未具体到可以直接按图索骥，但基本勾勒出了框架，学校在制定具体实施方案时必须遵循。西澳大利亚州特别针对校内武器问题发布了文件，要求所有学校将涉及武器的事件作为严重违纪事件处理，并应立即勒令相关学生停学。如果认为属于被禁止或受管制的武器，校长应立即联系警察。该事件还必须录入教育部事件通知系统。

• 职责分工。即规定教职员工、学校管理层及校长的职责，以便各司其职。

新南威尔士州要求校长对在校学生的暴力行为进行初步评估并减少或控制此类风险。南澳大利亚州则要求校长应识别抢劫、职业暴力、偶然暴力、恐怖主义等暴力风险因素，并对暴力风险进行评估。如果可能，应对暴力风险进行控制，在必要的情况下，还应向州警察局等机构寻求外部支持。该州还制定了《入侵者治理条例》，给予警察和校长权力驱逐某人，或者禁止以暴力或威胁方式行事的人进入校园。

三、中小学校园安全管理措施

澳大利亚对校园安全采取了立法与政策并重，计划与措施并举等方法，综合治理校园安全问题。

（一）通过立法维护校园安全

中小学校相对封闭，中小学生相对弱势，因此，澳大利亚各州（地区）有关法律对校园安全给予了特别的关注。一方面，法律对相关人员进行了授权。如西澳大利亚州《1999年学校教育法》第120条、昆士兰州《2006年教育（一般规定）法》第339条都规定，公立学校校长可以签发书面指示，命令某人离开学校，并在一定时间内（如24小时）不得接近学校。而根据昆士兰州《2000年警察权力和责任法》，如果某人在学校附近接近某小学学生，而该情形会导致有正常判断能力的家长不安，则警察可以向该人发出指示，命令其离开学校附近区域。

另一方面，侵害校园安全的某些行为被规定为犯罪。如根据昆士兰州《2006年教育（一般规定）法》的规定，任何人故意干扰州立学校的正常秩序或管理；在州立教育机构学生在场的情况下，或者在校内、学校附近或在任何地点为教育目的与其他人聚集的该校学生能听到的情况下，侮辱（指“无礼威胁或蔑视、粗鲁威胁、谩骂”）该机构官员；无合理授权或合理理由进入州立教育机构，均构成犯罪，应处以20惩罚单位的罚款。而新南威尔士州《1901年围封土地保护法》明确将公立学校和登记在册的非公立学校界定为“封闭土地”，并规定下列行为都是违法行为，并分别给予相应的处罚：无合法理由进入学校的，处以10惩罚单位罚款；被要求离开后仍在学校逗留，或者被要求离开后仍以侵犯方式行动的，处以20惩罚单位罚款；提供虚假姓名或住址的，处以0.5惩罚单位罚款；拒绝提供姓名和住址的，可予以逮捕。

（二）实施计划贯彻政策

澳大利亚联邦政府、各州（地区）及中小学校实施了多项预防暴力、促进相关人员改善关系的计划，贯彻、落实相关立法和政策规定，努力加强校园安全。这既包括联邦政府实施的计划，也包括各州、中小学校实施的计划，如冲突解决计划、同侪扶持计划、反种族主义计划、反歧视与骚扰计划、学生领导与调解培训计划，等等。

澳大利亚联邦政府于2007年开始实施“安全学校”计划。该计划的目标是使学校免受宗教或种族极端分子攻击，援助对象包括州立和非州立学校。至2010年8月初政府公布项目支出，共有69所学校分享了约2000万澳元的资金。这些资金主要用于改善学校安全基础设施，如安装或更新CCTV系统、围栏、照明，加强窗户安全性等，但不包括为处理学生欺辱、骚扰、学生暴力、儿童保护、破坏公物、财产犯罪而采取的安全措施。

而针对学校物理范围大、盲区多，在节假日期间无人看管，易成为犯罪目标等特点，澳大利亚一些州实施了“校园看护”计划，旨在鼓励社会力量参与维护校园安全，以社区为基础关注和减少犯罪，保护学校免受盗窃和毁坏，为学校创造安全的学习和工作环境。在昆士兰州、南澳大利亚州和西澳大利亚州，这是州警察局和州教育部联合采取的措施，而在新南威尔士州，则是由家长与市民协会联盟实施的计划。在昆士兰州和南澳大利亚州，“校园看护”计划涵盖了该州所有学校，从幼儿园到高中，包括公立和私立学校，而西澳大利亚州则有650多所学校参与了该计划。

“校园看护”计划组织者认为社区的作用非常重要，特别是在放学后及学校放假期间，居民的参与可以阻止非法闯入、破坏公物、乱涂乱画、纵火等行为。它鼓励生活在学校周边的居民在发现可疑行为后，立即拨打该组织的电话或报警。在新南威尔士州，该计划组织者在节假日期间还会派人到学校进行安全巡逻，查看有无破坏公物的迹象。

该计划组织者还通过散发传单、邮寄信件、制作网页等宣传方式，向居民传授发现可疑行为的方法，如听到砸窗或敲击声等异常响动，要警觉；在节假日期间，查看停在学校周围的异常车辆；查看在学校周边游荡的人，他们可能是犯罪嫌疑人，等等。西澳大利亚州还鼓励学校校长推动“校园看护”计划，在居民提供了有价值信息的情况下，如果可能，通过简报、当地新闻媒体及时反馈，以提高居民参与的积极性。根据西澳大利亚州的统计，“校园看护”平均每月收到200个公众电话，在节假日期间，电话数量会显著上升。这在一定程度上降低了非上课期间针对学校的犯罪案件的发生率。

南澳大利亚州则赋予了“校园看护”计划更丰富的内容。该州学校每年都会收到《“校园看护”安全与安保资源小册子》，涉及校园安全的诸多方面。2008年6月，该州“校园看护”计划开始实施新的“校园看护一级认证”方案，由该州警察局向符合条件的学校颁发证书，证明其推动了当地和社区的理解，完善了与警察的联系和参与。要获得认证，学校必须满足下列要求：与当地警察完成了安全审计，以确认需要改进的薄弱区域；学校声明允许学生参与确认问题和寻找解决方案；应制订安全风险应急管理计划、校园应急服务地图、钥匙存放地点登记簿、放学后联系方式、应急响应队联系方式以及在校内张贴“校园看护”宣传画。

（三）学校与警察互通信息

中小学校的校园都相对封闭，校内事件的对外传播会相对滞后，甚至被人为封锁，贻误相关机构处理时机。鉴于此，新南威尔士州警察局就信息交换与该州学校签署了谅解备忘录，规定如果公开信息为警方调查犯罪所必需，或者校长认为已发生了影响学校安全的犯罪，或者为促进及维护安全、有序的学校教学环境，校长需向警方公开下述信息：当事学生的姓名、住址、照片、事件细节，掌握与该学生或事件相关信息的教师身份，该学生家庭成员、朋友或伙伴的姓名、就学情况等。而为执法或公共安全目的，新南威尔士州警方也应向学校提供如下信息：当事学生姓名、被指称犯罪细节、该学生的伙伴。如果该事件将对学校正常运行造成相当影响，则警方还需披露该事件的进展，如是否已提出指控、青年司法会议是否已举行、假释条件、出庭、法庭判决，等等。如果警方欲告知学生家长某学校职员已经向警方提供了该学生的有关信息，应事先通知校长，教师个人不会被认定为信息来源。

2009 年 1 月，塔斯马尼亚州警察局与州内中小学、大学就如何处理该州学校毒品相关事件问题签署了谅解备忘录，规定校方有义务向警方报告其校内已经发生、正在发生或可疑的非法或犯罪活动，并强烈建议除非有特殊情况，学校雇员不能将手伸入学生的衣兜或包袋，对学生进行搜身或搜查其财产只能由警察进行。如果不是紧急情况，该备忘录建议校方联系警察局毒品调查处的学校联络官，只有在涉及生命危险或重大紧急事件时才能拨打紧急求助电话。警方将秘密对学校提供建议，避免过分公开。

（四）多种措施并举

为维护校园安全，澳大利亚中小学校利用人防、物防、技防等综合措施，配合政策、计划，取得了一定的效果。

1. 人防措施

在澳大利亚，教师、学生、警察、家长及其他社会力量共同努力，为中小学生创造良好的教育环境。

警察在此过程中发挥了重要作用。2009 年暑假期间，新南威尔士州警察对全州公立学校进行了 1.3 万次检查，这超过了州政府雇用的保安对学校进行的巡逻次数。统计数据显示，与2006—2007年度相比，2009—2010年度暑假期间对校园的破坏事件降低了61%，纵火降低了66%，非法入侵减少了47%。南澳大利亚州警方在学校放假期间也采取定向行动，增加对高危学校和幼儿园的巡逻，以降低犯罪。除派员巡逻外，警察也在培训方面发挥着作用。如塔斯马尼亚州警察局与教育部达成一致，由警察局对教师进行培训，使学校具备处理暴力行为的能力，减少暴力事件的发生。

澳大利亚学校还积极倡导在校学生参与校园安全管理事务。如南澳大利亚州成立了学校照管青年委员会，该委员会由20名6~12年级的学生组成，他们来自教会学校、私立和公立学校。该委员会通过“校园看护”计划在关于学校安保问题上代表学生的声音，通过这种方式，鼓励学生认识学校安全问题，并对如何加强学校社区的安全与福利提供建议。

此外，澳大利亚有关机构还积极动员全社会力量，投身校园安全保卫事务，共同维护学校安全。新南威尔士州敦促家长立即向校长报告欺辱或骚扰案件，某些学校还通过“校园看护”计划，使家长成为校园看护组的成员，在放学后对校园进行临时察看。该州政府还与服务商签订合同，由后者在高风险区域或假期期间对校园进行全天24小时机动警卫巡逻。

2. 物防措施

为降低针对学校的犯罪率，澳大利亚各州教育部还采取了实体防护措施，如为学校安装周界围栏，为计算机及其他设备安装锁具，在门、窗上安装防护网等。新南威尔士州自1995年起开始实施“安全围栏计划”，至2010年5月7日，已经在694所学校安装了价值7800万澳元的安全围栏。自2010年起的未来4年，还将耗资3900万澳元安装200个周界围栏。该州教育部发布的数据表明，安装围栏后，学校财产受到的损害大幅下降。如Grafton高中于2008年9月安装了围栏，此前一年该校发生了24起安全事件，绝大多数是破坏公物与非法入侵，而安装围栏后的9个月内，仅发生了1起涂鸦事件。

3. 技防措施

澳大利亚学校还利用各种装置、硬件、技术以及设备来实现出入口控制，保障财产安全，发现入侵者。这包括安装电子监视系统、CCTV系统、紧急报警系统、火灾警报系统及通信系统等。如南澳大利亚州警察局向负责校园执勤的教师配发移动电话，以便在发生校园案件时及时呼叫警察。而维多利亚州教育部近年来一直致力于在学校安装警报系统，该州1600所公立学校中，已有95%的学校安装了此类系统，使欺辱行为大幅下降。该部还与警察和保安公司合作，以确保当警报被激发时能够快速作出响应。新南威尔士州公立学校都有校内安全系统和程序，1500多所公立学校、技术及继续教育学院安装了电子监视系统，全天24小时与安全控制室保持联系。

四、中小学校车管理

据统计，澳大利亚北部地区校车每年输送学生超过100万人次；2009—2010年，西澳大利亚州每天接送约26200名学生。由于澳大利亚的校车服务具有人次多、距离远等特点，因此，如何保证校车安全，成为澳大利亚社会关注的另一个焦点。

（一）主管部门

澳大利亚校车管理部门通常为州交通管理部门。西澳大利亚州由该州公共交通管理局校车服务处管理，维多利亚州、昆士兰州、新南威尔士州和南澳大利亚州校车则由州交通部管理。

澳大利亚校车管理部门的职责大致相同。以西澳大利亚州为例，该州公共交通管理局校车服务处的主要职责包括：与校车承包商协商、签订有关校车的协议，向承包商支付报酬；根据法律规定和校车服务处规定对校车的选择、组装、改造和维护提供建议；检查校车并处理发现的问题；确保校车服务和校车线路安全、经济，并确保校车得到定期维护；支持和指导校车顾问委员会执行政府为学生提供的交通支持政策；考虑校车顾问委员会建议，审核并确定已获批准的校车线路是否可以提高服务效率，若变动校车线路可以改善服务、降低政府成本，则应告知校车顾问委员会；向公共交通管理局局长就为学生提供交通支持提供建议；监督补贴发放情况；确保交通支持政策的执行；制定提供交通支持的程序。此外，校车服务处还承担着向参加教育支持机构的学生提供服务的职责。

而澳大利亚各州对享受校车服务的学生资格要求大致相同。如在维多利亚州，免费校车服务享受者的政策由该州教育部制定，涉及该州所有公立和私立学校的在校学生。对于公立学校学生而言，享受免费校车服务，必须所上学校为离家最近学校，且家庭住址距离学校不少于4.8公里；而私立学校的学生则在满足学校离家最近的前提下，只有在校车还有空余位置的情况下才能享受此项服务。此外，该州教育部还为具有特殊需求且在特殊学校上学的学生提供免费校车服务。对于符合乘坐校车条件却未能享受校车服务的西澳大利亚州学生，该州还会对学生家长或监护人提供相应补贴，金额为将学生送至最近学校所需费用。

（二）确保校车安全举措

为确保校车安全，澳大利亚各州校车主管部门多策并举、多管齐下，作出了不懈努力。

1．完善基础设施

昆士兰州、维多利亚州交通部都推出了相关校车安全计划，旨在进一步加强校车交通基础设施，为校车提供安全保障。如昆士兰州在考虑道路路面种类（沥青路、土路还是石子路等）、道路路面状况、路肩宽度、路线坡度和限速等问题的基础上，采取了加宽弯道、提高弯道可见性、修建车站和安装校车线路标牌等措施，加强道路安全。而维多利亚州乡村校车安全计划，则是通过改善维多利亚地区中小学校交通设施及路边校车车站安全，为维多利亚州乡村中小学生提供更安全、舒适、便捷的校车换乘服务。该计划采取的措施包括：区分校车和非校车交通工具，避免校车在学校车站掉头；在学生集合地点和道路之间设置安全防护栅栏，修建、完善校车停靠站、校车候车亭和其他候车设施；在路边车站停车处铺上沙砾，扩宽路肩，清除灌木和其他植物以开阔视野，等等。自1999年实施该计划以来，已有170多个校车换乘车站和1000个路边校车车站得到了修缮。

2．强化硬件标准

除完善基础设施外，澳大利亚还对校车本身作出了规定。2010年10月，西澳大利亚州公共交通管理局校车服务处发布了校车规格标准。该标准规定校车必须符合澳大利亚现行法律、标准、设计条例以及ISO标准和相关安全操作标准的规定，要求所有新校车必须安装安全带，并对发动机、变速器、空调、刹车、轮胎、座椅、安全带、颜色标志、紧急出口、灭火器、急救箱等作出了具体、明确的规定。南澳大利亚州交通部规定，如果安全带部件可继续正常工作并符合某一国家标准，且安全带和安全带座椅固定装置承重不少于10克（注：原文如此），即使校车正在使用的安全带不符合澳大利亚设计规定的要求，也可以继续使用。该机构同时规定，最理想的情况是应安装腰肩式安全带，但是由于安装此类安全带既可能存在技术上的困难，也可能过于昂贵，因此可以在安装腰肩式安全带不可行的情况下或在符合澳大利亚设计规定的情况下只安装腰部安全带。

3．加强校车检查

西澳大利亚州公共交通管理局校车服务处推出了车辆检查计划。该处配有专业车辆检查团队，负责对校车的机械保险装置进行检查。车辆检查团队的工作包括：检查所有校车，确保校车符合相关标准和要求；研究澳大利亚现行有关校车安全和道路安全的标准和问题，就此对校车服务机构提供建议；就校车安全和道路安全问题联系承包商、司机和校长；就校车和服务的安全和维护标准向承包商提供建议；每两年抽样、详细检查所有服役校车的机械保险装置；重新检查出现机械故障的校车，批准是否使用该校车；联系校车生产商、供应商、车身制造商、维修商和零部件及轮胎供应商；就为使用轮椅或具有活动障碍的学生安装特殊设备的问题联系车身制造商；处理校车安全投诉，联系承包商和家长；使不适合或不安全的校车退役；测量整个州校车线路的距离；支持校车顾问委员会执行支持有关学生交通安全的政策。

主要参考资料及来源：

1. 北部地区教育与培训部网：http://www. det. nt. gov. au/。
2. 西澳州教育部网：http://www. det. wa. edu. au/。
3. 澳大利亚广播公司网：http://www. abc. net. au/。
4. 《今日西澳》新闻网：http://www. watoday. com. au/。
5. 新南州“公立学校”网：http://www. schools. nsw. edu. au/。
6. 《先驱太阳报》网：http://www. heraldsun. com. au/。

加拿大：校园应急行动计划

加拿大联邦政府没有统一的教育管理机构，教育由各省政府和地方负责管理。各省设教育部，负责管理全省的教育；各市设学校委员会，负责管理本市的中小学。加拿大的学校规模都不大，大多数学校只有几百人。加拿大校园安全情况总体良好，但是近些年也发生了一些有影响的校园安全事件，如2008年多伦多市就发生了校园枪击案。此外，抢劫、盗窃、敲诈勒索、贩运毒品、团伙犯罪等也偶尔出现在校园。为保证中小学校园安全，加拿大采取了多种措施，而校园应急行动计划无疑是最为成功的做法之一。

一、校园应急行动计划

2010年10月，加拿大皇家骑警校园应急行动计划在世界各国执法部门提交的70多项申请中脱颖而出，获得国际警察局长协会颁发的“韦博斯威执法质量奖”，该奖承认和表彰皇家骑警采取创新手段为保护公众生命安全作出了杰出贡献。

（一）计划的制订

近年来，加拿大蒙特利尔、多伦多等城市的学校内相继发生系列枪击案，枪手闯进校园滥杀无辜，造成重大人员伤亡和心理恐慌。通过对一些校园枪击案的反思，警方发现在事件处置上存在的一些问题，如不能及时获取现场相关信息或信息过时，在事件处置过程中警方得到的是过期的建筑平面图，不得不让学生现场画图；现场秩序混乱，各救援单位协调不顺，沟通不畅，有的甚至不知道集结地点和警方现场指挥所位置；学生家长和媒体电话大量打入，造成电信信号拥堵等。这些问题耽误了最宝贵的营救时间（此类事件平均持续时间为8～14分钟），影响了警方的营救行动，造成不可挽回的生命财产损失。警方越来越认识到制订和准备有效的行动预案及支持工具在处置校园袭击事件中的必要性。

2007年9月，加拿大皇家骑警开始在全国范围内实施校园应急行动计划。该计划针对辖区学校制订统一模式的应急预案，并输入计算机数据系统，保持及时更新、随时查询。预案的主要内容包括路障设置、集结信息、战术点信息、相关建筑设施信息、学校联络信息、建筑平面图信息、现场地图、航拍图、学校封闭程序及其他应急信息等。该计划适用于处置枪击、炸弹威胁、生化及人质事件等校园紧急情况。

由于校园应急行动计划含有保护性信息，因此只有与皇家骑警有合作伙伴关系的省、市执法部门才能获得相关信息。皇家骑警所有成员可通过其内部网络调取查阅相关信息，负责该计划的协调员可在系统上输入、上传、修改、维护相关信息。

（二）计划的实施

校园应急行动计划由皇家骑警总部“合同及原著民警务”指导实施。总部由负责校园应急行动计划的1名全国协调员和4名工作人员组成，具体工作职责包括政策制定修改、计划实施推进、监督指导及数据库的维护等。皇家骑警在各省的合同警务处至少有1名计划协调员，派驻各地的分队至少有1名分队协调员。目前全国共有1200名分队协调员，他们负责本辖区学校安全计划的实施，协助学校制订封闭程序，并向省合同警务处协调员报告工作，必要时也可直接向全国协调员请示汇报。

皇家骑警辖区共有约5500所学校（不包括大专和大学），截至2010年9月1日，已有3300所学校部署或正在部署校园应急行动计划。

遍布全国各地的校园应急行动计划协调员是该计划的具体实施者，他们在接受相关培训后，主要开展以下工作：

（1）走访调查。一是走访当地学校委员会。向委员会介绍有关情况，获得辖区学校名单，同时确定学校委员会管辖区的学校是否准备了学校封闭程序。二是走访辖区学校。与学校行政管理人员会面，向其介绍有关情况，解释数据收集的程序和步骤，强调信息的实时性和准确性，并确认学校封闭程序及演习的频率等。三是走访与计划有关的其他部门。如特警队、交通部门、法医鉴定部门、行动通信中心等，向其了解相关信息并输入系统。

（2）数据采集。一是下载数据采集模板。二是准备学校及周边地图，以便确定集结地点和交通控制点。三是向学校行政部门或负责人提供“总体信息”及“联系方式”页面数据采集模板。四是请学校提供楼层平面图及学校平面图。五是请求学校管理员协助数据采集工作。六是参照数据采集模板提供的数据采集清单及“重点项目”类型清单，对学校内外进行认真视察，记录数据采集模板要求的所有信息。七是参照数据采集模板第一页有关内容完成学校内外数码相片拍摄工作，要确保相片齐全，能够反映所有“重点项目”。八是如有可能联系航空服务部门或本地航空俱乐部制作学校航拍图。

（3）数据输入。输入采集的“总体信息”、“联系方式”及“重点项目”等信息，将有关图片粘贴到“重点项目”，上传地图、平面图等，标注“重点项目”，并输入指定的封闭程序。

（4）数据确认。一是与骑警分队指挥层和行动部门确认相关数据是否齐全并符合要求。二是与有关数据提供或输入部门确认相关信息。三是点击有效性检查按键以确认规定数据是否已采集齐全，按弹出的建议添加相关项目。

（5）信息共享。一是向骑警分队有关小组介绍校园应急行动计划，使其了解计划内容、作用并掌握如何获得相关信息。二是走访或通知学校合作伙伴或其他有关部门，向其介绍校园应急行动计划，并使之明确在计划中的职责任务。

（6）项目维护。一是有关情况发生变化时对系统及时更新。二是每年新学期开始要同学校一道对有关数据进行梳理审核。三是校园应急行动计划改动后要重新点击有效性检查按键以确认规定数据是否已采集齐全，按弹出的建议添加相关项目。

（三）存在的问题

校园应急行动计划提出实施已有 3 年多时间，到目前还没有完全落实到位，尤其是一些协调员缺乏应急管理方面的训练，缺乏与其他部门的沟通协调。校园应急行动计划是一个多警种、多部门共同合作的计划。协调员除取得学校、学校委员会的理解支持外，还要与计划相关部门如消防、医疗，甚至一些非政府组织如红十字会等进行有效沟通（红十字会的专业人员既可在事件发生后为受创伤人员提供精神辅导和心理治疗，也可在平时帮助学校准备医疗设备并提供必要培训）。在这些方面，有些工作做得还远远不够。

其中，警力不足影响到校园应急行动计划的实施。加拿大地域辽阔，学校分布广泛，有的地区学校比较密集，而皇家骑警全国警力约 2 万人，加上民事人员不过 3 万。警力不足制约了校园应急行动计划的开展，导致计划虽然已实施 3 年多，但覆盖率却只有 60%。

另外，校园应急行动计划目前还只是事件发生后警方的处置计划，其根本立足点应放在防范工作上，这包括学生犯罪预防项目（学生如有犯罪线索可举报获得现金奖励）、学校安全评估小组与学校委员会的定期会议、对学生的宣传教育、制定严格的学校出入登记制度及加强校园安全保卫措施等。校园袭击事件不是孤立的暴力事件，它是社会矛盾和问题爆发的表现，应由社会各方面从更广泛的角度、更深的层次思索解决。

二、警方与校方的安全协议

警察局和学校委员会通过签订协议的方式合作保障校园安全。警方的职责是与学校委员会和学校委员会的工作人员一起履行维护校园安全、打击犯罪的职责，确保学生在校园内拥有一个安全的学习环境，为教职员工和其他工作人员提供一个安全的工作环境。

警方的首要职责是保护个人人身安全和财产安全，包括应对危机事件和处理突发事件，调查涉嫌违反联邦法或省法的案件，履行其他法律职责。警方的其他职责包括：执行联邦法和省法，包括《刑法典》、《警察法》和《青少年刑事审判法》；履行《警察法》规定的警察职责；帮助犯罪受害者；执法和进行刑事犯罪调查；帮助青少年树立正确的公民观；帮助减少针对青少年的犯罪；公布社区议题信息；防止青少年刑事犯罪和青少年反社会行为；同其他政府机构和社区机构合作，以支持青少年健康发展；强调"防止学生犯罪项目"等类似项目的重要性。

多伦多警察局局长布莱尔表示，警察局和两个教育委员会已经合作多年，双方不仅仅是相互信任，也希望通过这项计划，让多伦多优秀的孩子展现他们的领导才能，他们需要警方的支持和帮助，需要一种好的模式作为载体。如果警方能够帮助孩子认识到他们的潜能，他们将会成长得更好。他强调，警察进驻的学校并不意味着就是治安坏的学校，多伦多没有坏的学校，只是有些学校的暴力犯罪高于其他学校，因此，警方要和教育委员会紧密联系，以保证学校是一个安全的地方。他表示，如果给孩子们一个近距离接触警察的机会，双方就会建立一种信任、友谊，在这种信任和友谊的基础上，有助于减少和消除校园犯罪，改变现状。他希望多伦多每一个孩子都了解和信任警察，这也是该计划的目的所在。

三、驻校警察及其职责

加拿大的驻校警察已有很长的历史，1979 年，埃德蒙顿警察局就已向埃德蒙顿公共和天主教学校派驻了 4 名驻校警察，目前已经向 21 所中学派驻了 19 名警察。温哥华、卡尔加里、渥太华、温尼伯等城市也在实施驻校警察项目。

加拿大驻校警察的职责包括：

- 在学校社区内积极开展活动；
- 与学校官员、其他警察、法庭和社会服务机构沟通与合作；
- 参与犯罪预防活动，包括判断校园安全问题，创建和执行解决上述问题的项目；
- 参与各项活动，鼓励和支持建立一个安全和活跃的学校社区；
- 就紧急计划和场地安全与学校管理人员进行联络；
- 参与风险评估和威胁评估活动；
- 提供刑事司法系统方面的信息和教育；
- 与学生、学校工作人员、学校委员会代表和家长沟通；

• 参加校理事会以及其他学校和社区组织。

驻校警察穿着醒目的制服在学校附近执勤，这样可以增进与学校师生的关系。驻校警察通过与学校工作人员的协调进行犯罪预防，参加学生开展的合作项目，开展一些教育项目，联络家长、教师和社区，为警察提供帮助以便指导调查活动。这些职责和活动有助于驻校警察完成授权的工作并与学生、家长、学校管理者、校委会官员和社区共建健康、安全的学校社区。驻校警察分配到社区的各个单元，每周7天、每天24小时不间断工作，周末和晚上换班。驻校警察都非常愿意到学校开展工作。一名全国驻校警察联合会的官员写道："警察展示了可视的、积极的执法形象，他们在学生面临问题的时候，作为保密的咨询来源。他们将专业技能带入学校，这样可以帮助青少年在生活中作出更加有效的选择。他们也努力工作，保护学校环境，维护让教师和学生都感到安全的教学氛围。"各方都认为向学校内派驻警察可以为学生树立一个积极的榜样，帮助维护校园安全，创建良好的教书育人环境。地方警察局将竭诚同本警区内的学校合作，在校园内设置警察，由警察帮助处理各种事件，努力维护一个积极的警察形象。

2008年，多伦多警察局局长威廉·布莱尔与多伦多地区学校委员会、多伦多天主教地区学校委员会协商，在多伦多的学校中实施驻校警察项目。学校委员会同意参加项目，允许向22所地区学校和8所天主学校派驻30名驻校警察。派驻学校由委员会挑选并自愿参加。驻校警察授权与学生、教师、学校管理人员、校委会官员、家长、其他警察和社区合作建立一个健康和安全的学校社区。

2009年6月29日，多伦多警队30名警察获得驻校警察资格证书，从秋季新学期开始进驻多伦多地区教育委员会和天主教教育委员会所属的指定学校执勤。对此，教育委员会教育总监克瑞斯·史本司表示，此举可以让学生、员工和社会之间建立更广泛的良好的关系，驻校警察可以保证学校良好治安和人文环境。多伦多警察局局长布莱尔在活动伊始表示，经过1年的实践，他对驻校警察的表现感到非常自豪。他们忘我地工作，在全市警方和年轻人之间建立了一种新的关系，孩子们完全改变了对警察的态度，从远离、讨厌到尊重、接近，完全上升到了一个新的层面。

四、校长和学校委员会的职责

根据《教育法》的规定，维护校园秩序和纪律是校长的职责。当在校园内发生犯罪或犯罪涉及在校学生时，校长和警方有必要合作。各学校委员会将竭诚支持各自的管理人员和其他工作人员执行针对中学生的防止学生犯罪项目。

为了使学生和其他工作人员有一个安全有序的学习环境和工作环境，校长应根据相关法律和学校委员会的政策履行在这方面的职责。根据这些职责，校长应对在校学生行使代替父母的职责；遵守有关创建平安校园和校园防暴的政策和程序；在工作人员、学生、家长和学校所在的社区中宣传这些政策和程序；当警方在学校询问作为犯罪嫌疑人或证人的学生时，陪伴学生左右（本条取决于学生是否希望校长陪伴）。

同时，学校委员会有责任制定和执行防止校园暴力的有效措施。这些措施包括：制定平安校园和校园防暴的政策和程序，在学校课程中设置防暴力课程，根据《2000 年校园安全法》的规定制订学生行为守则。负责同教师、校长和其他工作人员沟通，确定上述人员在校园安全方面的职责，包括：遵守《教育法》的职责；根据《儿童和家庭服务法》的规定进行汇报的职责；执行勒令休学和勒令退学等学校纪律规定的职责。

学校委员会也负责制定和执行应对校园暴力的全面措施，措施应确保学校员工能够获得资源，防止犯罪（即愤怒管理和冲突处理）；制订应对危机事件的指导原则，包括对突发事件作出通知；确保已经制定预防战略和干预战略；为工作人员提供学习建立平安校园的技能的机会；建立向工作人员、学生、家长、学校委员会和社区成员就安全学校计划意见进行咨询的高效意见征求机制。

五、校园安全巡查项目

加拿大汽车协会校园安全巡查项目（CAA）是在安大略省中南部开展的多方合作项目，参与方包括加拿大汽车协会、警方、学校委员会、教师、家长和 2.5 万名学生志愿者。

学生志愿者的职责是在其他学生过马路和乘校车时确保他们的安全。加拿大汽车协会校园安全巡查项目有着悠久的历史，20 世纪 20 年代，加拿大的机动车数量增加，发生在 4～14 岁儿童的交通事故激增。校园安全巡查项目的目标是保护和教育小学生学会安全横穿马路，以免受到交通伤害。鉴于学校周围的行人数量和机动车数量增加，确保孩子安全上下学的校园安全巡查项目越发凸显其重要性。目前有 55 名安大略省警察同加拿大汽车协会合作，提供最优秀的校园安全巡查员培训项目，有超过 2.5 万名小学生志愿者参与，加拿大汽车协会校园安全巡查项目覆盖安大略省 800 多个学校。巡查员每年贡献 345 万个志愿者小时以确保社区安全。

安全巡查员由小学生志愿者组成，由当地警察培训其在执勤时如何使用救生设备。安全巡查员非常好辨认，他们身着石灰绿色马甲。只有执勤的步行巡查员和校车巡查员才能穿着此种马甲。这种马甲对学生、司机和行人都非常容易辨认。校园安全巡查员有两种，一种是校车巡查员，帮助校车司机安全有序地把学生送达目的地。校车巡查员的职责是鼓励同学上下车时认真负责，根据校车司机的指示安排同学上下车。另一种是步行巡查员，在学校附近十字路口处监督学生过往。他们确保学生在不安全的时候不会横穿马路，提醒学生遵守横穿马路的安全规定。与交通协管员不同，步行巡查员并不直接阻止和指挥交通。

此外，加拿大多伦多地区教育委员会将每年的9月14日至9月25日定为“校园安全和人文周”，这两周主要是让学生了解和熟悉周围的环境、对师生进行专业培训、增强友邻协作和师生关系促进，以及加强校园管理等。地区教育委员会的通告中指出，开展“校园安全和人文周”活动，就是希望师生们明确各自的职责和角色，培养起尊重、信任和理解的良好关系。协同社区其他组织帮助学生担负起他们在社会上的责任，为他们自身的行为负责，如何应对他们周围的社会。最终保证学校是一个具有人文氛围、充满友爱的学习环境，让每一个师生每天都渴望来到校园。

六、校车管理

为了确保学生安全，加拿大交通部、教育部及居民社区积极采取各种措施，努力加强校车管理，完善相关制度，主要表现在以下几个方面：

（一）制订校车标准

加拿大目前已经颁布了37项与校车安全有关的安全标准，其中包括校车制造标准，依据此标准的规定，校车座椅必须是高靠背的，靠背里的填充物为防震类的靠垫，座椅腿固定装置必须牢固，校车周身必须有加固的钢梁，校车颜色必须是醒目的黄色，校车上必须安装停止信号牌和停车信号灯等。加拿大标准协会（CSA）制订的D250 M1985校车标准是目前在用的加拿大校车标准。联邦政府正在对此标准进行审查和更新。在新标准出台前，仍沿用D250标准。

（二）审查运营商资质

加拿大校车分为公有和私有两种，加拿大教育部拥有的校车属公有，校车运营公司拥有的校车属于私有。加拿大政府对于校车运营公司的资质审核非常严格，并且对校车日常的保养与维护、校车运营的流程都有具体的要求。

加拿大教育培训部负责批准学校董事会提出的有关校车运行的申请，具体如何设置校车运行路线将由校董事会决定。加拿大法律不要求校董事会提供校车服务。不过加拿大《教育法》（RSO 1990，第e.2章第190条）规定，校董事会“可以”为学生提供交通运输服务，这是一种特权，但不是权利。每一所学校的校董事会都有义务制定和实施一套接送学生的交通运输政策，包括安全措施规定。校董事会有权决定，由哪家校车运营商来提供校车接送服务，并且与哪家校车运营商签订合同。有些校董事会可能会选择由自己学校拥有和运营校车。

（三）实施驾驶员审查制度

加拿大交通部负责制定包括校车在内的机动车辆管理法规，审核驾驶员资格，颁发驾驶证。校车驾驶员和车辆必须满足《高速公路交通法》、《公共车辆法》及相关条例的所有要求。校车驾驶员负责每天运营的校车和乘客的安全，主要措施如下图所示。

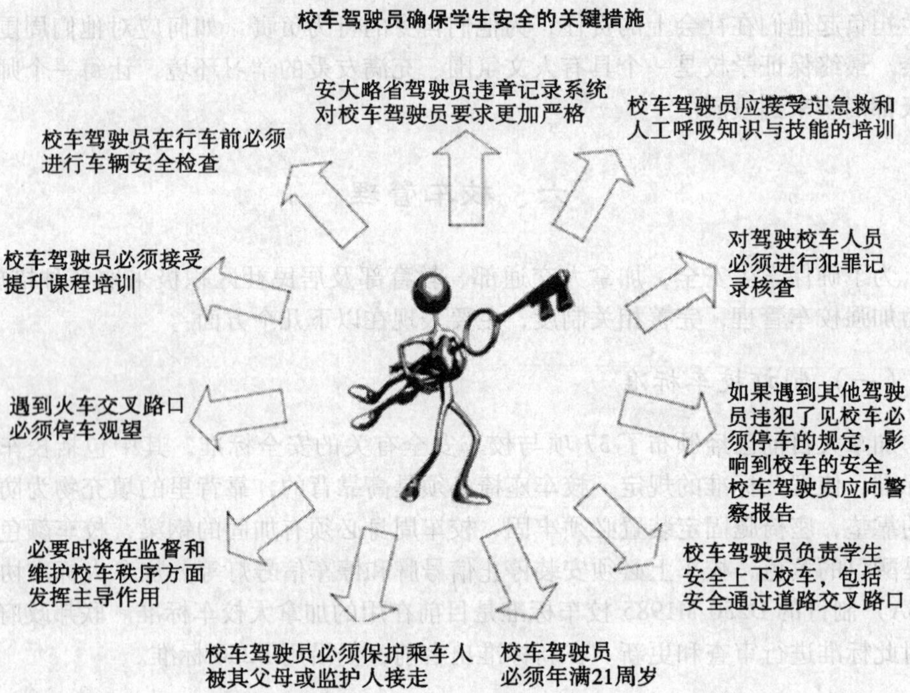

（四）进行道路安全教育

加拿大交通部负责政策制定的道路安全市场办公室与加拿大教育培训部一起编写了《校车安全指南》，详细介绍了校车相关各方的安全注意事项，包括乘坐校车的中小学生、学生家长、监护人、校车驾驶员和警察等。

作为学生家长，必须确保自己的孩子熟悉乘坐校车的安全规则以及校董事会制定的校车接送政策，哪怕他们的孩子不经常乘坐校车。长期乘坐校车的学生家长要确保自己的孩子准时到达校车经过的停靠车站。家长要准时到校车停靠车站接送自己的孩子，或者成立一个接送学生的志愿小组，在街道的同一侧迎接学生安全离开校车。

作为乘坐校车的学生，每个人都必须熟悉校车的乘坐安全规则，即使有些学生不是每天乘坐校车。另外，学生还必须了解出现了紧急情况应注意遵守哪些规定。

机动车驾驶员应遵守所有与校车有关的交通法规，特别是《校车停靠法》。此法规定，当有校车停靠，校车前部的停车信号灯闪动，停车信号牌打开时，校车周围各个方向的机动车辆必须停车让行。此法旨在保护上下校车的学生的安全。机动车驾驶员应牢记，法律要求所有的校车在遇到火车交叉路口时必须停车。

为了确保乘坐校车的学生的安全，校长可以对不遵守校车纪律的学生进行处罚。校车被认为是学校教室的扩展，如果学生在校车有不良表现，校长有权取消该生的校车乘坐资格。

校董事会将授权设立校车交通官，由校车交通官负责管理和监督经校董事会批准的有关校车接送政策，他们将决定校车接送学生的模式，确定校车行进路线，并与校车服务提供商协商服务合同。校车交通官也是联络员，他们为校董事会、家长、政府、校车运营商、校车驾驶员、警察、当地社区团体和公众之间搭建起一座沟通的桥梁。

（五）严格执法处罚

警察在维护校车安全时，主要负责查看各种车辆执行《高速公路交通法》及相关条例的情况。如果遇到不守法的机动车辆，及时依法进行处置。警察还将参与涉及加强校车安全的其他活动，包括社区扩展服务项目，警察在这些服务项目中。将向学生们提供安全信息，对学生们进行安全防范教育。在一些特殊的执法项目中，如目标针对非法进入校车的恐怖分子的“校车看守”项目，以及紧急情况下组织人员疏散和撤离的项目等。

警察将通过两种方式参与以上项目：一种方式是警察乘坐校车，另一种方式是警察驾驶没有警察标志的巡逻车，对不避让校车的违法车辆进行处罚。警察将乘坐某固定线路的校车，通过无线电方式与驾驶没有警察标志巡逻车的警察同伴保持联系，当发现有违法的机动车辆，校车内的警察将通知没有警察标志巡逻车内的警察，由该警察对违法车辆进行违规处罚。

此外，在提高和维护校车安全意识方面，社区的一些团体组织、倡导预防伤害的一些组织都发挥了一定作用，他们向公众和一些特殊的客户群体宣讲如何加强校车的安全问题。许多参与者同时也是某些校车安全项目的发起人，如“第一次乘坐校车”培训项目，或者“校车看守”项目等。为了杜绝遇到校车不停车的违法现象，加拿大许多社区发起并成功实施了一些项目，如哈米尔顿·温特沃斯（Hamilton Wentworth）项目、雷湾（Thunder Bay）项目等。

主要参考资料及来源：

1. 布兰特福德警察局网：http://www. police. brantford. on. ca/resource. html。

2. 哈利法克斯地区学校委员会网：http://www. hrsb. ns. ca/content/id/217. html。

3. 加拿大汽车协会网：http://www. caasco. com/community/safety - patrol - program。

4. 安大略省交通局网：http://www. mto. gov. on. ca/english/safety/schoolbus。

5. 安大略省教育局网：http://www. edu. gov. on. ca/eng/document/。

6. 多伦多警察局网：http://www. torontopolice. on. ca/publications/files/misc/。

下　篇

国外中小学
校园安全法规

英国南约克郡警察局校园安全指导手册

（摘译）

1. 引言

发生在学校和其他教育设施的犯罪行为，对这些机构的预算造成很大影响。本手册旨在帮助管理者们检查其设施的安全措施。本手册的建议使负责人作出的决定可以减少罪犯对学校设施和财产的关注。

南约克郡警察局与当地教育机关合作，一起保证教育设施和师生的安全。作为该合作关系的一部分，已经在南约克郡一部分学校进行安全调查和安全报告。同时需要指出的是，没有任何两个学校是完全一样的，学校教学楼和设施的设计都是不同的，所以涉及的很多安全问题都是独一无二的。

好的安全管理应该是积极主动的，而不是被动的，重点应该放在预防上，而不是事后补救，因此在制订校园安保计划时须时刻牢记这一问题。

常规安全考虑应包括：教员、学生和学校到访者的个人安全；盗窃；纵火；非法入侵校园等。

2. 校园周边围栏

接近学校的大部分车辆和行人应接受学校办公室或接待室的监管。学校周边的出入口只有上下学高峰时才开启，在使用时应增加保安数量以确保安全。这些出入口的开放时间应明确标注或通过随时询问校方可获知。

设置围栏的目的是需要让市民清楚哪些地方在学校的监管范围内。周边的围栏大多安置在公共地区，因此也要考虑美观问题，它的最小高度是2米，需稳固且兼具防爆性能；地面上的部分要很坚固，并具有防止攀爬的设计，且不能妨碍监视。

根据当地的条件可能需要对周边围栏进行维护，但未经允许是禁止出入的，特别是在监视的盲点区域。

用于划分边界的围栏可以不使用链条和相类似的安全度较低的配件，可使用防御性较强的植物篱笆，既能满足审美要求也能起到一定的防御作用。门应该与围栏匹配，能上锁，还装有抗升力铰链，避免犯罪嫌疑人借助其攀爬。

3. 闭路电视（CCTV）系统

高质量的CCTV系统在预防犯罪方面能起到很大作用。其作用不仅局限于固定时间的安全问题，还能保证安全人员、员工和使用者日常期间的安全。一套高效的 CCTV 系统是由人、程序和设备组成的。

所有的策略应遵从《1998 年数据保护法》。根据这项法案数据保护员有责任告知所有进入该区域的公民，该区域已被 CCTV 系统覆盖并监视。该系统必须适合该地区的监视需要，并设置密码。

CCTV 系统最重要的一点是要能满足业务需求，并能根据操作员的指令完成预期的工作。还要考虑到安装该 CCTV 系统所需要的成本，以及摄像头的安装位置周围是否有光源，以免影响成像质量。

该系统提供的证据的价值很大程度上取决于设备本身，这就说明在购买设备时要考虑镜头、记录设备、监控、维护和操作方式等因素，并提供管理以及适当的操作方式。如果安放位置、使用方式和设备本身都没有问题，安装 CCTV 系统对于预防犯罪而言将会非常有效且颇具威慑力。

预算通常只有购买和初始安装的费用，常会忽略日常管理、维护和监控系统等方面的开支。如果每年对系统进行完整的保养、维护和记录有价值数据，那么不久就会超过设备的初始安装成本。

如须增加固定摄像机，要考虑到安置在学校周边监管薄弱的地区，按照计划适当安置。对于彩色的可旋转、倾斜的变焦摄像机，应考虑用防爆套保护。这是公认的比较昂贵的设备，因此可以分阶段安装 CCTV 系统。

4. 入侵检测报警器

南约克郡的很多学校都安装了报警系统。这些报警器都是按照安装时期的标准安装的。但随着政策的变化，这些设备的程序和系统大多已不再适合当前学校的标准。建议学校将这些警报系统升级或更换成高级的“远程报警系统”，该系统会根据情况将信号发送给“警报接收中心（ARC)”，该中心会在第一时间通知警方。所有的报警器安装商和 ARC 都有资质安装这类报警器，并且这类报警器都经过警方认可。

南约克郡警方认可经以下两个独立检测机构检测的报警器产品，这两家机构是英国国家安全审核中心（NSI）和英国安防系统认证中心（SSAIB)。

每个设备都会有公司承认的唯一参考码。当报警器发出警报时，警报接收中心会将该参考码通过专用电话号发送给警方。警方会根据该码确定警报发生的位置并作出响应。

5. 学校办公室或接待室——门禁控制

在学校开学期间，良好的门禁控制对任何学校的安全来说都是非常重要的。学校要制定合理的出入管理程序，确保让任何进入教学楼的人员知晓。如果有人未经登记进入了教学楼，此时要有保护师生的程序。

门禁控制措施包括以下各项：

- 必须通过办公室/接待室进入学校教学楼；
- 具有清晰的方向指示标识，指引到访者到达目的地；
- 在对所有到访者进行登记和发放到访者胸牌（发放当天有效）前，他们（包括校董事会委员等）应该先向学校办公室/接待室报告其到访的目的；
- 到访者对学校陪同人员不得有任何异议；
- 发放到访者手册和胸牌系统简介；
- 所有的员工和到访者都要佩戴 ID 胸牌。

6. 校园守望计划

校园守望计划可以按照邻里守望计划的方式执行。邻里守望是一个鼓励社区成员相互之间保护邻里财产的计划，邻里守望计划具有培养社区精神、减少犯罪、加强人员安全保护以及减轻公众对犯罪恐惧感的作用。

校园守望计划的目的是通过减少学校开课之外时间进入校园人员（“闯入者”）的数量，从而减少强盗、小偷和破坏分子的数量。校园被“闯入者”当做多种用途的场地，如校园可能是被某些人作为到达某地的捷径，操场可能被那些无权使用的人作为足球场地，甚至被当成到学校里遛狗、打高尔夫球的地方或者是年轻人散步的地方。从历史上来讲，学校属于当地某些权贵或属于某些个人，但没有任何人对学校安全负责。校园安全计划可以给予那些关注校园安全的人一套报告学校入侵者和闯入者的程序。

为了发起这个计划，应当邀请当地居民列举学校遇到的难题。同时该计划也会影响学校的预算，而对预算的影响反过来又会影响校园使用者和周边财产。如果认为闯入校园的人是安全的或者认为允许他们进入校园不存在任何问题，这种态度同样会对校园周边造成安全隐患，就像大多数发生在居民区的入室盗窃都是从房屋的后门进入的。此计划对各方都有益处，如果当地具有邻里守望计划，那么旨在保护校园安全的校园守望计划将与邻里守望计划衔接起来。

7. 纵火和消防

如果学校发生大的火灾，其后果非常严重，将在很多年内持续对学校造成影响。这种长期的影响将对师生造成压力，同样给学校财政、教育和行政造成巨大耗费，任何学校都承担不起这种代价。但是任何学校都无法保证避免火灾发生的风险，却可以降低其发生的概率，或者万一发生了火灾，可以将损失降到最低。

纵火一般发生在一系列破坏事件之后，例如，在墙上涂鸦或者其他破坏行为，尤其在发生一系列的非法闯入或小的纵火行为后。如果某地已经遭受了两次或三次小的故意纵火行为，如垃圾桶被点燃，那么迹象表明该地方很可能遭受更严重的故意纵火，要注意这些信号。

8. 其他建议

执法机构保险或风险管理负责人或者保险公司会提供关于消防安全和保险方面的建议。作为地方当局风险管理小组成员的消防队，会提供免费建议。消防部门会对学校建筑进行防火检查，并提供新建筑防火方面的建议。

英国警察部门与学校委员会协议

（根据教育部和司法部要求制定，2008 年 2 月 12 日修订）

1.0　协议签署方

学校是社会的缩影，因此学校在防范应对暴力和侵犯方面，也面临各种挑战。为创建和维护一个安全的校园环境，家长（或监护人）、学生、教育工作者、社区伙伴和警察必须相互支持，建立合作伙伴关系。

根据教育部和司法部对制定校园事件调查协议的规定，以下各方通力合作制定了本协议：警务合作组织成员、伦敦区天主教学校委员会、泰晤士河谷地区学校委员会、伦敦、米德尔赛克斯郡、埃尔金郡和牛津郡的儿童救助协会等。

警务合作组织的成员包括：亚马尔警察局、伦敦警察局、安大略省警察局－西部地区、牛津社区警察局、加拿大皇家骑警驻伦敦办事处、圣托玛斯警察局、色特拉斯罗伊－克拉多警察局等。

儿童救助协会包括：埃尔金郡家庭和儿童服务机构、牛津郡家庭和儿童服务机构、米德尔萨克斯郡家庭和儿童服务机构等。

2.0　原则声明

本协议基于以下指导原则：

• 创建一个相互尊重的文明的校园环境；

• 尊重有关种族、文化、宗教等方面的基本权利，尊重学生、教师和员工的差异；

• 平衡权利和义务。

3.0　简介

各警察局和各学校委员会一致认为学校应提供一个安全的学习、教学环境。安全的校园环境不仅能够为学生的教育提供良好的环境，还能够培养尊师重教、崇尚责任的校园氛围。一方面，警方在支持学校和社区创建安全的工作学习环境方面扮演着重要角色；另一方面，在调查和处理校园事件时，警方是学校预防犯罪和暴力的最重要的合作伙伴。

了解各方职责是确保校警之间开展高效合作的根本。就本协议而言，本协议旨在作出以下努力：

• 协助确保在校学生、教师、员工和志愿者更加安全，确保他们得到更好的保护；

●鼓励警方和学区之间建立一个持续的、适应性强的响应伙伴关系；

●促进信息共享和信息披露；

●学校委员会和警察局在维护校园安全方面建立起磋商和合作的伙伴关系；

●确保教育系统和执法系统履行义务和遵守规定；

●在处理校园事件时，确保警方和校方能够在学校委员会管辖范围内采取一致措施。

4.0 警察局的权限

警察对青少年和学区应履行的职责包括：

●执行《刑法》、《警察服务法》、《青少年刑事司法法》和其他联邦级、州级、市级法律法规的规定；

●履行《警察服务法》第42条所规定的法定职责；

●对犯罪受害者提供救助；

●执法和进行犯罪调查；

●保护公众安全和预防犯罪；

●协助青少年树立优秀公民的意识；

●减少针对青少年的犯罪和减少青少年犯罪；

●公开各种社会安全问题方面的信息；

●引导青少年远离犯罪和反社会行为；

●与其他政府组织和社区机构合作，支持青少年健康成长。

5.0 学校委员会的权限

学校委员会、校长、教师和学校员工在创建安全校园方面的职责如下：

●遵守《教育法》和其他法规对校长职责和教师职责的规定；

●遵守《儿童和家庭服务法》的相关规定（例如，"报告的职责"）；

●执行校规（例如，停学或开除）；

●根据《2000年校园安全法》的规定制订行为准则；

●确保学校员工在预防学生犯罪或暴力时能够获得相应的资源（例如，用于提高学生对毒品认识的资源和用于处理冲突的资源）；

●制定危机应对政策，包括制订应对媒体的计划；

●制定有效的预防和干预策略；

●在建设安全校园方面，为员工提供技能培训机会；

●就当地协议，建立向员工、学生、家长和学校理事会咨询意见的有效咨询机制。

校长的职责包括指导并确保学生遵守纪律和组织管理学校。校长在执行这些职责时应受到监督人员的监督。

各种法律法规、部级政策规程和学校委员会的政策规程都对校长、教师和学生的责任进行了规定。

以下是维护校园安全方面的有关法律规定：

5.1　《教育法》

5.1.1　校长的职责

• 有关纪律的第265（a）条：维护校园秩序和纪律；

• 有关合作的第265（b）条：在学校员工之间开展合作和协调；

• 有关照管学生和财产的第265（j）条：时刻关注学生的健康和舒适；关注学校的卫生、温度和通风；关注所有教学材料和其他校园财产和学校建筑和地面的状况；

• 有关进入学校或教室的第265（m）条：向学校委员会提起申请，在校长负责判断他人进入学校或课堂是否会对学生的身心健康构成伤害的基础上，由学校委员会根据校长的判断决定是否允许他人进入学校。

5.1.2　教师的职责

• 有关合作的第264（1）条：协助学校员工之间的合作与协调；

• 有关纪律的第264（1）（e）条：在校长的指导下，维持课堂和校园的秩序纪律。

5.2　第298号规定

5.2.1　校长的职责

• 第11（3）（e）条：就在学校建筑和场地对学生开放时对学生的管理和监督进行了规定；

• 第11（3）（f）条：对学校委员会批准的学校活动的执行和监督进行了规定；

• 第11（3）（k）条：对在校园内的学生的教导进行了规定；

• 第11（3）（l）条：至少每周对校园进行一次检查，并向学校委员会提交检查报告：

i）校长认为需要在校园内进行的修理；

ii）校园维护工人的疏忽；

iii）当家长需向学校委员会为学生破坏、丢失或乱用学校财产进行赔偿时，家长仍未支付学校委员会赔偿的情况。

5.2.2　教师的职责

• 第20（b）条：执行校长要求教师执行的监督职责和教育计划，并按照校长要求把相关信息向校长汇报；

• 第20（h）条：与校长和其他教师合作，确立并维护学校纪律。

5.2.3 学生的职责

- 第23（1）（b）条：遵守纪律；
- 第23（1）（c）条：遵守和善、坚定和明智的家长对纪律的规定；
- 第23（1）（e）条：团结同学，尊重老师；
- 第23（1）（h）条：爱护学校财产。

5.3 《儿童和家庭服务法》

《儿童和家庭服务法》第72条规定：包括与儿童打交道的专业人士和公职人员在内的任何人员，如有理由相信某儿童需要保护，则有义务向儿童救助协会报告。此外，该法第72条（2）款、第72条（3）款和第72条（4）款规定：任何有合理理由怀疑某儿童正在或可能正在遭受虐待的个人都有向儿童救助协会报告其怀疑和导致产生怀疑的信息的义务。不允许以他人的名义报告，必须本人直接向儿童救助协会报告。本条下“遭受虐待”指需要获得保护以免受本法第37条（2）款所列举的情况。

详情请参见《对儿童虐待的保护政策和规程》中对校长、教师和学校委员会其他成员的要求。

6.0 需警方参与或应对的事件

警方应对

警方应对发生在当学校拨打911或紧急呼叫电话并且需要警察出现在事发现场时。

警方参与

警方参与发生在事件为非紧急事件并且校长或学校负责人判定需要警方时。先由校长或学校负责人进行初步调查，随后调查移交给警方，必要时会提起指控。

以下事件需警方参与或警方应对：

- 武器犯罪；
- 重伤威胁；
- 死亡威胁；
- 构成身体伤害的物理攻击；
- 性攻击；
- 纵火；
- 抢劫；
- 犯罪性骚扰；
- 敲诈；
- 团伙暴力事件；
- 恶意严重破坏公物；

• 由族群差异或仇恨煽动的暴力；

• 贩卖毒品；

• 炸弹威胁；

• 非法入侵（命令离开而未离开）。

所有与学校有关的其他事件将逐一解决。

7.0 信息共享与信息披露

《青少年刑事司法法》、《儿童和家庭服务法》和《2000年安大略学生记录准则》对信息共享和信息披露的规程和义务作出具体规定。

7.1 《2000年安大略学生记录准则》

对导致学生停学或被开除的暴力事件的记录和对警察报告的记录都被保存在安大略省学生记录中。

7.2 《青少年刑事司法法》

《青少年刑事司法法》允许向学校和其他对该法第125（6）条规定的青少年进行监督的专业人员进行信息披露。披露信息时需在需要知情和维护青少年的权利之间进行平衡。此外，《市政信息自由及隐私保护法》第32（s）条和《信息自由法》第42（g）条允许在信息共享有利于协助调查的前提下，向学校、机构或执法部门披露个人信息。

7.3 可能需要保护的儿童

（详情请参见《对儿童虐待的保护政策和规程》）

专业人士报告的职责高于其他任何可能禁止信息披露的省级法律（参见《儿童和家庭服务法》第72（7）条和第72（8）条规定）。信息共享时应考虑到可能需要保护的儿童的脆弱性。

7.4 报告可能需要保护的儿童

报告规程包括向儿童救助协会报告的协议和学校委员会内部达成的报告协议。

• 当教师、学校管理人员、专业支持人员或学校委员会的其他员工有合理理由怀疑某个儿童需要接受《儿童和家庭服务法》中所规定的保护时，该人应立即向该儿童通常所居住的辖区内的协会报告怀疑和导致怀疑产生的信息。

• 任何怀疑某个儿童需要保护的个人有责任或有义务直接向儿童救助协会报告；不得指派包括校长、专业支持人士或高级管理人员在内的其他人承担该责任或职责。

• 怀疑儿童需要保护的个人可能需要请儿童或儿童的家长回答几个问题，以弄清事实。只有在该人有合理理由怀疑儿童需要保护的情况下方可提问。任何更进一步的问话已构成调查，这是社会的责任。评估怀疑的合理性也是社会的责任。一旦公开了儿童的身份，任何学校委员会的成员不得对其进行更进一步的问话。学校员工必须避免干预调查。

• 怀疑某个儿童需要保护的个人应书面记录并保留所有细节，以用于报告。

• 向儿童救助协会提供的信息应包括：

– 被上报的受害儿童的身份和与被上报的犯罪嫌疑人可能存在联系的任何其他未满16周岁的儿童；

– 被上报的犯罪嫌疑人的身份；

– 怀疑（对儿童需要进行保护的怀疑）的性质；

– 报告人员的身份；

– 获得信息和（或）事件发生或被发现的日期、时间和地点；

– 能够证明构成虐待儿童或忽视儿童的任何其他信息。

• 确定儿童是否需要保护可能需要报告人深思熟虑后才能作出判断。报告人可能希望与校长或非教职人员讨论这个问题。学校员工应向校长或指定人就上报进行咨询。应提供咨询的机会，但是这并不免除个人报告的义务或妨害报告的时效性。

• 向协会报告时，上报人应向校长或指定人提交所有信息和文件材料。校长或指定人应向协会发出通知函，证实已经报告。校长应保留一份函的复印件，还应向教育厅厅长和学生教学负责人寄送函的复印件。

• 校长会收到确认函已收到的通知和处理案件的社工姓名。如果协会认为报告的怀疑或信息不能构成调查的条件，则校长应记录社工的姓名、咨询的日期和咨询时间。

• 应在安大略省学生记录中的适当位置标记是否曾同儿童救助协会进行过联系或沟通。除涉及校园委员会员工的情况外，校长应根据需要和对记录政策的规定决定是否需要在安大略省儿童记录中作出更多记录。

• 协会收到报告后，社工和报告人应确定告知儿童家长的策略。只有在咨询协会后学校员工或委员会人员才能通知儿童家长。

为使学校员工在需要时提供帮助，社工应告知学校员工对报告处理的策略。很显然，任何调查都是社会所赋予的权力。策略应考虑到具体的时间安排，比如，儿童哪些时间在家，家长何时到校接孩子放学。策略也应对在初步问话和（或）调查开始或执行期间对儿童的支持作出规定。支持人员应由儿童自己选定。

• 当估计儿童需要保护并且可能即将对儿童构成身体伤害或心理伤害时，协会应在学校的安全的环境中对儿童进行约谈。当该儿童或其他儿童的安全即刻受到威胁时，协会应采取必要措施确保儿童的安全。

• 在法律允许范围内，为完成调查，协会可获得他人或学校提供的包括学生个人信息、家庭信息和事件来龙去脉在内的信息。

• 当不确定是否构成怀疑的合理理由时，该人可与协会进行讨论。在此类讨论中，该人应解释情况，但不得透露当事人姓名或可以判定当事人身份的信息。讨论并非咨询，无须协会采取任何后续措施。

7.5　对具有特殊需求的学生进行调查

校园委员会承认具有特殊需求的学生尤为脆弱。在接到对虐待儿童或忽视儿童的报告后或信息公布后，在进行各项程序时，应考虑对具有沟通障碍的儿童提供适当帮助。

上报人和（或）校长应确保调查机构或警方充分了解儿童的需求并制订满足这些要求的措施，其中应有一项措施是确保儿童认识的一名成年人监督调查全过程。

对具有特殊需求的学生的所有警方调查应包括以调查警察名义对学生个人背景和需求进行的调查。需根据学生对被调查的事件的理解作出决定。

为了更好地了解具有特殊需求的学生，应咨询负责教育该学生的教师。可在调查期间安排一名具有特殊需求的学生的老师在场，协助警察获得更多信息。

应咨询家长或法定监护人，调查过程中，他们也应在场。

为使学生全面参与调查，可能需要更改调查的性质。为了与警察进行沟通，学生可以要求提供一些专业的资源、设备或翻译人员。

7.6　涉及未满12周岁的儿童的事件

尽管不能对未满12周岁的儿童提起刑事诉讼，但是警察仍应对重大刑事犯罪进行调查，并应协助学校、家长或监护人和其他机构之间进行沟通。应向家长或监护人通知每一个案件。

8.0　学校报告规程

教育委员会应确保出台处理校园暴力事件的规程。这些规程适用于所有的学生、员工和参观者。这些规程应可以防止事件再次发生，从而确保学校更加安全。

学校应：

- 使学生、员工、家长和社区参与到学校处理暴力事件的规程制定中来。
- 努力确保受害者、证人、学生和员工在校园的安全。
- 校园外发生的暴力事件被公布后，支持把受害者转移至合适的社区机构。
- 制订公正、有效、一致的处理事件的程序。

– 制订行为守则；

– 在事件处理的早期，使家长或监护人参与其中；

– 向学校管理层报告事件；

– 考虑以下因素：事件种类，事实、环境和涉及的个人，对受害人的支持，对受害人和学校社区所构成的危害级别，涉及人的年龄，反复出现的暴力事件，暴力产生的根本原因，参与机构，是否进行应对，审查停学或开除的政策程序，审查和执行预防措施，组建校园应急队，告知受害者、行凶者、证人和父母或监护人等涉及方可获得的咨询资源。

● 利用以下图表：

– 以下图表中所列事件为不恰当的。对这些事件的处理应根据建议处理的程序。

– 建议程序是行政层处理行凶者时的指导方针。在考虑所有减轻惩罚等其他因素时，除标有“应该”的地方以外，其他可酌情处理。

口头、种族、性等方面的恐吓、欺凌和威胁骚扰	破坏财产盗窃	有关性暴露、种族主义、性别歧视和崇尚暴力的材料	打架斗殴
• 记录事件，包括记录证人的报告。 • 告知学生其行为违反学校委员会的政策。 • 若学生未满 18 周岁，联系家长或监护人。 • 为学生提供建议。 • 可让学生参加人际关系培训课程。 • 考虑联系教育厅厅长。 • 学生初犯时，对学生实行停学；当学生再犯时，可延长对学生的停学期限。 • 考虑联系或咨询警察或其他相关部门。	• 记录事件，包括记录证人的报告。 • 告知学生其行为违反学校委员会的政策。 • 若学生未满 18 周岁，联系家长或监护人。 • 为学生提供建议。 • 可让学生参加人际关系培训课程。 • 考虑实行电子记录（照片、视频）。 • 安排赔偿。 • 如果需要，联系警方。 • 考虑联系教育厅厅长，如果向警察报告，需提交《暴力事件表格》的复印件。 • 对初犯学生，停学 1 ~ 5 天；对构成严重伤害的学生，对其停学 1 ~ 20 天。	• 记录事件，包括记录证人的报告。 • 告知学生其行为违反学校委员会的政策。 • 若学生未满 18 周岁，联系家长或监护人。 • 为学生提供建议。 • 可让学生参加人际关系培训课程。 • 如果可能，没收这些材料。 • 学生初犯时，对学生实行停学；当学生再犯时，可延长对学生的停学期限。 • 考虑联系或咨询警察或其他相关部门。 • 考虑联系教育厅厅长。	• 记录事件，包括记录证人的报告。 • 告知学生其行为违反学校委员会的政策。 • 若学生未满 18 周岁，联系家长或监护人。 • 为学生提供建议。 • 可让学生参加人际关系培训课程。 • 考虑联系警察。 • 考虑联系教育厅厅长。 • * 学生初犯时，对学生实行停学，当学生再犯时，可延长对学生的停学期限。 • 如果要求学生停学或向警察报告，应填写《暴力事件表格》。

<table>
<tr><td colspan="2">尽管不能对未满 12 周岁的儿童提起刑事诉讼，但是警察仍应对重大刑事犯罪进行调查，并应协助学校、家长或监护人和其他机构之间进行沟通。应向家长或监护人通知每一个案件。</td></tr>
<tr><td>持有酒精或非法毒品
受到酒精影响</td><td>贩卖武器或非法毒品
抢劫和恐吓
攻击（此攻击所构成的身体伤害需医生治疗）
持有、使用武器
性攻击、跟踪、纵火、团伙暴力
向未成年人提供酒精
发出死亡威胁，由族群或仇恨引发的暴力</td></tr>
<tr><td>• 记录事件，包括记录证人的报告。
• 告知学生其行为违反学校委员会的政策。
• 若学生未满 18 周岁，联系家长或监护人。
• 为学生提供建议。
• 应该联系警察。
• 可以联系教育厅厅长。
• 如果可以，没收非法毒品，并把毒品上交至警方。
• * 学生初犯时，可对学生实行停学。
• 学生初犯时，对学生实行停学；当学生再犯时，可延长对学生的停学期限。
• 学生再犯时，停学时间可增至 20 天。</td><td>• 记录事件，包括对证人报告的记录和填写《暴力事件表格》
• 告知学生其行为违反学校委员会的政策。
• 若学生未满 18 周岁，联系家长或监护人。
• 为学生提供建议。
• 应该联系警察。
• 告知学生其行为违反学校委员会的政策。
• 若学生未满 18 周岁，联系家长或监护人。
• 为学生提供建议。
• 应该联系警察。
• 应该联系教育厅厅长并递交《暴力事件表格》的复印件。
• 如果可能，没收武器，并把武器上交至警方。
• 应该 * 根据减轻惩罚的因素和其他因素，在对学生开除进行调查期间对学生停学 20 天。</td></tr>
</table>

* 代表出现减轻惩罚的因素和其他因素的情况（参见下表）

<table>
<tr>
<td>

停学

可能导致停学的行为

如果校长相信学生在校期间、在学校相关的活动中参与以下活动；或在其他情况下参与某项活动会影响学校氛围；则校长应当根据下列减轻惩罚的因素和其他因素考虑是否要求学生停学。

a）对他人发出严重伤害其身体的威胁。
b）持有酒精或非法毒品。
c）受到酒精影响。
d）辱骂教师或领导。
e）破坏公物，对学生所在学校的财产造成广泛破坏或对学生所属学校校区内的财产造成广泛破坏。
f）欺凌。
g）多次反对领导。
h）使用亵渎或不恰当的语言。
i）参与校长认为的任何违反学校道德的活动。
j）参与校长认为的任何危及学校社区成员身心健康的活动。
k）参与校长认为的任何违反学校委员会对学校安全所做的政策和程序的规定或违反学校行为守则规定的行为。

</td>
<td>

开除

在等待开除期间导致停学的行为

如果校长相信学生在校期间、在学校相关的活动中参与以下活动，或在其他情况下参与某项活动会影响学校氛围，则校长应当根据下列减轻惩罚的因素和其他因素对学生停学并且可以建议开除学生：

a）持有枪支等武器。
b）使用武器对他人构成身体伤害或威胁他人将对其构成身体伤害。
c）对他人进行物理攻击。由此对他人造成的伤害需医生治疗。
d）对他人进行性攻击。
e）贩卖武器或非法毒品。
f）抢劫。
g）向未成年人提供酒精。
h）学生参与的活动使学生在学校的出现对学校的其他学生或学校其他人员的身心构成伤害。
i）学生参与对学校委员会财产构成广泛破坏的活动。
j）参与校长认为的任何违反学校委员会对学校安全所做的政策和程序的规定或违反学校行为守则规定的行为。

</td>
</tr>
<tr>
<td colspan="2">

减轻惩罚的因素或其他因素

当校长考虑是否应对学生参加上述活动责令学生停学时，校长应当考虑下面所列的472/07规定中对减轻惩罚的因素和其他因素的规定。

</td>
</tr>
<tr>
<td colspan="2">

减轻惩罚的因素

应当考虑下列减轻惩罚的因素：

1）学生无法控制自己的行为
2）学生无法理解自己的行为所构成的可预见的后果
3）学生继续待在学校并不会对其他人的安全构成不可接受的风险。

</td>
</tr>
</table>

续表

其他因素 如果下列其他因素能够减轻学生行为后果的严重性，并且学生因此行为可以被或正在被停学或开除，则应当考虑这些因素： 1）学生的过去。 2）是否已对该学生实行了一个循序渐进的纪律约束措施。 3）导致学生被停学或被开除的活动是否与因该学生的种族、民族、宗教、残疾、性别或性取向所导致的骚扰或任何其他骚扰有关。 4）停学或开除对该学生现在的教育产生何种影响。 5）学生的年龄。 6）对涉及采用个性化教育方案的学生来说： i）学生的行为是否是残疾学生个性化教育方案中残疾的一种表现； ii）是否已经合理地满足了学生的需要； iii）停学或开除是否会导致学生行为更加恶劣。

9.0　与警方的初步联系

接待的警察应获得事件信息并详细记录这些信息。当该事件涉及需要保护的儿童时，或当调查或投诉的主要对象为校长或学校负责人时，或存在其他紧急的情况时，警察可不遵循下列规程（例如，向校长报告）：

• 负责报告的警察应立即向学校校长或学校负责人报告，应告知自己的警察身份并且：

- 说明来校缘由。
- 联系或同校长或负责人一起安排联系未满 18 周岁的学生的家长或监护人。

《市政信息自由及隐私保护法》第 32（g）条授权警方：出于调查目的，可要求被指控的罪犯、证人和（或）受害人提供出生日期、住址和电话号码。

10.0　警方对校园事件的调查

• 年满或超过 18 周岁的学生为成年人，应遵守《刑法》规定。

• 《青少年刑事司法法》规定：青少年指年龄在 12 周岁至 17 周岁的个人。尽管不能对未满 12 周岁的人提起刑事诉讼，但警方仍应调查重大刑事犯罪和协助学校、家长或监护人、其他机构进行沟通。家长或监护人是调查过程中的积极合作伙伴，应该通知他们每一个案件。

• 应按照加拿大《刑法》规定处理参与暴力、武器犯罪或非法贩卖毒品的个人，其中，《刑法》高于其他所有法律法规、规定和政策。

• 通常由校长对暴力犯罪行为进行初步判定，并根据判定决定是否需要报警。

10.1　警方约谈学生

• 警方调查时可能需要与作为犯罪嫌疑人或证人的学生进行谈话，在这种情况下，学校应当在警方告知来校性质后，根据警方的要求予以配合。

• 警方需要进行约谈时应当首先征得学校领导对在校园内进行约谈的许可。

• 根据实际情况，警察应当在无他人的情况下对学生进行约谈，学校人员应当协助警察选择适合的校内约谈地点。

• 在约谈被指控的学生前，警察应当向被指控的学生宣读《宪章》中第10(b)条赋予学生的“咨询权”和《青少年刑事司法法》第25条对“青少年”的规定。

• 根据警察所确定的犯罪性质，在向警察局转移学生时，某些调查可能会要求对约谈进行录像，如果学生未满18周岁，应将此事告知家长或监护人。

• 如果警方怀疑儿童需要保护，则警方应当参考当地对处理类似调查程序进行规定的协议，包括参考当地儿童救助协会的规定。

10.2　通知家长

• 在约谈未满18周岁的学生前，警察应当告知学生：在约谈中，学生可以要求父母中的一位或一位监护人或一位亲戚在场。

• 当学生年满或超过18周岁时，除非学生同意或要求，否则家长或监护人不得在场。

• 若未满18周岁的青少年被拘留、逮捕或刑事起诉，应按照《青少年刑事司法法》第26条的规定进行处理。

• 在警察约谈前，确定由谁联系家长（学校还是负责调查的警察）。

• 若儿童救助协会参与（例如，怀疑家庭虐待儿童）事件的处理，则儿童救助协会应就通知家长或法定监护人是否合适咨询学校和警察。

• 如果无法联系家长或监护人，则学生可以指定另一名家庭成员陪伴学生在学校进行约谈，或在学生的许可下由校长陪伴学生在学校进行约谈。

10.2.1　法定权力

• 当有合理理由相信学生为犯罪调查的对象时，警察有责任告知学生《宪法》所赋予其的权力。

• 未满18周岁的学生可以在警察约谈时要求父母中的一名或法定监护人进行陪伴。

• 在征求警察意见时，若学生未满18周岁，则学校应设法联系该学生家长或监护人。若学校无法和他们取得联系，则在学生允许的前提下，可由校长或负责人陪伴学生参加在学校的约谈。

• 若学生当天未来学校，则校长应当按照《市政信息自由及隐私保护法》

第32（g）条的规定向警方告知学生的住址、电话号码和出生日期。

10.2.2　搜查和没收

《加拿大权力和自由宪章》（第8条）规定："人人有权免受不合理的搜查和没收"。然而，校长为了履行职责维护校园秩序和纪律，在合理的情况下，校长可以授权对学生的物品进行搜查或对学生可能存放物品的任何地点（例如，课桌、锁柜）进行搜查。校长这项特殊的权力和职责已得到多个法院的确认。

• 在新学年伊始，校长有责任告知学生，他们的课桌和锁柜属学校财产，学校管理层对此类财产进行搜查是被允许的。

• 为避免对错误行为进行指控，建议在打开锁柜或课桌时至少有一名其他成年人在场。

• 校长有责任对过错的性质和程度进行调查，但是当犯罪显而易见时，应通知警察。不过在轻罪的情况下，应由校长决定是否需要通知警察和（或）教育厅厅长。

• 需要搜身时，校长或负责人应当通知警察，由警察进行搜身。

• 警察可以在校园进行搜查，但是在搜查前应通知校长或学校负责人。在某些情况下，警察可以在未通知校长或学校负责人的情况下进行搜查。

10.2.3　拘留和逮捕

• 当警方决定进行逮捕时，警方应当遵守司法部部长颁布的《逮捕准则》和当地警察政策和规程。

• 当学校委员会的成员扣留犯罪嫌疑人或非法入侵嫌疑人时，成员应立即向警方移交嫌疑人。

• 当警察有理由相信本协议第6.0条中的犯罪发生时，警察可以在未获得逮捕令的情况下进入学校委员会所管理的地区。

• 警察有责任联系未满18周岁的儿童的家长或法定监护人，告知他们已对学生提起起诉（《青少年刑事司法法》第494（1）CC条、第494（2）CC条、第494（3）CC条和第26条）。

10.2.4　进入校园的规定

第474/00号安大略规定对《教育法》第305条有关"进入校园"作了规定。该规定仅限于对校园的规定，《非法闯入法》还对进入校园之外的其他地方的情况进行了规定。根据《教育法》对进入的规定，未授权人员的进入可能会被起诉，罚款可高达5000美元。

10.2.5　对受害人进行救助

学校委员会应咨询管理层、员工和学校社区以制订对受害人或证人的短期或长期支持策略，以及制订在暴力事件发生后的罪犯再进入规程。

作为全面计划的一个组成部分，学校应当在社区的协助下开展有关以下事宜的项目：

• 帮助确定造成暴力的根本原因；

• 向暴力事件的受害人或证人提供辅导，应包括获得学校或社区的帮助和（或）启动悲剧事件处理规程。

• 努力确保受害人和证人的安全；

• 为工作人员（负责制订影响策略和支持策略，以帮助受害人和证人）提供专业发展机会；

• 制订罪犯再进入规程：解决基本原因，减少犯罪再次出现的风险，确保受害人的安全。执行再进入规程是为了改变导致停学的行为和（或）态度，可以包括辅导教育活动和与家长或监护人进行深入探讨。

10.3 准备约谈

应考虑以下内容：

• 由警察对犯罪嫌疑人进行约谈；

• 得知学生在行为、认知、身体或学习方面存在障碍时，评估是否需要配备专业资源；

• 确定约谈方法；

• 如果参与约谈的警察超过一名，确定由哪名警察主导约谈；

• 对约谈和陈述进行录音或录像，并要求警察通知被约谈人谈话已经被记录；

• 确定是否需要翻译人员（例如，语言翻译人员，对失聪或听力困难的学生的手语翻译）。

10.4 进行约谈

• 警方在约谈时采用适合青少年和儿童的谈话技巧；

• 有理由相信被约谈学生参与犯罪时，对学生提出法律警告，告知学生其具有咨询权；

• 考虑向领导所做的陈述的可采性（《青少年刑事司法法》第146（2）条）；

• 当被约谈的儿童可能需要保护时，建议在约谈时邀请儿童救助协会参与。

11.0 学校委员会的沟通策略

学校社区这个更大范围内的所有合作伙伴必须参与本协议的制定和执行。每一个学校在总体学校计划中都应该纳入向学校理事会、家长或监护人、员工和学生宣传本协议内容的策略和行动计划。

12.0 警方的非事件性参与

警察代表了积极的执法形象。他们把专业知识带进校园，帮助年轻人在生活中作出更多积极的选择。他们也保护校园，为教师和学生创造安全的工作学习环境。请联系当地的警察局，以获取更多资源。

13.0　防范暴力计划

应采取多种协调措施防范学校暴力。在对从幼儿园到中学的课程设置时，学校委员会应同警察局合作，把暴力防范纳入教育的方方面面。

为确保暴力防范被纳入学校课程，学校应当：

A）把暴力防范纳入相关计划和学习活动中，以帮助所有学生学习防范和应对暴力的知识、技能和价值观。

B）提供向历史中、文学作品中和社区中的非暴力模范学习的机会。

C）为学生提供批判地思考目前事件、经历、人类历史、媒体、新闻、文学和暴力行为的原因的机会。

D）为学生提供以下机会：

- 对个人安全提高警惕；
- 发展和练习人际交往和沟通的技能和解决问题的能力；
- 提高个人信心和自尊；
- 学习目前和将来有用的技能；
- 重视人类的多样性和观点的多样性；
- 在复杂多样的世界中学习知识、技能、态度和行为；
- 使用教学技能（如角色扮演和合作学习）帮助学生处理愤怒和冲突，帮助他们培养人际交往的技能。

E）通过运动和体育课培养学生团队合作的精神，并教育学生如何以非暴力的方式参与竞争。

F）确保课程中不存在偏见和歧视。

G）在课程中承认和颂扬加拿大社会中多种文化并存的情况，感谢不同的族群、不同宗教信仰的人群和不同语言的人群所作出的贡献。

H）帮助学生明白任何形式的歧视都不利于学生自身、他们所在的社区和整个社会。歧视包括：

- 种族歧视，恐吓，因族群、宗教或语言不同而造成的歧视；
- 性别歧视、性骚扰和性别不平等；
- 对同性恋的歧视或由性取向产生的歧视；
- 因阶级、收入和职业而产生的歧视；
- 对残疾人的歧视；
- 无法容忍其他特征，如长相。

请联系当地警察局，以获得更多暴力防范计划。

14.0　校园安全

为了提高学生、员工和教师的安全，学校委员会对校园空间进行的改造可参照“通过环境设计预防犯罪”（简称CPTED，例如，照明、建筑设计、美化环境等）进行。训练有素的“通过环境设计预防犯罪”的专业人员将同警方和校方一起，评估学校建筑物和（或）校园安全。

15.0　威胁或风险评估服务

警察机构对某些活动进行调查时，安大略省警察局威胁评估科向他们提供支持，上述活动包括：威胁采取个人或团体行动，对公众人物发起威胁，性犯罪和任何可能发生暴力威胁的其他情况。这种支持需要分析口头、书面和环境等因素，评估或预测暴力事件发生的可能，这些暴力事件涉及政治威胁、跟踪（刑事骚扰）、社区内危险犯罪分子或即将向社区释放的危险犯罪分子、不明来源的威胁、恐吓等。

建议如下：

- 对威胁进行分类；
- 对潜在伤害进行评估；
- 建议的干预方法；
- 协助准备行动计划；
- 24小时分析器，为重大战略决策提供信息；
- 提供更多的执法、矫正、法律和医疗服务；
- 法庭证词。

16.0　应急计划

这些规程都是在咨询警察局后制订的，旨在帮助学校应对严重的威胁，以确保员工和（或）学生的安全。校长或学校负责人将决定是否需要采取这些程序。

17.0　协议评估规程

应当每三年对本协议进行监督和评估，并应考虑学校员工、警察、学校理事会、家长、学生和各机构的意见。对协议的正式评估将用于提高协议的效率和解决新发现的问题。

美国哥伦比亚特区大都市警察局学校安全处简介

根据哥伦比亚特区《2004 年学校安全及安保合同签约程序法》，在大都市警察局（MPD）内设立学校安全处，负责监督和管理哥伦比亚特区公立学校（DCPS）体系内的保安服务。学校安全处与 DCPS 合作，承诺为整个哥伦比亚特区的每一所公立学校在校生提供安全的学习环境。

学校安全处还负责对学校资源事务官和学校资源事务官协调员在职能上进行监督，这些资源事务官为全市的一些优等学校提供安保服务和资源。

学校安全处由下列人员组成：

1．学校资源事务官：即被分配到 MPD 学校安全处和警区的 MPD 警员。学校资源事务官必须带头在全职基础上向哥伦比亚公立学校学区提供安保服务和资源，履行诸如学校安全规划与管理、执法活动、提供课堂内的刑法和安全信息、社区警务、辅导学生和监督合同保安服务等具体职责。

2．学校资源事务官协调员：即被分配到 MPD 学校安全处和警区的 MPD 警司。学校资源事务官协调员负责监管在其派遣区内的所有学校资源事务官。

3．学校安全处区域协调员：即被分配到 MPD 学校安全处的 MPD 警督。学校安全处区域协调员负责协调地区业务指挥部门内的学校安全活动，包括监管该地区内所有的学校资源事务官协调员，同时他还负责向地区指挥官和警察服务区警察中尉提供有关学校安全方面的技术援助，并监控学校安全官协调员或学校资源事务官从事的保安工作。

4．学校安全处方案经理：即被分配到 MPD 学校安全处担任方案经理的 MPD 警监。方案经理监管 DCPS 的学校安全方案的管理，协调由合同人员和 MPD 人员提供的学校安全质量的定期审查，同时他还保存与学校安全项目运作有关的文件和辅助材料，以及学校资源事务官协调员就学校安全方案的问题与不足所提交的报告，并对学校安全处区域协调员、学校资源事务官协调员和学校资源事务官提供职能监管，以确保有助于警察局的学校安全工作并反映出为学校安全制定的政策和标准。方案经理还对确定与干预参与黑帮活动的学生的政策进行监管。

5．安保服务办公室助理总警监：即监管 MPD 学校安全服务处和 DCPS 学校安全方案的管理和执行学校安保合同的 MPD 助理总警监。助理总警监充当警察局在整个公立学校系统制订学校安全综合规划的倡导者，并与相应的公立学校安全人员建立并保持合作关系；他还与其他 MPD 高级指挥官紧密合作，协助制订有效的处理学校骚乱和犯罪事件的响应协议；助理总警监对全市学校安全问题和问题发生的模式进行分析，从而制订新的干预措施并开展解决问题的活动。

MPD 学校安全处的主要任务是：

1. 与签订合同警员的技术代表一起，对 DCPS 的 MPD 保安合同提供监督。

2. 确保学校安全处工作人员根据协议填写安全缺陷通知并提交。

3. 根据合同范围，在 MPD 和 DCPS 确定的时间内，指导所有合同保安员的工作。

4. 与校长一起明确安全问题，制订解决安全漏洞的计划，诸如人手调配计划，提出影响安全的学校政策的建议，并就安全技术设备购买和安装提出建议。

5. 听取 DCPS 的意见，制订安全规程和手册，包括全市范围内的安全指令（特殊命令等）和学校特殊安全计划。

6. 审查和批准职务令和职务调整安排。

7. 与 DCPS 和其他利益有关方合作，以确认在学校内有暴力风险或可能发生暴力冲突的学生。

8. 与校长合作制订应急响应计划，并向业务处提供计划的副本。

9. 确保 DCPS 指挥中心人员和学校员工及时得到学校附近和学校内发生重大事件的通知。

10. 对 DCPS 内部和周围的犯罪进行初步调查并协助后续调查。

11. 与 DCPS 合作制订干预和预防计划。

12. 协调对合同人员和 MPD 人员提供的学校安全质量每月审查。每月审查结果应记录在每月报告中。

美国学校安全服务署简介

美国学校安全服务署坐落在俄亥俄州的克利夫兰，是美国国内著名的提供学校安全咨询、相关培训、学校安全评估以及其他有关青少年安全服务的专门组织。它的主要职能包括以下六个方面：

1．发布安全信息，组织相关培训

学校安全服务署发布最新的学校安全动态防暴措施、战略要闻、培训事宜等信息。每年都为美国国内多个州培训各种负责学校安全工作的人才，包括教育者执法人员以及专门从事青少年工作的人员。来自校园的实践经验、遍及全国的信息触角和不断更新的技术资源使得服务署稳稳地居于行业前端，同时也保证了旗下学员的质量。

"9·11"事件以后，服务署确立了它的中长期工作重点：即对学校安全的保卫和紧急防暴训练；探索世界在各种不安定因素下的发展趋势和应对策略。具体包含了以下议题：学校安全技术（如安全配备、金属探测装置、摄影摄像等）；安全评估处理及其要件；从过去的校园暴力事件中总结经验；严格通行条件和到访手续；分析恐怖主义对学校安全造成的负面影响；排除在实施学校安全规划中遇到的官方阻力；改造环境，防止犯罪；分析恐惧心理，并予以正确引导；梳理出学校紧急防暴计划的框架；遇到危险时如何紧急疏散并寻求庇护；如何辨别和应对团伙滋事；如何面对炸弹威胁处理可疑装置；如何安排学校警力；如何保证校车安全；如何保证学生放学后的安全；如何促进警方和校方的进一步合作。所有这些问题吸引了美国社会各阶层人士的参与和关注，从学校安保人员到学生家长，从司法官员到青少年工作者，从制定政策的官方人员到学校管理者、普通教职工甚至校车司机。

2．学校安全评估

安全评估主要是为申请这项服务的学校提供一对一的考察、评估，并给出一套经济可行的建议。这种评估不仅有利于防止和应对校园暴力、降低风险，还能改善学校与周边环境的关系。

评估的重心并非一味集中在学校安全的硬件或人力配备，而是力求通过对现有资源的充分利用来改善安全状况。评估的主要内容是：学校的防暴措施、校警的工作情况、安全规范和细则、技术性防范能力、安全教育和实训、预防和调停工作、内部安全以及与社区的合作程度等。

在评估期间，服务署更注重事实和数据，分析学校制定的涉及安全工作的政策及其实施上的合理性，到师生中去就他们对学校安全的看法进行调研，对学校以往发生的犯罪和违纪事件进行回顾分析，检测安全设备的运行情况，分析其他的公共资讯（如整个社会的犯罪率），采用专门的分析模型。

以上评估环节和内容都会事先以书面形式详细告知校方。数据信息一般通过网络等形式来传递，需要实地考察时也决不影响学校教学工作的正常进行，即不对考察时间和地点作具体流程安排，这种弹性极大的“暗访”有利于考察工作最大限度地接近真实。

3. 学校安全咨询服务

在进行学校安全规划、设计安全设施、安保部门评估、推动安全工作、事后咨询、政策支持资金、投入辅助资源等方面，服务署向校方提供技术支持和咨询服务。

在学校安全规划上，服务署结合对某学校所处学区在学校安全上所付出的努力的评估，向该校领导就学校安全规划的建立和实施提出意见和建议；在安全设施的设计上，服务署与校领导和设计人员针对学校具体情况共同商议。

对安保部门的评估则通过考察其工作准则、工作程序、服务需求、指导方针、人员配备和培训、监督机制及财务状况来实现。

为学校开发新的安全系统提供技术支持，推动安全工作。

事后咨询主要是指在事件发生后为学校提供恢复性的指导和建议。

政策支持是向学校提供最新的政策信息。

在资金投入方面，服务署在考虑校方总的发展规划的基础上，力求使资金的使用效度达到一个比较理想的状态。

辅助资源，是指组成安保系统的一些设备、器材，服务署对这些资源提供技术支持。

4. 防暴模拟

这种模拟练习主要是训练学员对学校突发状况的应对能力。整个防暴模拟由服务署的校园安全专家负责设计、安排，通过一连串的环节来训练学员解决各种问题的实战能力。每一个学区，甚至每一个学区中的每一所学校，都会因其自身差异而需要制订不同的安全规划。对每一所学校来说，防暴模拟有利于增强学校安全工作人员应对紧急状况的能力，有利于评估和改善学校安全规划，同时也给那些纸上应急计划提供了“实践”检验的机会。

5. 诉讼援助服务

服务署提供案例咨询和诉讼援助。专业咨询领域包括：学校的校园安全规划、校园暴力；学校安保官员、校警、安保部门运作；对危险和紧急事件的防范；学校安全评估以及防范校园犯罪和校园暴力。

案例咨询主要提供两项服务：一是案例分析，即结合案件事实与同类案例进行分析；二是配套建议，即就诉讼答辩、举证、如何搜集证据、法庭宣誓的注意项等方面给出专业指导。其服务宗旨就是尽可能快地帮助原告或被告律师熟悉事件并明确可能的突破口，同时也为律师及其委托人节省大量的时间、金钱和精力。

6．面向公司的相关服务

这里的公司专指关注学校发展，特别是服务于学校安全工作事务的公司企业。需要指出的是，服务署在此发挥的作用仅限于为这些公司提供咨询，不参与、不干涉、也不评价公司的产品或服务。

目前，学校安全问题已经成为整个美国社会的关注焦点之一，其影响也渗入了包括商业领域在内的社会方方面面。基于此，服务署特别为这些公司企业提供了四类咨询服务：公司领导和员工本身的注意事项；学校或一些专门组织机构发起的教育课题、项目；教育类产品的发展动态以及为某公司提供个别咨询。

美国《2007年加强学校安全法》

（摘译）

第一编　加强中小学安全

第101条　学校安全的拨款计划

（a）司法部部长代表面向社区警务办公室，被授权向州和地方政府机构与印第安部落拨款以促进安全，包括在学校和校园内安装和使用金属探测器、监视设备以及采取其他威慑措施。

（b）资金的用途

根据本条给予的拨款应直接发放给州、地方政府机构或印第安部落，并应通过以下方法用于改善接受方辖区的学校和校园内安全：

（1）安装和使用金属探测器、监视设备、锁、照明设备，并采取其他威慑措施；

（2）建立热线或情报热线以报告有潜在危险的学生或情况；

（3）人员和学生的安全培训；

（4）与地方执法部门的协调；

（5）进行设备改建使学校的设施更安全；

（6）司法部部长决定的可大大加强安全的任何其他措施。

（c）优先考虑

在根据本条给予的拨款中，如果可行的话，司法部部长应优先考虑那些已证明需要改善安全、需要获得财政援助和有能力寻求拨款改善学校安全的辖区的申请。

（d）对等资金

（1）根据本条（a）款的拨款计划，联邦的费用份额应占总费用的80%，非联邦份额应占20%。

（2）任何国会为印第安部落政府或印第安事务局在印第安土地上履行执法职能的活动所拨出的资金可用于本分条规定的非联邦份额的对等资金。

(3) 如果接收方需要放弃或更改第 (1) 项，那么司法部部长在实施本条的指导方针中可规定放弃或更改第 (1) 项的要求。

(e) 公平分配

在根据本条分配拨款时，司法部部长应确保尽可能地在美国各地区之间以及市区、郊区和农村地区之间实现公平的地区分配。

(f) 行政费用

司法部部长可保留不超过所拨款的 2% 作为行政费用。

(g) 机构间工作组

自《2007 年加强学校安全法案》颁布之日起不迟于 60 天，教育部部长或其指定人员，应建立一个机构间工作组来制定和颁布一套咨询性学校安全指导方针，该方针应在不迟于 2008 年 6 月 1 日在联邦公报上公布。

第 102 条　申请

(a) 一般而言，欲根据本条申请拨款，州、地方政府或印第安部落的行政长官应当向司法部部长提交申请，并附司法部部长可能要求的信息。每一申请应包括：对所提供拨款的预期用途以及拨款资助的活动怎样满足本条的目的详细说明；附上一份报告，由教育主管、司法部部长或州、地方政府机构或印第安部落的其他首席法律事务官签名，证明拨款的每一预期用途将是：

- 加强一个或多个学校安全的有效途径；
- 符合防止校园暴力的综合方法；
- 具体针对每一个有待加强的学校的需要。

(b) 指导方针

在 2000 年 10 月 28 日后不迟于 90 天，司法部部长应颁布落实本条的指导方针（包括州、地方政府机构和印第安部落必须满足的要求）。

第 103 条　申请的批准

2008 和 2009 每一财年拨款 5000 万美元用于落实上述计划。

第二编　加强高等教育安全

第 201 条　校园安全评估要求

《1965 年高等教育法》第 485 条新增了第 (h) 条校园安全评估：每个根据本编参与此计划的合格机构应该进行年度校园安全评估，通过机构的员工、安全人员和执法人员之间的协商来准备。

第 202 条　校园应急响应计划的要求

《1965 年高等教育法》第 485 条新增了 (i) 校园应急响应计划：每个根据本编参与此计划的合格机构应该制订和实施校园应急响应计划，以处理一系列紧急情况，包括下列内容：

（1）自然灾害；

（2）执法机构，例如炸弹威胁或遇到活跃的枪手射击；

（3）恐怖分子威胁或攻击。

美国俄亥俄州现代中文学校家长参加巡逻执勤的任务职责

1. 每位家长都有义务和责任参加学校的交通巡逻和安全值勤。家长可自愿申请执勤的任务和时间。根据学校安全执勤的安排，家长应按时到学校值勤，协助校方工作。如有时间冲突，被安排值勤的家长要事先与学校安全管理人员联系，提供替补家长姓名及通信信息，并自报下次执勤时间。若有紧急或特殊情况无法参加执勤，应及时与学校安全管理人员联系。

2. 安全值勤人员需要到校务办公室签名报到，并领取黄色执勤背心。

3. 在下午12：45至1：15和2：20至2：40的车流高峰期间，执勤人员要加强学校大门前的交通管理。为了安全，学生只能在靠近学校大楼的内车道紧靠右侧黄色路边上车和下车。学生只能从车子右侧上车和下车，不允许在大门前的外车道上停车下客，学生在车流高峰期间穿越内车道是不安全的。执勤人员要指挥交通，看管接送学生的车辆，保证校门前的车流通畅和人员安全。

4. 帮助家长了解什么地方可以停车，什么地方不可以停车。在靠近学校大楼的内车道（消防车道 fire lane）上是不允许停车的。在内车道上停车会阻碍急救车、消防车和警车在紧急情况下迅速及时地进入学校。停在内车道上的车辆可能会得到警察的罚单或被拖走。对违反学校的开车和停车规定的家长和学生，学校将兑现其安全保证金支票。

5. 除了学生、家长和义务工作者以外，经校务办公室允许，外来人员才可在校内停留。禁止携带武器、类似武器、利器及其他危险物品的人进入校内。禁止在学校（包括校门口和停车场）吸烟、喝酒和吸毒。

6. 安全值勤人员需要在校门口、教学区的走道、餐厅和体育馆巡逻，制止未经校方批准而在校内进行的任何活动，制止任何危害他人或破坏公共财产的行为。

7. 为了保持安静的教学环境，劝请家长不要在教学区的走道上逗留。

8. 教育、监督任何人不在学校吃东西、喝饮料（瓶装水除外）；不在教学楼内喧哗、追逐和打闹；不在墙上乱涂乱画；不玩耍，或动用任何不属于自己的物品，比如计算机、电话、报警器、储藏柜及锁等。

9．监督学校管理规定和条例、家长守则和学生守则的贯彻执行，阻止任何违反学校规章制度的行为。

10．如果发现任何意外和事故，或有可疑者，或有妨碍学校教学秩序的行为，应及时向校务办公室报告。

美国明尼苏达州明尼那波利斯市学校巡逻协管员计划

本学校巡逻协管员计划应该提供给明尼那波利斯市所有的公立小学和私立教会学校，除非它们不作要求。明尼那波利斯市警察局（MPD）警员与学校协调员一起工作，学校协调员协助挑选巡逻协管员，这些协管员通常是四、五、六年级学生。

MPD 学校交通巡警（在公立学校附近执行交通法规的警察）按照学校巡逻协管员计划的规定和条例，指导所挑选的巡逻协管员的工作，指导他们怎样向 MPD 学校交通巡警报告交通违章情况。MPD 学校交通巡警对巡逻协管员的工作进行连续检查，协助处理所报告的在学校附近十字路口的任何严重交通违章事件。大约有 700 名公立学校和私立教会学校的学生参与了该计划。

在 10 月、11 月和 12 月，MPD 学校交通巡警会参观幼儿园教室。在参观中，警官会展示和说明学校巡逻协管员的工作流程，并会说明针对合适年龄组的交通安全规则和预防犯罪信息。在展示中还教给学生们有关冬季安全预防措施。

在 1 月、2 月、3 月和 4 月，MPD 学校交通巡警会给三年级学生提供少年警察业务陈述。对三年级每个教室访问两次，给学生们讲述 MPD 的职能以及作为少年警察怎样遵守法律。他们向每个小学生分发测试小册子。学生把这些小册子带回家，在父母或监护人的帮助下，填写小册子。学生交回小册子，教师在课堂上讨论和纠正。三年级学生毕业后，就可以领小册子、徽章和带有学生拇指指纹的 ID 卡，标明此学生已经是少年警察。

明尼那波利斯市警察局下设的学校交通巡警的其他职责和活动是：

协助校方针对有关性骚扰者、暴露狂、失踪学生和其他犯罪问题撰写正确的报告，将报告提交给适当的单位或按要求协助调查的部门。MPD 学校巡逻警察可能会被要求参加家长会/亲师座谈会、幼儿园会议和其他学校的会议。

一经要求，学校交通巡警应当向学校提供关于校车安全的电影和讲座。学校交通巡警应该与学校工作人员和城市交通工程师密切合作，审查学校附近十字路口有无交通管制的必要。学校巡逻办公室接收有关学校交通办公室对校车司机停车指示杆违规行为的投诉；向初犯发出警告信，第二次违反将按照协议向车主邮寄传票。经要求后，如果时间允许，学校交通巡警还得为托儿所、启蒙学校和幼儿园提供任何所需的协助人员，另外还须拟订儿童安全指纹计划。

美国西雅图中文学校消防与校园安全计划

1．老师注意事项：

（1）上课铃响后，各班老师负责清点班上的学生和助教人数。

（2）上课铃响 5 分钟后，若有学生或助教仍未回到教室，应立即向办公室报告。

任何时候，如果有任何来自教室或外来的威胁，应立即向办公室报告。

2．轮值交通指挥家长注意事项：

（1）轮值交通指挥家长在下课时间负责监督学生，包括劝导学生勿爬树、破坏公物、玩危险游戏、互相追逐，甚至纠正行为不检点的学生等。

（2）轮值交通指挥家长在上课铃响后，巡逻校园以确定所有学生已回教室上课。

（3）当发现学生在上课后仍在校园内走动，需询问学生姓名、班级和教室。督促并陪同学生尽快回到教室。

（4）若有特殊状况发生，例如，该学生拒绝回到教室时，立即将该学生带回办公室。

（5）如果受到任何胁迫或出现危险状况，立即向办公室报告。

若发现非本校师生或家长及不明人士在校园游荡，必须促其离开本校。

3．学校办公室（校长及副校长）注意事项：

当发生“学生失踪”时：

（1）指派当天轮值交通指挥家长及行政人员在校园和各教室寻找失踪学生。

（2）当在校园和教室遍寻不着，立即联络学生家长。

（3）在前述措施后，若仍无法寻获学生时，校长应立刻报警处理，并通知学生家长目前状况。

当遇到任何威胁时：

（1）应立即报警处理。

（2）若接到本校学生打架的报告，校长应试着平息事况，若情况无法改善，应立即报警。

4．访客注意事项：

任何访客（学生家长不在此限）必须到办公室的访客单上签名，填上来访目的及时间。离开前填写离开时间。

法国加强打击团伙暴力行为和加强保护承担公共部门任务人员的法律

（2010 年 3 月 2 日第 2010－201 号法律，摘译）

第一章　加强打击团伙暴力的规定

第 1 条

Ⅰ. 在《刑法典》第 222－14－1 条之后，加入第 222－14－2 条，拟定如下：

“第 222－14－2 条　对于故意参加某一即便是临时成立的团伙的人员，具有筹划一起或几起人身暴力或财产毁坏的故意暴力具体事件特征者，应判处 1 年监禁和 15000 欧元罚款。”

第二章　加强保护学生和学校中工作人员的规定

第 13 条

在《刑法典》第 431－21 条之后，加入第 5 节和第 6 节，拟定如下：

“第 5 节

闯入教学机构

第 431－22 条　未按法律或条例规定而具备资格或者未经主管机关许可进入校园或在校园内逗留，目的是扰乱学校安宁和良好秩序的行为，应判处 1 年监禁和 7500 欧元罚款。

第 431－23 条　当第 431－22 条规定的轻罪是团伙犯罪时，可判处 3 年监禁和 45000 欧元罚款。

第 431－24 条　当第 431－22 条规定的轻罪是携带武器人员犯罪时，可判处 3 年监禁和 45000 欧元罚款。

第 431－25 条　当第 431－22 条规定的轻罪是团伙携带武器犯罪时，可判处 5 年监禁和 75000 欧元罚款。

第 431－26 条　犯有本节规定的罪责之一的自然人还会受到以下补充处罚：

1. 按照第 131－26 条规定的方式，禁止公民权、民事权和家庭权利；

2. 最多 5 年内禁止持有或携带须经批准的武器；

3. 公益劳动处罚；

4. 没收被定罪人拥有产权或有自由支配权的一个或多个武器；

5. 按照第 131－31 条规定的方式，禁止逗留。

第 431－27 条　犯有第 431－25 条规定罪责的任何外国人，可在第 131－30 条规定的条件下，被判处永久或最多 10 年内禁止进入法国领土。

第 6 节

携带武器进入学校

第 431－28 条　有资格或被允许进入学校的人员无合法理由携带武器进入或在此类机构中逗留的行为，应判处 3 年监禁和 45000 欧元罚款。

犯有第一段规定的罪责的人员还会受到以下补充处罚：

1. 按照第 131－26 条规定的方式，禁止公民权、民事权和家庭权利；

2. 最多 5 年内禁止持有或携带须经批准的武器；

3. 公益劳动处罚；

4. 没收被定罪人拥有产权或有自由支配权的一个或多个武器。”

法国国民教育部关于幼儿园和中小学生安全和监督的通知

（1997年9月18日第97－178号）

教学机构应对其接受委托的学生承担责任。教学机构应注意学生是否受到伤害，是否造成对他人的伤害。本文件的目的是明确属于教师和校长的责任，更确切地说，明确其中涉及的每个人的监督责任，并指出在责任方面关联的风险。

在发生事故时，只要学生在其看管下，学校就有可能要承担责任。为此学校负有监督职责，不只限于学校围墙之内。对于学校负责开展的所有活动，无论是强制性的还是非强制性的，也不论是在哪个场所进行，学校都要承担监督责任。

对学生的监督方式应趋向于构建良好的集体生活环境。

I　监督范围

1. 一般规定

应在学校教育全部时间内，即在学生被委托给学校的整个时间段，有效周到地履行监督职责。

无论进行哪种活动，也无论活动在哪里进行，监督应持续不断。无论是在学校内还是学校外，在课间休息的院子里，在游戏场地以及其他接待场所中，这种监督表现在学生可以进入的各个地方。

学生的安全应不间断地或由教师负责保证，或在教师采取各种确保其学生安全的措施后，由作为学生团体被委托对象的外部参与者负责保证。1991年6月6日第91－124号通知和1997年9月18日第97－177号通知明确了尤其当外国人仅仅为陪伴和监督学生和/或参与教学活动而出现在学校时，属于教师的安全责任。

负责保证监督的人员数量应特别考虑编制人数的多少和场所的结构。

校长应负责关注由教师理事会确定的监督服务的总体良好安排，特别是由教师轮流保证的课间休息的监督服务情况。

需要提醒的是，学校理事会有权依据1990年9月6日第90－788号通知，在学校教育和课外活动范围内，就儿童安全和保护问题发表意见并提出建议。因此，此类问题可在召开此类会议时进行研究。

2. 在学校场所中开展教学时接管学生和学生放学

接管学生：在开始上课前10分钟接管学生。应劝告家长不要在接管时刻前太早送孩子以避免孩子长时间独处。在学生由教师接管前，由家长负责。

学生放学：应在教师的监督下进行。进行这种监督是在学校围墙范围内直至课程结束。那时学生或由食堂、托儿所、监督学习或者课外活动的服务部门负责，或由亲属负责。

只有幼儿园的儿童应被直接交给家长或交给家长书面点名指定并向校长或教师说明的人员。如果家长反复迟到，儿童可被暂时开除。对于可被指定接幼儿园儿童放学的人员的身份和年龄，没有条件要求。尽管如此，如果校长认为如此被指定的人员没有适当的身份（例如，太年轻），校长可书面通知家长，但无论如何必须信赖家长已经表示独自负责的选择（1991年6月6日第91－124号通知－标题5）。

3. 缺勤

教师应保证其所有学生在整个学校教育时间表内都要出勤。缺勤学生应被告知校长。如果校长未被事先告知学生缺勤，校长应无延迟地将此情况通知缺勤学生的亲属，亲属应立即使学校了解缺勤原因。如果是因为根据1989年5月3日部际决议制定的目录中的某种传染性疾病而缺勤，则要求出示医疗证明。

4. 学生的出行

为了在另外的场所接受专业医学治疗或者适当的教学，教学时间内学生个人外出只有在一名陪伴者、亲属或者按照事先确定的安排由亲属介绍的人员在场的前提下，可由校长批准进行。任何情况下，学生都必须由教师交给陪伴者，在返回时，后者必须陪伴学生回到教室。

集体外出：在集体外出前往某个用于特殊教学、参观、演出或者集体医疗诊断（普查、疫苗接种）的地方的过程中，学生应在往返途中和活动期间始终得到陪伴和监督（1997年9月18日有关学生外出的第97－176号通知）。应在提供给家长的信息文件中明确指出将学生送交亲属的条件。

5. 学校不负责监督的情况

市政府组织的活动和服务：在学校食堂和/或托儿所的服务期间以及监督教学期间，负责学生监督工作的人员可以是市政官员；在此情况下，校长不得向这些市政官员作出指示（Descout 案例：1994年9月12日最高上诉法院的决议和1996年12月17日普瓦提埃上诉法院的决议）；校长和教师只是在接受了市镇向其提出的此类任务的前提下负责承担监督职责。

学校的交通运输：对于学校交通运输中的监督，学校没有任何权限。学校交通运输中的安全和监督的总体组织工作属于省议会或者省议会授权指定的从属组织者的职责。相反，市政当局应负责公共道路上的安全，尤其负责校车停留场地的治理。因此，校长和教师不负责保证监督上、下校车。尽管如此，如果校长确认校车停留场地存在风险因素，应联系市政管理部门，以便根据1995年3月23日有关改善学校交通运输的第95－71号通知，研究对于学生而言最适宜的安全手段。

Ⅱ　警惕学生使用的场所、设备和空间安全

留作学生专用的外部空间的布置和维护以及学生使用设备的安装和维修属于市政当局的权限。然而，警惕学生可进入的场所、设备和空间的安全则是校长的义务。教师在教室中或其他地方察觉明显风险可能危及他们的学生时，应告知校长。

1. 学生使用的场所、设备和空间

校长应有规律地监视学生使用的场所、场地和设备以便察觉可能出现的危险。在观察到危险时，校长应书面告知所在市镇的市长并将该信件的副本提交负责该区域的国民教育监督员。

校长尤其应：

• 告知市长设备或设施有缺陷的状况（损坏、缺少、仪器设备在地面固定不当等）；

• 作出在等待施工中禁止进入某部分游戏场地或禁止进入某些装置的必要规定；

• 注意危险物品不得放置在学生可进入的场所中。

紧急情况下，校长或教师应无延迟地采取强制性禁止措施，然后履行上述书面告知程序。

2. 消防安全

在消防安全方面，校长必须介入以下预防行动：

• 请求市长按照安全条例规定的周期对场所进行必要的技术核查，并获得安全委员会通过；

• 掌握安全登记簿；

• 组织疏散演习；

• 注意通道是否被阻塞，派人除去热源（散热装置、照明器具等）附近悬挂的物品；

• 对于在其建造时符合建筑物坚固性、学生疏散和救援行动规则的建筑物，应在计划进行整治和施工时向市长证实建筑物先前的安全水平未改变，并应得到市长根据有管辖权的安全委员会的意见批准的施工或整治许可；

• 同样注意防火门的良好状态和良好运转；

• 核实为救援车辆准备的停车场地一直无障碍，如有必要，书面向市长和警察主管机关提起诉讼，以便使这些停车场地畅通无阻；

• 在发生警报时，即便情况不再有危险，也必须呼叫消防员。

所有这些规定在全国高等教育和学校安全观察所制定的、发给各学校和市长的《消防安全——校长指南》（1997 年 2 月）中均有明确表述。

本通知废止并取代 1969 年 6 月 6 日第 69 – 275 号通知（对幼儿园学生外出到校舍外时的监督）、1979 年 6 月 12 日第 79 – 187 号通知（幼儿园和公立小学学生的监督）、1987 年 9 月 25 日第 87 – 288 号通知（学校中的学生安全和保护）、1989 年 11 月 29 日第 89 – 364 号部门日记（幼儿园和小学学生的监督与安全），以及 1990 年 4 月 24 日第 90 – 096 号通知（幼儿园和小学学生在课间休息与在娱乐场地中的监督和安全）。

法国国民教育部、高等教育和研究部第 D2008 - 1036/HFDS 号通知

（摘译）

国民教育部、高教部防卫与安全高等事务官于 2008 年 12 月 4 日发布第 D2008 - 1036/HFDS 号通知，提醒校园师生在发现可疑物品（如包裹、信件、粉末、行李、车辆等）时，或是接到匿名电话、信函时所应采取的行动。需要注意的是，教育部与高教部安全事务官所制定和发布的安全措施，是针对校园内可能遭遇的恐怖袭击事件，而非一般公共运输系统可能遭遇的攻击事件。现以《校园内发现可疑物品的应对措施》和《校园内发现可疑车辆的应对措施》为例，摘译如下。

1. “校园内发现可疑物品”的应对措施

①何谓“可疑物品”？

• 物品外围有不明用途的电线；

• 物品发出不正常的声音（如定时器的滴答声、轻微的擦裂声等）；

• 物品不正常的放置状况。

②应立即采取何种初步安全措施？

• 立即通知校园安全人员、学校主管或辖区宪兵队、警察局；

• 立即疏散人员，并根据物体大小与可能风险，退至安全距离以外（例如，如可疑物品在密闭空间之内，则将人员疏散至该密闭空间之外；如为室外发现的可疑皮箱，人员应退至 20 ~ 50 米以外）。

③等待警方到达以前应注意的事项是什么？

• 绝对不可触碰、操弄或移开该可疑物品；

• 在该可疑物品外围不可引起声响震动、温度骤升/骤降、机械设备震动；

• 在该可疑物品外围不可使用无线电波接收或发射器，亦不可使用移动电话；

• 在该可疑物品外围不可发动任何车辆（含摩托车）；

• 确认周边是否有其他类似的可疑物品；

• 不可覆盖任何物品，亦不可在可疑物品上加盖市面所售的“防爆盖”，以免妨碍专业排爆人员作业；

• 尽可能向警方提供相关信息（如物品外观、大小尺寸、发现地点等）。

2. “校园内发现可疑车辆”的应对措施

①何谓“可疑车辆”?

• 车辆停放状态不正常;

• 车底下有不明物体或电线;

• 车牌经过刻意变造。

②应立即采取何种应对措施?

• 迅速通知学校安全负责人、主管或辖区警察;

• 评估车辆爆炸可能造成的损害(例如,因起火燃烧波及外围停放车辆或易燃、易爆物品、管线等);

• 迅速疏散人员,并禁止其他车辆在该可疑车辆外围 100 米内行驶(范围可根据可疑车辆大小调整)。

③警方抵达前有哪些注意事项?

• 不可进入可疑车辆的车厢内;

• 不可试图开启车厢门或后座行李箱;

• 不可移动或摇晃车辆;

• 在该可疑车辆外围禁止使用无线电波接收/发射器,亦不得使用移动电话;

• 在该可疑物品外围不可发动任何车辆(含摩托车);

• 尽可能地先收集有用的相关信息(如车辆特征、车辆外围情况等)。

法国教育法关于学校交通运输的规定

（摘译）

第 L213－11 条

1982 年 12 月 30 日《国内交通运输指导法》第 29 条规定，学校交通运输是公共定期服务。

各省对此类交通运输的组织和运行负有责任，可向国民教育省委员会征求意见。行政法院的政令规定学校交通运输必须遵守的技术规则。

在作出可能引起学校交通运输需求的重大变化的任何决定之前，国家主管机关应在政令规定的条件下，向省政府征求意见。

在 1984 年 9 月 1 日已经存在的城市交通运输服务区（PTU）中，城市交通运输的组织主管机关负责履行学校交通运输的组织和管理职责。

今后在建立或改变包括学校交通运输在内的城市交通运输服务区时，应在城市交通运输的组织主管机关与省政府之间签订协议。协议应确定在该新服务区内的学校交通运输服务的投资条件。

行政法院的政令确定在各省发生争议时由国家代表进行仲裁的程序。在管辖权转移的财政限制性规定方面，国家代表的仲裁应考虑以向城市交通运输的组织主管机关转移管辖权的名义，在转移前的学年中确定省政府开支的总金额，以确保进行管辖权转移所必需的资财的完整清算。

以离校远小学生奖学金的名义，以首次建立学生专用交通服务费用投资的名义，以严重残疾学生、乡村地区幼儿园学生和山区学生交通运输费用投资的名义，由国家承担开支的资源，应在地方行政单位总法典规定的条件下进行转移。

第 L213－12 条

如果未决定自行负责，省议会或者城市交通运输的组织主管机关可通过协议的方式将学校交通运输的组织工作全部或部分委托给市镇、市镇间合作的公共机构、混合工会、教育机构、学生家长联合会和家庭协会。城市交通运输的组织主管机关也可采用协议方式将学校交通运输的组织工作全部或部分委托给省政府。

如果在 1988 年 9 月 1 日前未达成任何将学校交通运输的组织工作委托给 1984 年 9 月 1 日有责任负责此类工作的某一法人的协议，则理所当然由省政府或者由城市公共运输的组织主管机关履行此类交通运输的组织和运行责任。

与企业签订的协议的所有条款，尤其是通告废除协议的条件，应以行政法院的政令加以限定。

第 R213 –3 条

本段之规定适用于为保证主要以学生专用名义的教学机构交通服务而建立的道路公共定期服务。

第 R213 –4 条

关于实施学校交通运输服务的协议应包括 1982 年 12 月 30 日《国内交通运输指导法》第 7 条第Ⅱ款和第Ⅲ款规定的项目。

该协议尤其应明确以下内容：

1. 教学机构和通达的站点；
2. 行车路线和每日行车里程；
3. 需保证服务的天数；
4. 预计运送学生的数量；
5. 行车次数和需遵守的时间表；
6. 签订协议的各方在为保证看管学生所采取的措施中各自应负的责任；
7. 无学生身份人员的运送条件。

第 R213 –5 条

由省政府或主管机关为组织城市交通运输达成的协议，对于应用本法第 L213 –12 条第 1 款规定将服务的组织工作在实施过程中委托给另一组织者的情况，应规定各方的权利和职责。

第 R213 –6 条

上述协议应对应一个或多个学年全部分期签署。

除了由公职人员解除协议的情况以外，只可由协议的一方或另一方在下一学年预计开学日期至少前 105 天以挂号信的方式通知对方后，宣布解除上述协议。

第 R213 –7 条

协议应规定其解除的条件以及在企业失责的情况下所采取的措施。

第 R213 –8 条

在企业无论何种原因消亡的情况下，或者该企业在 1982 年 12 月 30 日《国内交通运输指导法》第 7 条第 1 款规定的被从登记簿中删除的情况下，协议理所当然被解除。

因此由主管机关与另一家企业签订新的协议。该新协议的期限至少是坚持服务到学年结束的期限。超过此期限，可实施第 R213 –6 条第 1 款之规定。

第 R213 –9 条

在运输服务的组织责任被委托给第 L213 –12 条第 1 款规定的某一法人的情况下，与运输经营者签订协议的期限不得超过此类人员接受的组织服务的权限的期限。

第 R213－10 条

第 L213－11 条第 5 款规定的省长的仲裁可应省议会议长的要求或者应城市交通运输组织主管机关执行机构主席的要求而介入。

第 R213－11 条

当被提出仲裁要求时，省长应将案卷转交地区审计法院院长，该院长指定一名推事负责使当事各方达成和解，或者在和解未成的情况下提出建议。同样，在确认包括学校交通运输在内的城市交通运输服务区建立或改变的行为公布之日起 3 个月期限内未达成任何协议的情况下，执行上述仲裁程序。

第 R213－12 条

如果当事各方可以和解，被指定的推事应将此情况告知省长。

在未达成一致意见的情况下，该推事应自案卷转交之日起最迟 45 日内，向省长提出其建议并附上当事各方的意见。省长因此以行政决定的方式确定相关学校交通运输服务的投资条件。

第 R213－20 条

在巴黎大区的各省中组织学校交通运输，受 1959 年 1 月 7 日关于在巴黎大区组织旅客运输的第 59－151 号法令和 1959 年 1 月 7 日关于在巴黎大区组织旅客运输的第 59－157 号政令的约束。

法国国民教育部关于校园安全计划：优先事项的通知

（2010 年 2 月 15 日第 2010 – 25 号）

本文发放对象为：治安行政长官，大区省长、省长，学区区长、学区监察员，国民教育省级负责人（为了授权），国家警察总局局长、巴黎警察局局长，军队将军，国家宪兵总局局长，犯罪预防部际委员会秘书长（为了提供情报）。参考：2004 年 10 月 4 日国民教育国内协调议定书（德勒）、国民教育部关于预防和打击校园暴力行为的第 0601694C 号通知、2007 年 3 月 5 日关于犯罪预防的第 2007 – 297 号法律、2009 年 3 月 18 日共和国总统在加尼的讲话、国民教育部和内政部 2009 年 3 月 24 日的指令、2009 年 5 月 8 日共和国总统的讲话、2009 年 6 月 8 日 NORIOCK0912892J 通知、2009 年 9 月 23 日 NORNE0922207C 通知、2010 – 2012 犯罪预防及帮助受害者国家计划。

2009 年 9 月 23 日第 2009 – 137 号部际通知已经明确了在犯罪预防及帮助受害者国家计划和内政部与国民教育部伙伴关系政策范围内实施的学校安全行动部署。

为满足校园保护要求，最好在实施该部署几个月后编写阶段小结，明确提出优先措施、确定目标以及实现目标的期限。

2009 年 9 月 23 日通知的 4 项基本措施涉及：

- 安全诊断；
- 安全机动队；
- 学校安全联络员；
- 安全问题和危机管理培训。

1. 实现安全诊断和可靠性诊断

所有学校必须从现在起到 2010 年 6 月完成其安全诊断工作。

184 所校园安全问题较为敏感的学校是安全诊断工作的重点对象，已依据规定建立防范与通报机制。其他各级学校，则限期于 2010 年 6 月前，参照上述 184 所学校，依据各校实际状况拟订校园安全防范与通报机制。

上述 184 所学校，如遇到较为复杂的安全事件，则应立即启动防范性的“安全机制”，这种安全机制将委派经过专门训练的“安全联络警察或宪兵”负责，预先推测各种可能发生的暴力事件，事前评估各项可行的技术或手段。在校园实地深入勘查后，应撰写分析报告，呈报至公共安全的省级负责人或者负责将其上报省长的宪兵队集团指挥官以及校长。省长再将此文件转发至相关权责单位处理。

一些安全诊断和可靠性诊断的实例将被放置在 www. eduscol. education. fr/网站上。

2. 安全机动队（EMS）

应把建立安全机动队的工作放在首位。此项工作目前在各学区中已开始进行，必须在 3 月底前完成。

这些队伍由教育和安全领域中具有各种能力的人员混合组成，受学区区长主管，协助达成双重目的：一方面确保学校安全和保护学生及教职员工免受各种侵犯，另一方面保持紧张时期教育活动的连续性。

安全机动队应确保完成以下任务：学校及其紧邻周边在危机情况下的安全行动，围绕学校的预防行动，对暴力受害职员或学生的近身保护。

为方便安全机动队组建工作的完成，本通知附上一份职责手册。

3. 学校安全联络员（“联络警察或联络宪兵”）

各学校从今以后拥有一名经校长或承担区级任务的国民教育监察员认同的安全联络员。建立相互信任关系，在事件突发时方便行动。

为强化这种合作关系，每个学区应拥有一个列明每个学校安全联络员的更新名单。

2004 年 10 月 4 日的协调议定书明确说明了安全联络员的任务。这些任务尤其要得到校长的同意，然后告知学校管理委员会，其内容如下：

- 在遵守职业道德、尊重校内专业人员的前提下，规划安全信息与情报交流的具体行动；
- 协助制订安全诊断方案，规划校内各项暴力防范措施；
- 组织各项活动，教授学生各种防范暴力的知识与技能；
- 防范毒品进入校园，并实时通报各种毒品渗透校园的征兆；
- 实施必要措施，确保学生与教职员上下学途中的道路安全。

委托给联络员的任务必须适合每个地方的情况。

为了促进联络员之间更好的协调，学校和学区主管机关可为他们组织提供情报，尤其是对于学校的组织构成和教育环境的了解。学区可根据“合作行动以便更好地预防和打击校园暴力”教育学培训文集的主要内容开展工作，该培训文集以 CD 形式展现。此套文件由内政部、国民教育部和司法部制作完成，可在 Eduscol 网站上获得。

4. 安全问题和危机管理培训

要在尽量短的期限内普遍加强学校安全，国民教育管理人员特别是领导人员培训计划的设计和落实必不可少。地方公立教育机构（EPLE）的安全行动方案要靠国家高等教育学院（ESEN）在与国家高等安全与司法研究所（INHESJ）合作范围内设计和指导的培训大纲加以支持。由国家高等教育学院负责执行的国家培训必须能够加强学区培训计划的"安全部分"。

国家培训

优先培训人员主要是184所面临比较严重暴力问题的学校校长、学区区长办公室主任以及学区区长指派的负责人。在国家高等教育学院与国家高等安全与司法研究所合作范围内在国家高等安全与司法研究所进行培训和考试。其内容一方面是公共安全和治安基本要素，另一方面是危机管理和联络。此类培训应在2010年12月完成。

学区职业培训工作者的培训。此类培训计划的目的是帮助学区配备职业培训工作者网络，该网络能够安排、引导实现安全诊断和危机时行使权力。为此，国家高等教育学院与国家高等安全与司法研究所合作，编制了一本《学区培训职责手册》，向学区区长发行。此外，每个学区2~4名职业培训工作者已于2010年1月28日和29日接受了国家高等教育学院执行该手册的培训。

安全机动队队长及其紧密合作者的培训于2010年2月23日、24日由国家高等教育学院组织完成，目的是给予这些学校安全行动的参与者履行其职责所必需的知识，内容包括学校的行政管理功能、教育活动的合作者以及校园暴力现象的特点。

初始培训：在监察和领导人员规定的职业培训中重视加强安全问题的培训，这是引入国家高等教育学院组织培训的一种特定模式。

学区培训计划

14000名领导人员的培训必须被视为一种优先事项，并由学区在干部继续培训计划范围内加以保证。该计划也应是涉及行政管理干部、督察队伍以及高级教育顾问和管理者的各类人员间的行动。此类培训可与合作者一起设计和实施。

此项培训政策是考虑学区特殊性的多年计划，并应与在本学年结束前完成的所有地方公立教育机构安全诊断工作同时进行。

干部人员培训时学区代表（DAFPE）应注意在初始培训的学区部署中是否考虑了学校给人以安全感的问题，注意继续培训计划的一致性和质量。为此，学区代表可依靠经国家高等教育学院培训的职业培训工作者、国家高等教育学院与国家高等安全与司法研究所一起制订的《学区培训职责手册》以及可在其网站上获取的资源开展工作。

所有这些措施的阶段情况可于2010年4月12日向学区区长咨询。

本通知签署人：

国民教育部部长，政府发言人：吕克·沙泰尔

内政部部长：布里斯·奥尔特弗

附录

安全机动队——职责手册

总体目标

• 确保学校的安全，保护学生和职员免受各种侵犯。

• 在紧张时期保持学校教育活动的连续性。

• 注意保护危机情况下的受害职员和学生，预防性地进行遵守学校中的行为和权利规则以及尊重学校权威的宣传活动。

构成和培训

• 每个学区根据其各自的环境确定安全机动队组成人员不同管辖权之间的平衡，同时尊重该机动队的混合性：隶属教育部的人员（校长、教师、高级教育顾问、护士……）和来自其他部委或安全行业的安全专家。

• 对于安全专家，是指依据在现行法规和指令规定的条件下签订的合同受到委派，对其而言没有接待机构的公务人员、军人或者退休公务员。对于非正式人员，必须采用合同招聘方式。

• 无论其原来从事何种职业，机动队的成员应接受与学校环境干预行动的特殊性相对应的培训。

管理

• 安全机动队由学区区长直接指挥，其身边安排一名来自警察局或宪兵队的安全技术顾问，预备役军人更好。

• 安全机动队的管理、招聘、培训和协作，由安全技术顾问和学区区长委托负责此档案的国民教育人员负责。

任务

安全机动队的设置旨在增援教育队伍，承担着3种主要任务，其目的是在承受紧张气氛困扰的学校中恢复信心和对话，加强学校的权威。

①安全行动任务

安全机动队应确保在危机或被证实的危险情况下学校中或其紧邻周边人员及财产的保护和安全，包括：检查、劝阻、临时负责学生出入、紧邻学校入口处的安全行动等。

②预防任务

当压力可预见时（团伙出现、争吵频发等），在发生危机或危险临近的情况下，安全机动队在学校中行动。

所采取的行动要与每种状况相适应：干预，分析压力或暴力的起因，可能加强学校有关安全的组织架构，参与制订安全诊断方案，实施安全部署。学校安全联络员应参与此类行动。

③陪伴任务

安全机动队在学校生活和暴力预防方面对领导和教育团队提供帮助、咨询和信息。

安全机动队负责陪伴和保护受害者、学生或职员（例如，帮助提出诉状）。

提出干预申请

- 必要时，校长向学区主管机关告警并提出安全机动队干预申请。
- 该申请由安全顾问及安全机动队的领导负责受理。
- 安全机动队的干预由学区区长决定。

干预方式

- 在其干预过程中，安全机动队的行动受校长指挥，校长告知教育界。
- 安全机动队行动时应与学校安全联络员紧密联系，并以通常的方式与治安力量（警察和宪兵）严格协商。
- 安全机动队可组织对学校入口和出口的监视。在公共道路（学校周边、前往学校的路途、运输等）上的干预行动则属于警察局或宪兵队的工作。

安置

- 安全机动队可按照与其所在省和学区最敏感区域相符的分布方式被安置在学区部门或学校中。
- 这种安排必须能够保持必要的邻近联系并使得快速干预成为可能。每个学区将配备一个具有能够被用户清晰识别标志（徽章、服装等）的安全机动队。

日本《学校保健安全法》

（自1958年起施行 2008年6月最新修订，摘译）

第三章 学校安全

第26条 关于学校安全的学校设置者的职责

学校的设置者以确保儿童学生在学校的安全为目的，为防止由事故、危害行为、灾害等（在本条及第29条第3款中称为“事故”）对儿童学生造成危险，以及事故等实际已给儿童学生带来危险或危害时能够采取相应的应对方法，应努力充实该校的设施、设备、管理运营体制，以及采取必要的相关措施。

第27条 筹划学校安全计划

为确保儿童学生在学校的安全，应制订相关计划，且必须执行。相关计划，是指对该校的设施、设备进行的安全检查，学校生活（包括儿童学生上下学）及其他日常生活所涉及的安全指导，职员的研修，关于学校安全的诸事项。

第28条 确保学校环境的安全

如果校长承认该校的设施或设备会对确保儿童学生的安全造成障碍，则不得拖延应为改善其情况采取必要措施，或当不能采取该措施时，应向该学校的设置者提交相关资料的概要情况。

第29条 制订发生危险时的处理要点

为确保儿童学生在学校的安全，根据学校的实际情况，制订处理要点。要点规定的内容包括在发生危险时该校教职员工应采取的具体措施及步骤（在下一款中称为“发生危险时的处理要点”）。

校长应将发生危险时的处理要点通知所有教职员工，并开展演习工作，还应采取必要措施以便在发生危险时教职员工能进行妥善处理。

当学校发生的事故给学生带来伤害时，为帮助受害学生、心理创伤或健康受到影响的学生、事故相关者康复，应进行必要支援。

第30条 地区相关机构的合作

为确保儿童学生在学校的安全，除谋求与学生监护人的合作外，还应根据该校所处地区的实际情况，努力谋求与管辖该地区的警察署及相关机构、为确保地区安全进行各种活动的团体及其他相关团体、该地区居民及相关者的合作。

日本警视厅与东京都教育委员会签订的协议

2004年4月5日，警视厅与东京都教育委员会（以下简称为“都教委”）签订了关于互相联络制度的协议，即《为培养身心健康的儿童、学生，警方与学校之间的联络制度的协议书》，具体内容如下。

警视厅（以下称为“甲方”）与东京都教育委员会（以下称为“乙方”）根据目前青少年的不良行为已多样化、深刻化的现状，为了防止东京都内的儿童、学生作出不良行为以及受到犯罪伤害，同时有效推动培养身心健康的儿童措施，签订了互相合作的协议，其内容是：

第1条　目的

本协议有两个目的，其一是为了培养身心健康的儿童、学生，就防止其作出不良行为以及确保其身心安全，警方与学校应履行各自的职责；其二是在互相理解对方的职责并紧密合作的基础上，拟订有效的应对方案。

第2条　名称

基于本协议，名称定为“警方与学校之间的联络制度”。

第3条　相关机构

本协议中合作的相关机构为：

（1）甲方，以及东京都内所有的警察署（在本协议书中称为“警察署”）；

（2）乙方，以及都立高中、都立残疾人（或盲人或聋哑人）学校（在本协议书中称为“学校”）。

第4条　合作内容

（1）相关机构应作为就青少年的不良行为等问题交换必要信息的联系机构；

（2）相关机构应在必要时就青少年的不良行为等问题进行磋商，就涉及的案件采取具体的措施。

第5条　联络对象

本协议涉及的互相联络的案件是指：

（1）警方联系学校的案件

①逮捕案件；

②有违法倾向的案件；

③在涉及有不良行为的少年、儿童或学生受到犯罪伤害的案件中，警察署署长认为需要联络学校的案件。

（2）学校联络警方的案件

①为防止儿童或学生作出不良行为，以及受到该行为的伤害，校长认为特别需要与警察署合作的案件；

②为确保儿童或学生在校内外的安全，以及防止受到犯罪伤害，校长认为特别需要与警察署合作的案件。

第6条　联络的范围

本协议中涉及的互相联络的范围，是指与案件有关的儿童或学生的姓名、案件的概要，以及为了有助于将与案件有关的儿童或学生培养成身心健康的人，少年育成科科长、警察署署长或校长认为必须互相联系的事项。

第7条　联络的方法

本协议中涉及互相联络的方法是，联络负责人或联络负责人指定的人采用电话或当面口头联系的方法迅速进行联络。联络负责人，是指处理该案件的少年育成科科长、警察署署长及校长。

第8条　合理的信息管理

当互相提供的信息涉及个人隐私时，从培养身心健康的儿童或学生的角度考虑，相关机构应严守该信息的秘密，并严禁违反本协议宗旨的管理。

第9条　合作时的应对

在应对与案件有关的儿童或学生时，应遵从本制度的宗旨，仅对互相联络的内容采取有利于儿童或学生的适当的措施。

第10条　协议

为能够顺利实施本协议，第3条中规定的相关机构在必要时可以举行协商会议。

第11条　经费的负担

实施本协议的费用由相关机构各自负担。

第12条　实施日期

根据本协议制定的《警方与学校之间的联络制度》，自2004年5月1日起执行。

第13条　研讨

在认为非常需要本协议时，甲、乙双方应基于研讨的结果，采取必要措施。

日本警方与学校之间的联络制度的实施要点

警视厅于2004年4月30日在《警视厅报》登载了名为《为培养身心健康的儿童、学生，警方与学校之间的联络制度的实施要点》的文件，其具体内容如下：

第1条 目的

为执行警方与学校之间的联络制度，本要点规定了必要的相关事项。

第2条 联络担当者等

联络担当者等的指定。警察署署长及少年育成科科长作为联络负责人，在努力推动制度合理运作的同时，根据下列内容，可以指定联络担当者及联络担当者助理（以下称为“联络担当者等”）。

（1）警察署署长可以指定生活安全负责科科长或同科科长代理（岛部警察署则为副官）为联络担当者，少年负责组组长为联络担当者助理；

（2）少年育成科科长可以指定警视厅少年中心中相当于警部级别者为联络担当者，警视厅少年中心中相当于警部辅级别者为联络担当者助理。

联络担当者等的职责。

（1）联络担当者除对处理的案件判断有无联络的必要性，并向儿童或学生所在学校的校长或副校长（以下称为“学校的校长”）联络外，还应与该学校合作，为培养身心健康的儿童或学生采取具体的对策；

（2）联络担当者助理应辅助联络担当者完成其职责。

第3条 联络对象

互相联络对象，是指在都立的高中、盲人学校、聋哑人学校及残疾儿童学校，以及各区市町村立小学、中学就读，并属于第4条之一规定的涉及联络对象案件的儿童或学生。

第4条 联络对象的案件及联络内容

联络对象的案件是指：

（1）逮捕案件；

（2）有违法倾向的案件；

（3）在涉及有不良行为的少年、儿童或学生受到犯罪伤害的案件中，下列情况属于需要在学校继续接受指导的案件：

①案件背后存在校内流氓集团或不良团体的情况；

②给其他儿童或学生带来不良影响的情况；

③在教导其他儿童或学生时，认为需要联络的情况。

联络内容，是指涉及联络对象案件的儿童或学生的姓名、案件概要等认为必不可少的事项。

第5条　联络方法

当联络担当者在接到联络负责人根据附录表格第1号《学校联络讨论表》作出的裁决后，认为符合联络对象的案件时，应迅速采用当面或电话的形式联络该学校的校长等。而联络的内容，是在完成联络后，根据附录表格第2号《与学校联络的概要》向联络负责人汇报的内容。

作为原则，对来自于学校的联络内容应在联络担当者等受理并记录于附录表格第3号《学校联络过程表》后，向联络负责人汇报。

当警察署及少年育成科处理在管辖区域外就学的儿童或学生的联络对象的案件时，应在联络担当者联络该学校后，迅速将《学校联络讨论表》及《与学校联络的概要》的复印件送交管辖该学校的警察署署长处，由其继续办理。

当警察署及少年育成科以外的所属机构（以下简称为“相关所属机构”）处理属于符合联络对象案件的案件时，应根据附录表格第4号《关于涉及儿童或学生的联络对象的案件》通知管辖该儿童或学生就学学校的警察署署长。此时，该警察署的联络担当者应根据上述手续进行联络。

第6条　信息的管理

联络负责人应注意对涉及联络对象的个人信息等事项及处理情况保密。同时，还应对作出或获得的文件进行合理的保管或管理。

第7条　注意事项

信息的一元化。为提前掌握联络对象的案件情况，警察署署长应密切与各科合作，在确立署内体制的同时，还应考虑到信息的一元化问题。

与相关所属机构的协调。联络担当者在进行涉及联合搜查案件的联络时，应考虑到与相关所属机构就联络的时间、内容进行协调的问题。

恰当的联络。联络担当者在联络时，应努力做到联络的正确性。同时，还应特别注意不要发生因不慎的言行给相关人员造成误会的情况。

与监护人等的联络。对于被判定为联络对象案件的案件，联络担当者等应向监护人等准确传达与学校联络的内容。

第8条　汇报

就联络对象的案件情况，联络负责人应每次根据《学校联络研究表》及《与学校联络的概要》的复印件向生活安全部部长（经由少年育成科学校地区组，下同）汇报。

当有对联络对象案件的投诉时，联络负责人应采用电话或书面的形式向生活安全部部长汇报。

日本《关于将专线大巴作为校车使用的基本思路及具体配合措施》

（文部科学省、国土交通省、总务省、警察厅拟定）

1. 基本思路

为确保儿童学生上下学时的安全，使用校车上下学是一个有效的方法。从此观点看，根据地区实际情况，将专线大巴等作为校车使用可认为是一个更能确保上下学学生安全的对策。

以下是从因使用校车上下学可扩大地方公共团体的选择项的观点进行的阐述，还包括除使用专线大巴外的方法，即从确保远距离上下学用的校车的安全的角度，对各地方公共团体提出根据地区实际情况，积极配合确保上下学时安全的要求。

（1）将专线大巴等作为校车使用的有效方法

其有效方法为：

①有效利用既存的专线大巴供儿童学生上下学时使用；

②委托专线大巴公司，并思考该车辆作为校车运营时可能会遇到的各种情况。将专线大巴用于校车时，应清理整顿儿童学生可安全上下学的环境，例如，由家到学校的环境。因此，根据地区的实际情况及学校、监护人的要求，设定运营路线、运营次数、运营时间、车站地点等事项非常重要。

（2）协议会的设置及基于通过协议会达成共识的迅速有效的措施

关于为确保上下学时的安全将专线大巴作为校车使用的措施，地方公共团体在迅速并有效掌握地区需求的同时，为促进达成共识，地区相关人员可聚集商议设置“关于有效利用专线大巴安全上下学的协议会”（以下简称为“协议会”）。

关于在协议会上商议的合议事项，就迅速处理各种必要手续之事应得到相关省厅的确定，并将其概要通知各有关机构。

2. 协议会的概要

协议会是根据需要基于各地方公共团体自主的判断而设置的，以下所述为关于协议会的构成成员、商议事项等，各地方公共团体可以此为参考，根据地区实际情况运营协议会（见下图）。

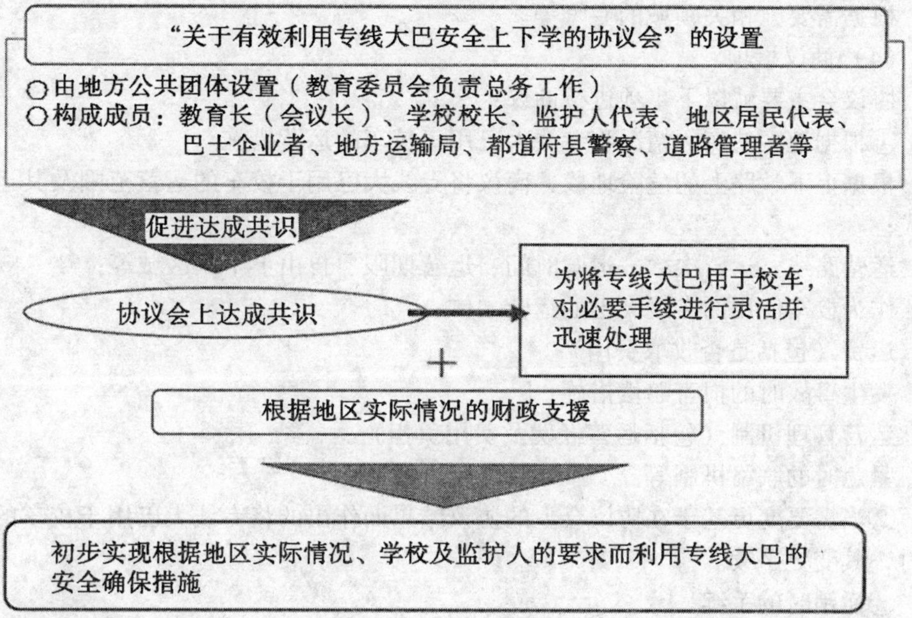

（1）协议会的主持者等

由一个或多个地方公共团体共同主持，各项事务由相关地方公共团体的教育委员会处理。

（2）协议会目的

为确保上下学时的安全，商讨关于将专线大巴作为校车使用的措施。

（3）构成人员

作为原则，由以下人员或被指名的职员构成。当认为有必要时，也可加入其他人。

作为原则，会议长由相关地方公共团体的教育长担任；

相关地方公共团体的教育长；

相关学校的校长；

相关学校的监护人代表；

地区居民代表；

相关地方运输局局长或相关地方运输局分局局长；

普通公共汽车运输经营者等相关企业者（如包租公共汽车企业者、出租车企业者等）；

都道府县警察（所管辖的警察署）；

相关地方公共团体的交通对策担当者；

道路管理者；

根据需要，相关领域的专家等。

（4）商议事项

协议会主要就以下事项进行商议：

①根据地区的实际情况将专线大巴用于校车的运营措施

根据上下学路上的危险地段，商议将专线大巴用于校车的运营范围及其运营方式；

运营路线、运营次数、运营时间、运营期限、自由上下车区域等；

作为校车使用的专线大巴的运营主体；

运费（包括是否收取费用）；

发生事故时的损害赔偿措施；

运营管理机制（包括运营经费及费用负担）；

紧急时的联络机制等。

②当需要变更基于在协议会上的协议结果而作出的将专线大巴用于校车的内容时，其变更手续。

③撤销时的手续。

（5）注意事项

关于利用专线大巴确保上下学时的安全的措施，如已另行商议，则可以使用既存的商议大纲。

日本《关于确保有效利用专线大巴上下学时的安全的通知》

（警察厅下达）

1. “关于有效利用专线大巴安全上下学的协议会”的参与

关于有效利用专线大巴安全上下学的协议会（以下简称为“协议会”），是指从确保上下学安全的角度，地区教育委员会、学校等相关机构以协商为目的，为商议将专线大巴作为校车使用的方法而设置的。为此，都道府县警察应作为该协议会成员积极参与，并从防范、交通管理的角度提出建议及提供相关信息。同时，还应确保校车安全及其顺畅运营，并为专线大巴能迅速用于校车采取相应措施。

2. 将专线大巴作为校车使用的所需措施

（1）防范上的措施

①商讨注意防范的运营方式

为更好地将专线大巴用于校车，当需要改变运营路线、车站等运营方式时，在协议会上，除研究针对儿童的犯罪或搭讪案件等案件发生时的情况之外，还应从防范的角度综合考虑乘坐校车的学龄儿童回家的路线、道路或周围的环境等情况以便确保校车能安全运营。

②开展根据上下学路线及上下学时间的警戒活动，并与各部门合作

除掌握校车的运营方式及努力开展根据上下学路线、上下学时间的警戒活动外，还应根据《关于贯彻落实在上下学路上防止儿童受到犯罪伤害的诸对策》（警察厅丙生企发第107号、丙少发第44号，2005年12月6日），与学校、家长教师会、防范志愿者团体、地区居民密切合作，共同检查或改善上下学路线、支援自主防范巡逻等，以便推进关注儿童安全的措施。

（2）交通管理上的措施

①交通管制的重新评估

在将专线大巴用于校车时，如果必须通过禁止车辆通行校区的管制道路，则应在考虑该大巴通过时的安全性的基础上，根据需要对交通管制进行重新评估。

此外，如果重新评估交通管制，当来不及在希望开始运营校车之前采取设置标识或路标的措施时，则应在措施执行前采取暂时通行许可等适宜的应急对策，

以便能尽量迅速开始运营校车。

②对听取都道府县公安委员会意见的对策

在将专线大巴用于校车的运营方式中，假定有需要获得国土交通大臣许可的运营方式，此时虽然作为惯例，地方运输分局局长应重新听取都道府县公安委员会的意见，但鉴于设置协议会的目的，则在协议会上直接商讨听取意见的相关事项，而省略听取意见的步骤。需要获得国土交通大臣许可的事项，是指关于变更基于《道路运输法》第 15 条第 1 款规定的企业计划。

③对设置车站及自由上下车区域的对策

普通公共汽车运输经营者在变更涉及设定车站位置、自由上下车区域等的企业计划时，应依照上述②进行。

3. 其他事项

向协议会提出申请参与规划时，受理窗口由生活安全部门负责；已参与协议会的规划时，则由生活安全部门及交通部门两部门商讨有关事项，事先就合作事宜进行充分规划。

日本幼儿园、中小学校《设施整顿准则》

在日本文部科学省公布的关于《幼儿园设施整顿准则》（2010 年 2 月最新修订）、《小学设施整顿准则》（2010 年 3 月最新修订）、《初中设施整顿准则》（2010 年 3 月最新修订）、《高中设施整顿准则》（2009 年 3 月最新修订）、《特殊教育学校设施整顿准则》（2009 年 3 月最新修订）中涉及制订校园防范规划的内容如下：

1. 基本事项

（1）整体防范规划

防范规划最重要的是应从整体进行整合，即建筑规划与建筑设备应立足于建筑的设计、建筑与其他功能之间的均衡、费用的使用、学校与地区的特性等方面，制订全方位的综合性规划，及针对安全管理运营体制的软性对策。

（2）确保易辨性及区域范围

为确保屋外各处及建筑物内的共用场所等处不存在死角，均能从四周看到，同时也为明确哪些范围用何种办法怎样防范，应在布局、行走路线、建筑物、各部位等设计规划方面下工夫。

（3）控制可疑者接近或闯入

为防止犯罪企图者接近或闯入校内或建筑物内，并抑制其犯罪，应在布局、行走路线、建筑物、各部位等设计规划方面下工夫。

（4）定期实施检查、评估工作

对涉及防范对策的设施、设备，应定期或在必要时临时对其功能进行检查、评估，如果发生不妥之处，则应迅速采取整修、替换等改善措施。

（5）积极利用防范设备等

通过定期开展防范演习，将防范设备的使用方法等知识切实传授给广大群众。

2. 用地边界及用地内的防范对策

（1）设施布局

①为不在用地内留有死角，从校舍内、四周可以看的很清楚，应特别注意各建筑物、屋外设施、门等的布局。此外，如果增建建筑物，则应注意不能制造新的死角，并考虑到与原有设施之间的布局关系。

②在布局教研室、办公室等位置时，应注意将其布局在可看到通道部分、室

外运动场且在紧急情况时也能立即采取应对行动的地方。此外，烹饪教室由于进出服务性车辆的频率较高，所以还应考虑到该教室的布局及车辆的行走路线。

③特别是针对需要正确指示、诱导或照看的低年级学生所活动的设施，为能够确保安全的防范措施，应明确包括露台、游乐场等室外场所的活动范围，充分确保与用地边界的距离。不仅如此，为能在发生紧急情况时立即采取应对行动，还需考虑到这些设施应布局在教研室、办公室等教职员工所在地附近或能看到的地方。

④在建筑物的布局上，对不得已存在死角的场所，应采取导入防范监控系统、定期进行巡逻等措施。

（2）大门

①从防止可疑者闯入、防止犯罪的角度考虑，应在从教研室、办公室等教职员工所在地看视野宽广且不存在死角的位置设置大门。

②为防止可疑者闯入、上下学或避难时学生可顺畅的进出，应注意对门锁的管理。

③为方便上下学、服务性车辆的进出等，不得已在视野不好的位置设置门而成为死角时，应特别注意对门锁的管理，及开关门时来访者的出入管理。此时，应考虑到不妨碍残障者、老人的使用。

④为能够切实做到确认外部来访者，在人员来访时，应在大门口处标出“请去传达室登记”等的指示标识。

⑤为方便外部来访者找到传达室，可规划路线指示图，或根据需要在大门周边竖立指示牌。

⑥为确认外部来访者，并防止可疑者闯入，应根据需要，在大门周边设置防范摄像机、红外线传感器、对讲机等防范设备。

（3）围栏

①为明确学校范围，并防止可疑者闯入，应根据周边地区的情况及设施的布局，在应防范的区域边界处设置围栏。

②在规划设置围栏时，特别应从防范角度出发，避免设置妨碍视野的砖墙，应采用视野无障碍，且不会造成死角的栅栏围栏。此外，为取得与周边环境的协调，还可种植一些植物从而达到有效的防范作用。

③如果紧邻周边的建筑物布局学校建筑物，针对担心可疑者从邻接的建筑物闯入的情况，则应确保围栏的高度与形状。

④为防止可疑者闯入或接近，根据需要在围栏周边设置防范摄像机、红外线传感器等防范设备也是非常有效的防范方法。

（4）户外灯

①为确保夜间的安全性，应在大门、通道、用地边界、建筑物周围等恰当的

位置，间隔安装可确保能看清人举动的照明户外灯。此时，也应注意减少对环境的负载、对周围住宅的影响等。

②在可疑者有可能闯入的场所、边门、停车场等处，根据需要，在户外灯的外侧设置带有传感器的大灯也是非常有效的防范方法。

（5）栽植

关于用地周边、用地内的栽植，除注意绿色可带来滋润环境的效果外，还应注意确保校舍内、用地周围的视野，制订不会造成死角的栽植计划。此外，还应考虑树种、树高等因素，并定期对其进行修剪等维护管理。

（6）汽车、自行车等停车场

①为能够正确的确认利用汽车、自行车等的来访者，应注意汽车、自行车等停车场的布局、构造等。

②应确保校舍内及其周围的能见度，注意不在汽车、自行车等停车场中制造死角。

③为防止可疑者夜间闯入，应在汽车、自行车等停车场设置户外灯并确保其照明，以便看清过往人员的举动。

3. 建筑物的防范对策

（1）传达室

①为能够确认外部来访者、识别可疑者，除考虑运营体制外，还应在来访者使用的大门口或建筑物的出入口附近等容易看到的位置，设置用于接待来访者的传达室。

②在传达室，除记录外部来访者的住址、姓名、来访目的等事项外，为识别可疑者，还应让来访者佩戴写有姓名的来访入内证等，并认真管理该证。

③传达室应设置在接近教研室或办公室的位置或其开放区域的入口处。

④关于学校的防范对策，应在监护人、地区住户、保安公司、警察等的协助下进行。不仅如此，这些人在校内的休息室应设置在接近传达室的位置。

⑤在传达室的周边设置一个用于接待来访目的不明者的空间。

（2）窗户、出入口

①关于位于楼层最低一层的教室、走廊的窗户及其出入口，应注意使用由不易破裂、毁坏的材料制成的设备。同时，还应考虑到紧急时的避难情况，以及正确的门锁管理。

②教研室、办公室的门窗玻璃应透明，以便教职员工能经常看到周围的情况，这对时刻掌握校内情况非常有帮助。

（3）避难路线

①为能在紧急时迅速引导学生避难，应制订并确保数条避难路线。

②在准确进行日常门锁管理的同时，还应留意锁的构造，以便在火灾、地震

等灾难中，避难时能轻易地从内侧将其打开。

4. 防范监控系统的引进

（1）设置目的、场所

①在设置防范监控系统时，应根据学校、地区的实际情况明确设置的目的。例如确认外部来访者、掌握能见度不好的场所或存在死角的场所的情况、防止犯罪企图者的闯入或抑制其犯罪意图、给学生带来安全感等。

②将防范监控系统设置于下列场所非常有效，即能见度不好或存在死角的场所的大门处，建筑物的出入口附近，及用地边界、用地内、建筑物内人们不太注意的角落等处。

（2）出入管理

①为防止来自于外部的闯入，达到只有学校相关人员进出的目的，根据需要，在建筑物的出入口等处设置数字键盘、读卡器等认证装置或可远程操作的开关装置。

②为能够准确确认外部来访者，在大门、有传达室的建筑物的出入口等处设置语音式或屏幕式对讲机。

（3）闯入监控

①设置目的旨在掌握有无外部人员进出无人注意到的地方或有无人闯入，在明确此基础上，在室内、用地边界等处导入传感器。

②如果导入防范摄像机，则也需导入监视器、记录装置等设备，并根据设置目的，综合考虑设置的场所、监控运营的体制等事项。

（4）监控体制的注意事项

在导入防范监控系统时，应与监视器等监控体制一同考虑。

（5）夜间、休假日的报警服务

行之有效的防范对策还包括导入连接保安公司的防范监控系统、对在夜间或休假日闯入建筑物内的犯罪采取恰当的应对措施。

5. 报警系统的导入

（1）报警装置

①为能够在发生紧急情况时校内各教室、各场所、校长室、教研室、办公室之间迅速取得联系，以及迅速向警察、消防通报，应在一般教室、特殊教室、体育馆等学生经常活动的场所设置对讲机、电话等报警装置。

②为能够将发生的紧急情况迅速且准确地告知相关人员，除应在校内合适的场所设置防范铃、防范报警器、紧急按钮等装置外，还应向教职员工发放挂件式按钮。

（2）联络系统

①为能够将发生的紧急情况及其具体内容、需采取的应对措施等迅速告知校

内学生、教职员工，应配备校内的联络系统。

②发生紧急情况时，设置可以从各学校直接向警察、消防等报警的热线。

③设置对策本部的地点、确保通信器材设备等。其中，该对策本部是为能够在发生紧急情况时准确进行校内外联系、信息管理、报道应对等而设置的。

④发生紧急情况时，为能够迅速引导学生避难、确认校内是否安全，各学校应编制《危机管理手册》、建立记录有学生姓名、照片、紧急联络地址等的台账，配备扩音器、通信器材等，并将其保管在规定的场所，以便能在需要时立即取出使用。

6. 其他

（1）学校设施开放时间的注意事项

①在向地区居民开放学校设施时，应注意对设施采取管理措施，即非开放区域不得让外部来访者入内。

②根据需要，在开放区域与非开放区域的边界处设置可相互看到对方且可上锁的升降门或门。

③如果不设置管理者而开放学校设施，则应研究将锁出借给使用团体的授受方法、保管方法等，并明确丢失时的应对方法。

（2）复合性设施的注意点

①关于学校设施及复合性设施的专用部分、共享部分，在明确其范围的同时，还应明确其防范对策的责任所在、承担的角色作用。

②在导入防范监控系统、报警系统时，为能有效或高效发挥其防范作用，应从学校设施及复合性设施的两个角度综合且整体进行规划。

（3）上下学路线安全性的确保

①关于学生上下学路线，应保证从周围可以看到路上行人的视野环境，确保防范灯、路灯等设备的夜间照明度。

②关于危险、不安全地段多的上下学路线（例如，地下通道等），警察等相关机构应与地区团体合作，并根据地区实际情况，设置防范铃、防范摄像机、向警察报警的装置等。

日本部分幼儿园、中小学校的安全措施

1. 幼儿园——以福岛县磐城市立磐崎幼儿园为例

该幼儿园处于交通流量大、道路两边超市或大型店铺多、住宅区激增的环境中。园内分为3个年级，共有儿童89名，教职员工5名。为确保幼儿的安全，并能够与监护人时刻保持信息交换，幼儿园制订了各种应急措施，其内容主要包括以下几点：

（1）为预防可疑者闯入园内，采取巡逻的安全管理方法。例如，幼儿入园后关闭大门；经常检查外部人员的出入情况；定期巡视教室、园内，掌握幼儿及园内的情况等。

（2）为保护幼儿的安全，采取与监护人交流信息的方法。例如，创造各种机会增加监护人与监护人之间的交流（如家长会、保育观摩等）；利用幼儿园举办活动的时机宣传防范措施以便提高幼儿园与监护人、监护人与监护人之间的合作意识等。

（3）为教职员工举办关于安全管理的培训课。例如，教职员工通过交换信息、意见等加深对幼儿园、幼儿安全管理的认识；为能够在发现可疑者时有组织地采取应对方法，经常举办培训课，加强园内应急措施。

（4）参加假定可疑者闯入的避难训练。自执行以上各种应急措施以来，不仅监护人、教职员工之间的联系变得密切，安全意识得到提高，而且幼儿们也逐渐提高了保护自己的意识，了解了可疑者闯入时应如何避难的方法。

2. 小学——以兵库县相生市立若狭野小学为例

该校校区离国道2号线很近，周围有很多农田，但国道两边有很多餐饮店及24小时营业的商店，纯农村的氛围正逐渐淡化。该小学分7个年级，共有儿童149名，教职员工18名。为确保儿童的安全，该校利用县警热线，与地区、监护人、警察三者联合开展避难训练及儿童交还训练，其内容包括以下几点：

（1）假定可疑者闯入校园，校方领导儿童开始避难训练；

（2）使用县警热线进行通报训练；

（3）对闯入的可疑者进行防御训练；

（4）将儿童交还给监护人的训练；

（5）针对教职员工的防身术训练。

通过此类训练，教职员工、儿童、家长学会了即使是在感到恐惧时也能够沉着完成属于自己的任务的能力。同时，切身感受到县警热线在应对可疑者的过程中所起到的作用。

3. 高中——以东京都立艺术高中为例

该校虽然地处闹市区，离涉谷只有2公里，但是并没有受到其喧闹气氛的影响，这是因为该校属于学校比较集中的地区，周围不仅有住宅区、东京大学的教养系，还有很多小学、中学、高中。该校共有学生244名，教职员工34名。为提高全体教职员工的危机意识，同时使其认识到持续保持该意识的重要性，该校采取了多种应对方法来防止学生受到犯罪伤害，并确立了相应的校内体制。其内容包括以下几点：

（1）与警察署生活安全科少年组合作，提高教职员工的危机意识。

（2）与联络协议会等区域性团体合作，其效果是不仅关心本校学生上下学情况的居民明显增多，而且与附近的高中（国立、公立、私立总计7所学校）确立了互相联络的体制。

（3）确立防止可疑者闯入校内的体制。例如，为确认来访者身份及掌握来访目的，要求所有来访者在办公室办理相关手续后，佩戴“来访者胸卡”才可进校；如果发现未佩戴者，全体教职员工均有义务上前进行确认；如果发生紧急情况，应以保护学生生命安全为首要任务，全体教职员工按照自己承担的角色（如立即与管理层及警方联络、播送广播、引导学生避难等）立即行动。

通过以上各种措施，全体教职员工不仅提高了对日常防范及安全管理、危机管理的认识，而且在教职员工之间也形成了互相联络的体制，特别是在与该校无关人员参加该校举行的各种活动时，教职员工能够积极发挥自身所担负的职责。

4. 残疾儿童学校——以东京都立八王子东残疾儿童学校为例

该校离工厂住宅区很近，同时也被居民楼所包围，由于校区周边没有太多的商店，因此白天来往行人很少，路过的仅限于地区居民、出入工厂的车辆。该校共有学生96名，教职员工92名。为确保身体有残障（即自己移动很困难）的学生的安全，教职员工想到学生逃到附近教室是最好的避难办法。在此基础上，规划了相应的避难方法，并定期开展训练活动。其内容包括以下几点：

（1）开展假定可疑者闯入校内的避难训练。

①当发现来校者未佩戴专用的徽章时，教师应上前询问；

②如果发现可疑者，教师应立即联络副校长，并开始播送“第3次避难训练的广播”（这是为了防止不慎的广播反而引起可疑者兴奋而事先全校师生约定好的暗号）；

③听到广播的教师应立即带领儿童、学生到最近的教室内避难，并从里面将门锁牢；

④报警；

⑤确认安全无事后，播送训练结束的广播。

每次训练时都要对门锁进行检查，发现故障时应及时修理。只有这样，当发生紧急情况时，才能确保儿童、学生的安全，才能有充足的时间直接应对闯入者，从而使报警或由生活指导部的教职员工采取应急措施成为可能。

（2）请本地警察对教师进行如何应对闯入者的讲座。例如，使用桌椅的防御法、有效利用钢叉等防御工具、面对手持凶器的闯入者的应对方法等。

俄罗斯克拉斯诺雅尔斯克市《校园警察职责》

（克拉斯诺雅尔斯克市内务局、教育局批准）

第一条　总则

1．在教学机构从事未成年人事务工作的警察（以下称校园警察），是克拉斯诺雅尔斯克市治安警察未成年人事务处的在编工作人员。

2．根据教学机构所在地的相应内务机关负责人的命令办理校园警察的任命及解职。

3．参照教学机构所在地区的治安状况，中等教学机构每500名（不超过）学生设1名在编校园警察。必要时（在几年内学生犯罪都较为严重），校园警察的设置可高于上述数字。

校园警察的责任区域包括教学机构及其邻近地区，以及学生居住地。

4．经教学机构领导同意后，内务机关负责人及其副手（治安警察负责人）批准校园警察的工作计划和进程安排。

5．校园警察必须：

（1）参照教学机构的教学进程，拟订工作计划并实施。

（2）定期（每季度不少于一次）向内务机关未成年人事务处负责人及其副手汇报工作。

（3）在教学机构履行职责时需着制服。

（4）向内务机关负责人报告所发现的从事犯罪活动的学生、未成年人团伙及聚集地区、召集未成年人从事犯罪和行政违法的人或促成未年人犯罪的人、故意不履行教育义务的家长或法定监护人，以及因其反社会行为促使孩子犯罪的家长或法定监护人，以供采取俄联邦法律规定的措施。

第二条　实施职责、形式和期限

	职责	实施形式	完成周期
1	参与采取措施，预防学生无人教管、饮用酒精饮料、吸食毒品	• 与教师共同查找不幸家庭，与其一起消除产生无人教管的原因和条件 • 进行座谈、讲课，与教师一起进行家访，突击检查未成年人聚集地 • 配合禁毒部门开展工作 • 宣传健康生活方式	经常
2	与在教学机构、在未成年人事务及维护其权利委员会登记的学生及其父母或其他法定代表共同进行预防工作，采取措施维护未成年人的权利和法定利益	• 就法律问题进行座谈，拜访居民，协助安排暑休和业余活动 • 向未成年人事务及维护其权利委员会上报有关信息，以维护未成年人的权利和利益，以供对未成年人、其父母及法定监护人采取措施	经常
3	采取措施预防和制止学生的或与其有关的反社会行为，包括过激情绪	• 核实教师和内务机关人员掌握的未成年违法人的生活方式和通信方式，核实居民、其他相关机关和单位提供的信息 • 分析大众媒体刊登的信息 • 进行法制宣传	经常
4	维护工作区域的公共秩序和安全稳定	在举行群体活动时维护公共秩序	需要时
5	对学生、家长、法定监护人进行法制宣传，使学生养成遵纪守法习惯，对其他民族和宗教信仰的同龄人持宽容态度	• 在家长会上发言、辩论、举行圆桌会议、答题游戏、座谈、演讲 • 配合心理医师开展工作（对学生进行测试）	经常
6	依据俄联邦行政违法法，就行政违法事件进行诉讼	• 准备未成年人实施的行政违法及其相关材料，并送相应机关审查	经常
7	查找促使未成年人实施违法和反社会行为的原因和条件	• 早期预防学生违法 • 配合相关部门、单位建立预防无人教管和未成年人违法的体系	经常

续表

	职责	实施形式	完成周期
8	准备法院审判学生是否应进教管学校的所需材料	搜集必需的材料，协助医学委员会开展工作，向法院报送关于将学生送往教管学校的材料	根据需要
9	在出现俄联邦《未成年人违法和预防无人教管体系基础法》第22条规定的情形时，为内务机关临时拘禁未成年违法人提供学生住所信息	搜集评价材料，向法院提交辩护申请	根据需要
10	在职权范围内，与预防无人教管和未成年人违法的单位和机关，与未成年人及其父母或法定监护人互相配合，开展预防工作	与预防无人教管和未成年人违法的相关单位联合采取措施，交换信息。	经常
11	开展工作并发现		
(1)	处于危险境地的学生，包括其实施违法行为，经常饮用酒类饮料，吸食毒品和精神药品，以及实施其他反社会行为	在采取预防措施期间，在与教育工作者、学生和家长座谈时，在处理公民的申请和通报时	经常
(2)	未到校或经常因不正常的原因旷课的学生，找到其停留地，包括通过在生活区工作的方式	与教师和学生联合开展工作，排查经常逃课学生的居住地	经常
(3)	参加违法青年社团的学生，确定其联系方式，集会地点，采取措施使其断绝与反社会团伙的关系，制止团伙成员对学生的负面作用	●与公民建立信任关系，核实座谈中得到的信息，分析管辖区域的状况 ●与刑事侦查处联合采取措施，断绝犯罪团伙与未成年人的联系	经常
(4)	未履行抚养、教育、维护学生权利和法定利益、恶意相向的家长或法定监护人	●配合教师、心理医师、医疗工作者开展工作 ●与孩子、家长、邻居进行个别交流 ●受理公民的申请和报告	经常

续表

	职责	实施形式	完成周期
(5)	引诱未成年人实施违法或反社会行为的人，或对未成年人实施违法行为的人，以便采取俄联邦法律规定的措施	•建立信息关系 •开展在“社会家庭需求”中登记的未成年人的预防工作 •检查居住地 •检查聚集地	经常
(6)	查找学校内或邻近地区销售、吸食毒品的地点	•建立信息关系 •与所保护的学校开展合作	经常
12	参与组织和实施检查与其他预防措施，以发现处于危险境地的未成年人及其家庭，并提供救助	•与教师、社会代表一起对不幸家庭进行突击检查 •向未成年人事务及维护其权利委员会、保护居民机构上报处于危险境地的未成年人及其家庭情况。	经常

第三条　职务权利

校园警察有权：

1. 参加未成年人事务及维护其权利委员会，审查有关材料。根据俄联邦法律规定的程序和情形，采取有利于学生、家长及其法定监护人的措施。

2. 参与制订学校与其他有关单位相互配合预防未成年人犯罪的方案。

3. 参加预防委员会、教育委员会、其他自主管理机构的涉及其管辖权限的会议。

4. 与学校管理部门一道采取措施，提高学生的道德水准，培养爱国情怀，养成健康的生活方式。

5. 就预防学生违法犯罪问题向教育团体提供方法及法律上的援助。

6. 可传唤学生、家长（法定监护人），访问其居住地，以查明其生活方式、联系方式和想法，就其职责范围内的事务做解释工作。

7. 从教育管理部门获取学生的必需信息。

8. 拟订和推广使学生形成奉公守法行为举止的方法和大纲。

9. 参与安排学生假期的休息和活动。

10. 就提高教学机构的学生及其父母（法定监护人）预防效果的问题，向教学机构的领导和内务机关未成年人事务处领导提出建议。

第四条　职务合作

未成年人事务处警察在履行其职责时的合作单位包括：

- 预防未成年人违法的刑事侦查处。
- 涉及未成年违法人及未履行职责家长工作的片区警察。
- 进行未成年人犯罪侦查的侦查员。
- 预防未成年人犯罪的机关和部门。
- 心理辅导中心。
- 地区委员会、家长委员会以及其他社会团体。
- 其他相关组织。

俄罗斯新西伯利亚州保护教学机构免受极端侵害的工作细则

（联邦安全局新西伯利亚州分局局长瑟索耶夫少将、新西伯利亚州内务总局局长格鲁什科夫警察少将、新西伯利亚州教育局局长伊万诺夫、紧急情况部新西伯利亚州分局局长库兹涅佐夫少将批准）

1. 引言

制定该工作细则旨在理顺教学机构反恐安全的组织工作。

制定依据是联邦法律、新西伯利亚州法律、相关部门的规定以及实践经验。

本细则适用于各种教学机构（高校、中级技术学校、中小学、学前教育机构、补充教育机构）开展保卫工作，同时，检查机关、监督机关、执行机关分析和检查上述单位的反恐防护工作时也可适用。

本细则规定了保卫教学机构的一般做法，包括保证工程技术设备的牢固可靠，开展保卫工作的规则、准入制度、内部规定，以及相关文件的拟制。

教学机构的保卫程序和体系由以下法律法规调控：俄联邦法“部门保卫法”、“私人侦探和保安法”，俄政府决议“关于私人侦探和保安问题的决议”，内务部文件“工程技术设备的牢固性，保护技术设备，保护目标免受犯罪攻击的设计标准和要求”，以及部门规章、保卫合同和本细则。

2. 教学机构的保卫

2.1　总则。

2.1.1　教学机构的领导负责本单位的反恐防护。

2.1.2　保安企业依据合同负责教学机构的保卫工作。

2.1.3　保卫教学机构指的是及时发现危险、制止对所保护目标攻击、防止恐怖袭击及其他非法闯入（包括极端行为），以及阻止发生非常事件的综合性措施。

2.1.4　教学机构的保卫工作可由负责部门内、部门外保卫工作的警察、军事化和警戒分队，私人保安企业，在编警卫人员和值班警卫负责，可使用向当地（自动）控制台、内务机关值班室或当地中央警卫台发送报警信号的技术设备。

2.1.5　可依据俄联邦法律在教学机构设立内保部门，负责协调与保安企业的合作，或是独立履行保卫职能。

2.1.6　应挑选受过相应培训、身体状况合适、道德和业务素质适宜的私人保安企业、警戒分队和军事化警卫人员从事教学机构的保卫工作。

2.1.7　教学机构管理部门应事先告知从事保卫工作的人员，禁止泄露教学机构保卫制度及技术设备的使用规则。

2.1.8　教学机构领导必须：

组织教学机构的保卫工作，定期和不定期检查保卫工作开展情况，技术设备的完好情况，消防信号设备的安装情况，合同责任方履行职责情况。

与内保部门领导（或负责安保的人）一起分析教学机构的保卫特点，找出薄弱点，确定教学机构对技术设备的需求。

组织拟订教学机构安全保卫计划（现在及未来），采取措施完善保卫体系（发布有关命令、出台其他文件）。

采取监管措施，以防泄露报警设备和通信设备的工作情况，向全体人员讲解遵守该规定的必要性。

组织大家遵守通行制度和内部制度。

保证及时修理各种线路，对技术设备进行现代化改造。

与内保部门责任人联合培训教学机构的领导、教职工、学生如何应对非常事态。

与内保部门领导（或负责安全的人）一起对保安公司工作人员和教学机构人员进行演练，使其掌握发现可疑人员、物品、爆炸物、恐怖活动端倪时的技能，并采取措施予以消除或是将后果最小化。

2.1.9　教学机构保卫人员（保安员）的职责，由教学机构管理部门参照本细则拟定的保卫计划、通行制度、责任细则规定。

其中向保卫人员明确：

- 执勤地点；
- 执勤的任务和责任；
- 上岗和换岗程序，特点；
- 有权打开房门和在任意时间进入校园的负责人名单，联系办法；
- 教学机构人员非工作时间进入被保卫地点的程序；
- 与教学机构其他工作人员和内保人员协同办法；
- 教学机构房屋纳入保卫和撤销保卫的办法；
- 检查技术设备和通信设备完好的办法；
- 当访客违反访问规定及出现非常事态时的处置程序；
- 当收到报警信号时，以及教学机构人员进行教学训练时的处置办法；
- 与邻近哨位巡逻人员、内保人员、中央警卫站值班员、区内务机关值班员的联系办法；
- 向内保部门领导报告局势和执勤情况的办法；

• 在教学机构举行群众性活动时的做法；

• 用餐时间和地点。

2.1.10　教学机构的保卫值勤人员直接服从于保卫工作领导人。

2.1.11　建议根据警卫哨位的职能发放：

电话、报警信号设备、移动通信设备。

联邦安全局、内务部、紧急情况部在当地的分部值班电话表，救援部门、教学行政管理部门的电话表。

教学机构警卫人员值班守则。

通行制度。

教学机构人员和公职人员紧急情况时的行为准则。

保卫技术设备和报警设备的使用方法。

"局势和处置措施"登记本。

访客登记本。

机动车出入记录本。

值勤交接记录本。

教学机构领导认定的其他文件。

根据单位性质可将几个登记本合为一个。

2.2　目标保卫工作的开展。

2.2.1　保安机构依据合同保证：

与内保部门、行政部门、护法机关开展合作，贯彻通行制度。

保卫教学机构或其个别建筑物、财物，合理安排哨位和巡逻路线，监督所有人员、学生和访客的行为，在哨位区域和巡逻线路维护公共秩序，制止违法行为。

对火警信号和报警信号及时作出反应。

制止非法进入保护目标的行为。

制止和消除非常事件，包括恐怖破坏活动。

2.2.2　保卫人员在履行保卫职责时可佩戴专用标志（胸卡、制服镶边等），可按相关规定使用个体防护设备。

禁止使用武器保卫教学机构。

2.2.3　保卫部门负责人检查保卫人员（保安员）上岗准备情况，并作出明确指示。教学机构领导、地区内务机关部门外保卫处的领导和监督人员、内务机关刑事和治安警察的领导和监督人员也可下达指令。

2.2.4　内务机关和保卫部门负责人、教学机构领导依据文件规定，检查教学机构的值勤情况。

2.2.5　负责检查的责任人员有权：

处理保卫工作组织和制度方面的文件。

检查教学机构保卫工作组织情况，以及技术设备的完好情况。

从保卫分队责任人处获悉有关与教学机构保卫工作有关的非常事件和所发生的问题。

就教学机构的临时强化保卫措施或是个别地点的强化措施提出书面建议。

对教学机构保卫工作的检查结果，纠正不足的建议写出正式记录。

2.2.6　新西伯利亚州执行权力机关（州反恐委员会常设工作组）按计划定期研究教学机构的安保情况，以发现问题，并采取措施予以解决。

2.3　教学机构保卫人员的职责。

2.3.1　保卫人员（保安员）的权限是：

监管教学机构的学生、教职工、访客遵守通行制度情况，监管进入教学区域的机动车停放情况，必要时查验进入所保卫目标的人员证件及通行证。

采取措施制止将武器弹药、爆炸物和其他危险品带入教学机构。

采取措施制止违法行为，扣留（在权限内）违法人员。

从房间负责人处接管房间，用以保管贵重物品。

检查保卫哨所配备的保卫设备、防火设备、报警设备的工作状态。

向直接上级报告信号报警情况，必要时向内务机关、消防部门报告。

参加灭火、预防爆炸威胁工作。

2.3.2　保卫人员（保安员）的职责由岗位细则、进入教学机构的通行细则、教学机构管理机关拟订的其他管理文件规定。

保卫人员（保安员）必须：

• 接班前巡视教学区，检查建筑物的完好情况，门窗有无损坏。

• 检查通信设备、灭火工具的完好情况，如发现问题在交接班记录本上予以记录。

• 向私人保安公司值班员、教学机构的行政值班员、领导报告交接班情况及发现的问题。

• 按教学机构通行制度细则落实通行制度。

• 监控教学机构内及邻近区域的局势。

• 查找试图违反规定潜入教学机构内对学生、教师、技术人员、财物和设施实施违法行为的人，并在职权范围内制止该行为。在必要情况下，借助报警装置向护法机关发送信号、呼叫部门外保卫拘捕小组，等等。

• 按事先规定的线路巡视教学机构，每天不少于 3 次：在教学开始前，在课间休息时，在放学后，并将有关事项记录在“局势和处置措施”登记本上。必要时对房间内外增加巡视次数。

• 在发现可疑人员、爆炸物、可疑物品和其他可能引发非常事态的情况时，及时呼叫警察，并按责任细则处置。

• 如果有人前来检查值勤情况，保卫人员在确认其有权检查后，允许其进入教学机构，并回答有关问题。

2. 3. 3　保卫人员在值勤时必须采取一系列综合性措施，制止在教学机构内部发生恐怖事件和其他非常事件，为此必须：

在交接班时：

• 与交接人员共同巡视所负责的区域，查验前厅、阁楼、门窗以供分析情况，发现可疑物品。在发现可疑物品时或是门窗、锁具被破坏、没有铅封时，迅速报告领导（负责人）。

• 熟知工作细则。

• 知晓紧急呼叫警察、教学机构领导、救援部门的系统，检查保卫、事故、火情信号以及通信设备的状况。

• 按照记录进行文档处理（发生紧急情况时的行为计划、记录簿、细则，贵重物品等）。

• 经负责人同意后接班（交班）。

值勤时：

• 落实通行制度，在访客登记本上对无关人员进行登记。

• 依据通行规定（出入）或教学机构管理部门的其他规定，保证机动车进出教学机构。此时在专用登记本上登记机动车牌照、国家登记号，进出时间。

• 监督机动车正确停放在离教学机构不远的地方。如果其违反停放规定，以及司机不服从要求，立即报告值班警察和教学机构领导。

• 昼夜按巡逻路线巡视教学区域，发现有违章行为时，通知教学机构领导或负责人。

• 在"局势和处置措施"登记本上进行记录，内容包括：在教学区域巡视情况，已向谁汇报；在值勤时发现违章情况及引发可疑的情况，已向谁汇报和所采取的措施；教学机构所采取技术防范措施的效果，已向谁汇报；确保安全的演练和训练情况——时间、地点、负责人、参加人员；检查值勤情况——谁检查的，发现的问题。登记本上需做交接班标记。

除此之外，保卫人员在值班时需和教学机构管理人员一起：

• 检查教学楼租赁的房间及邻近地区的情况；

• 落实在发现遗弃物时教学机构工作人员守则；

• 配合护法机关在教学机构进行搜查。

2. 3. 4　保卫人员应知晓：

行为职责。

有关保卫工作和出入教学机构的指导性文件，教学机构工作制度，出现非常事态时的处置方法。

所保卫的教学机构及其邻近地区的特点。

警戒信号、火警信号和报警信号设备、通信设备和灭火设备的放置地点及其使用和维护方法。

与护法机关的协同办法，教学机构的内部规章，查验手提货物和机动车辆的规则。

通行证样式和有权发放进入教学机构许可证的人员的手写签名。

2.3.5　保卫人员有权：

要求学生、教职工和访客遵守通行制度和内部规章。

制止试图违反通行制度和内部规章的行为。

要求立即纠正在提供保卫方面和教学机构工程技术的牢固方面所发现的问题。

使用通信设备和其他教学机构拥有的设施，以履行值勤职责。

扣留违法人员，并向护法机关报告违法行为。

2.3.6　禁止保卫人员：

未经允许离岗，在生病时未报告上级（教学机构领导），且继续值勤直至换班。

允许无关人员违反规定进入教学机构。

接收外人的物品。

向他人转借或是展示操作台专用设备，直接领导除外。

擅自放弃警卫工作，撤销教学机构的警卫。

向无关人员通报所保卫的目标情况以及保卫工作组织程序。

在工作地存放和饮用含酒精饮料、低度鸡尾酒、啤酒、麻醉品、精神药物和有毒物。

2.3.7　如果教学机构遭到袭击，保卫人员、教学机构工作人员或内保部门工作人员应利用所拥有的通信线路，用报警信号设备或以其他方法，向内务机关值班部门或部门外保卫处中央警卫台发出报警信号。

发出报警信号后，保卫人员应采取措施制止违法行为，扣留违法人员，加强保卫工作，注意观察通向教学机构的通道。当值勤警察抵达时，交由带班警察处理，按其指示行事。

教学机构教职工在听到报警信号后，停止现有工作，疏散至安全地带，之后按发生非常事态时的行为准则行事。

3. 文件的拟订

为了教学机构有效地组织开展反恐防护，建议拟订以下文件：

- 教学机构防范保护章程（教学机构领导批准，负责落实反恐防护措施的责任人签字）；

• 教学机构通行制度细则（教学机构领导批准，负责落实反恐防护措施的责任人签字，保卫部门领导同意）；

• 在出现恐怖威胁时和在其他非常事态中，教学机构教职工、责任人和领导行为守则；

• 保卫部门工作人员守则（教学机构领导批准，负责落实反恐防护措施的责任人签字，保卫部门领导同意）；

• 教学机构防破坏（反恐）文件（教学机构领导批准，负责落实反恐防护措施的责任人签字，在新西伯利亚市征得新西伯利亚州行动指挥部同意，在其他行政区域征得联邦安全局或内务总局驻该地分部同意）；

• 教学机构反恐安保方案（教学机构领导批准，通常在新学年开始前，负责落实反恐防护措施的责任人签字）；

• 教学机构举行群众性活动时安保方案（节日、毕业舞会、会考等）；

• 教学机构工程技术安保设备配备计划（通常，依据拨款来源和数额拟订 3 ~ 5 年规划）（教学机构领导批准，负责落实反恐防护措施的责任人签字）；

• 负责落实反恐防护措施的教学机构责任人职责（教学机构领导签字）。

4. 工程技术设施的加固

教学机构工程技术设施的加固，是指用于加固楼房建筑结构、房屋和保卫区域的综合措施，以防非法闯入（偶然进入）保护区、防止破坏和其他犯罪入侵。严加保卫教学机构，防止恐怖威胁和其他极端性质的入侵的基础是牢固的工程技术设施及警戒报警信号系统。

在正常的情况下，为了加强教学机构的保卫和作出反应，采用出入口控制系统，闭路电视系统和广播系统。

如果已有警戒报警信号系统类似的设备，在有充分依据的情况下，经部门外保卫机构的同意，为了保护教学机构的单栋建筑和薄弱点，允许只使用出入口控制系统，或是闭路电视系统。

消防工作的组织开展，包括教学机构安装火警信号系统，依据俄罗斯紧急情况部消防局的现行文件进行。如果技术条件可行，火警信号以单独号码接入中央控制室。

4.1　教学机构周界防护装置。

4.1.1　防护装置应密实无缝，机动车无法绕过专门入口驶入。

4.1.2　学前教学机构应有不低于 160 厘米的防护装置，其他教学机构的防护装置不低于 110 厘米。

4.2　大门（略）。

4.3　房门（略）。

4.4 窗（略）。

4.5 其他（略）。

5. 警戒和报警信号技术设备的安装

5.1 大楼、房间的保护。

5.1.1 建议将警戒信号设备安装在大楼的所有薄弱点（窗户、门、通孔、通风口等），因为经这些地点可非法潜入教学机构的房间。

5.1.2 大楼安装警戒技术设备应纳入内部装修，尽可能做到隐蔽或伪装。

5.2 学生、教职工、访客的保护。

5.2.1 为及时向部门外保卫处中央警卫台或内务机关值班部门，直接或经专门的机构上报有关涉及教学机构学生、教职工或访客的违法信息，应安装报警信号设备：机械式按钮、无线电按钮、无线坠、移动电话、脚踏板、光电报警器及其他设备。手持和便携式技术设备应放置在访客无法看到的地方。

5.2.2 技术设备建议安装在：

警戒房间及哨位。

教学机构领导的办公室。

教学机构领导指定的或保卫人员建议的其他地点。

6. 广播系统的创建

6.1 创建广播系统旨在向教师、学生和工作人员通报已发生的或即将发生的意外情况（事故、火灾、自然灾害、攻击、恐怖事件），并协调其行动。通报办法由教学机构的领导规定。

6.2 向教学机构的学生、教师和工作人员通报信息应通过技术设备进行，其应能保证：

在大楼、房间、长时间或临时所在的区域发送声音信号。

传输语音信息或是专门的危险信号。

6.3 教学机构的学生、教师、工作人员根据通报的信息进行疏散，同时还应：

发送教学机构领导确认的声音信号，以预防惊慌，防止出现使疏散进程复杂化的现象（人群拥挤在过道、通道、楼梯及其他地方）。

打开备用疏散出口。

6.4 广播信号应与其他专用信号有区别，广播次数及其强弱应确保教学机构的学生、教师及工作人员在固定和临时所在地都能听到。

6.5 在空旷地带应使用扩音器。

6.6 播音员不应使用扩音调节器。

6.7 在部分情形下，允许广播系统线路与无线传输网合用。

6.8 可在警卫室、值班室或其他专用房间外部操作广播系统。

俄罗斯阿尔泰边疆区校车使用条例

（阿尔泰边疆区道路交通安全委员会 2009 年 9 月 21 日批准）

（条例全称：落实边疆区和部门专项纲要、“教育”国家优先规划中有关“乡村校车”问题所获得的校车使用条例）

1. 总则

本条例规定了落实边疆区和部门专项纲要、“教育”国家优先规划中有关“乡村校车”问题所获得的校车在阿尔泰边疆区内运送教学机构学生的使用办法。

拟定本条例的依据是：俄联邦《教育法》，俄联邦《道路安全法》，《公共汽车安全运输条例》（1997 年 1 月 8 日交通部命令批准），《运输乘客和货物的单位、组织、企业道路交通安全条例》（1995 年交通部命令批准），《关于阿尔泰边疆区按学校路线定时运送学生的实施办法的建议》（2006 年 11 月 26 日阿尔泰边疆区执行权力机关和联邦执行权力机关地区领导委员会联合确认），《阿尔泰边疆区管理机关与市政机关在落实边疆区和部门专项纲要、“教育”国家优先规划的协同规定》。

按照俄联邦有关道路交通安全、公共汽车运送乘客的有关法规组织校车运送学生工作。

校车是按规定路线和时间定期运送学生的专用运输工具，负责运送学生上下学、游览或参加其他课外活动，学生在指定的站点上下车。

禁止将校车用于商业营运。

校车不定期运送教师参加区或边疆区的活动，应由市教育机关批准，且具有必需的文件（出车单、批准令）。

校车路线由教学机构会同道路交通安全检查机关共同拟订，并经教学机构所在地的市教育机关批准。

校车路线准运证应由市（区）道路安全委员会领导和国家道路交通安全检查地方机关领导批准。

校车应符合“运送学生的公共汽车的技术标准”国家标准（ГОСТ 51160－98，国家标准、计量、认证委员会 1998 年 4 月 1 日第 101 号决议批准）。

只有近年连续驾驶公共汽车 3 年以上的司机才能驾驶校车。

2. 阿尔泰边疆区教育和青年事务局在向普通教学机构提供校车方面的权限

分析联邦和边疆区财政资金购买的、提供给普通教学机构的校车保障情况。

分析农村普通教学机构对校车的需求，以及更换不符合国家标准（ГОСТ 51160－98）和已满使用期限校车的必要性。

确定获得校车的次序。

订购校车，签订供应校车合同。

向普通教学机构移交由联邦财政和边疆区财政支付的校车。

3. 市政府供应农村地区教学机构校车的权限

上报需要校车运送学生至教学地的普通教学机构的申请。

组织市属普通教学机构接收由联邦财政和边疆区财政支付的校车，并在国家道路交通安全检查机关备案。

确保专款用于校车的营运、技术维护和修理、燃滑油料、校车司机工资。

与其他权力部门共同保障：校车运送学生的安全、适宜的路况（冬季清除积雪、在道路泥泞时保持道路平坦）、学生的护送、行驶路线的拟订和批准、校车通信设备的配套。

监督校车的专用。

4. 组织运送学生的教学机构（校车使用方）领导的职责

落实监督校车的专用。

在教学机构工作人员中指定专人负责实施运送和护送工作，及时对其进行指导和培训。

通知学生家长（法定监护人）按校车路线开展运送学生工作的前提条件。

确定被运送的学生名单，以及符合运送路线准运证的上下车站点。

确保汽车公司对校车进行技术维护，以及行驶前的技术检查。

监督校车司机在出车前后进行体检。

确定校车停放点，确保进行技术维护，为校车行驶创造必要的条件。

保证每年对校车司机在基础技术知识范围内进行安全驾驶教育。

监督遵守运行时刻、载客量和运输路线。

行使其他权限，确保符合现行的联邦和地区法律法规的要求。

必须具有以下文档：

- 校车路线准运证；
- 校车行驶时刻表；
- 负责运送和护送的指令；
- 批准被运送的学生名单的命令；
- 为司机拟订的春夏和秋冬季工作特点指南；
- 为司机拟订的运送学生安全措施指南；

- 在发生交通事故时司机和护送人员紧急医疗救助指南；
- 发生交通事故时司机和护送人员行为准则；
- 发生恐怖事件时司机和护送人员行为准则；
- 经过铁路时司机行为准则；
- 护送人员在组织安全运送学生时行为准则；
- 行驶途中学生守则；
- 司机和护送人员接受指令记录本；
- 学生接受指令记录本；
- 司机出车前后医疗检查记录本；
- 司机违反交通法规和发生交通事故记录本；
- 校车发车和返回时技术状况记录本；
- 与汽车公司签订的技术服务合同；
- 与医疗机构签订的校车司机出车前后检查合同。

5. 监督遵守安全运送学生要求和校车专用情况

以下单位负责监督遵守安全运送学生要求：阿尔泰边疆区内务总局道路交通安全检查局、联邦交通管理局阿尔泰边疆区公路管理局、阿尔泰边疆区教育和青年事务局。

负责校车专用的部门：市政府、市教育管理机关领导、教育局领导。

根据阿尔泰边疆区公路管理局、阿尔泰边疆区内务总局道路交通安全检查局的检查结果，阿尔泰边疆区税收、财政、拨款政策委员会对边疆区拨款资金专项使用和效果的检查结果，向阿尔泰边疆区教育和青年事务局上报检查中发现的违法问题，以供其组织开展领导工作和采取对策。

阿尔泰边疆区教育和青年事务局在对所属教育管理机关、边疆区教学机构检查中，监督其遵守现行的运送学生法规情况。

各市区道路交通安全委员会、国家道路交通安全检查区机关领导监管所有校车路线准运证的发放。

阿尔泰边疆区教育和青年事务局依据市政府的通报和对校车路线准运证的检查结果，每年10月1日前向阿尔泰边疆区管理机关上报校车路线名录和申报用于开展运送工作的经费。

阿尔泰边疆区教育和青年事务局有权中止提供落实边疆区和部门专项纲要、“教育”国家优先规划中有关“乡村校车”问题所获得的校车。

澳大利亚北部地区《学校警察·政策》

（北部地区教育部发布，摘译）

1. 政策

北部地区教育部支持学校与警察主动合作，确保学校社区的安全。

必须向警察提供全面合作，以使其能够履行其职责。当情况要求警察与学生就犯罪案件谈话时，必须遵守《青少年司法法》的规定，特别是第4条i项的规定，即不应存在对青少年教育不必要的打扰。

校长及教职员工必须采取中立立场，确保知晓本政策规定的警察和学校的作用与职责。如果警察的查问证明某学生与某项犯罪有牵连，应停止查问，由警察进行符合正常警察程序的调查。除非有例外情形，正式讯问学生不应在教育场所进行。

2. 业务需求

在北部地区学校中，警察特别是驻校警察，是极为有价值的资源。学校中警察的主要目标，是向学校社区提供积极、主动的警察资源。

在社区中，学校对警察职责起支持作用且与警察建立、保持密切合作关系非常重要。通过定期、有效的沟通，这一目标得以实现，学校和警察各自的利益也得以实现。

本政策为学校提供了适当信息和指南，以便促进与警察特别是驻校警察的良好合作关系。

3. 职责

（1）学校联系人

与警察进行联系的学校联系人是校长或由校长指定的主管助理校长。

（2）驻校警察

每一所初中和高中都有一名指定的驻校警察作为警察代表，与该校或当地区域内的学校合作，便于公众和警察之间的联络，发挥重要的犯罪预防作用；提供重要建议和帮助，并对低级、中级和高级情形作出响应。

驻校警察根据《北部地区警察、消防与应急服务驻校警察标准操作程序》行事。除非警察操作程序有其他要求，驻校警察经与校长协商后可在学校发挥顾问作用。例如：

• 提供建议或帮助。如在非正式、秘密（如被要求）的基础上，向学生或其家长，以及学校委员会或职员会议提供建议或帮助。

• 酌情支持教育课程的进行。

• 与授课教师一起实施毒品与个人安全提醒计划。

• 监控校内的道路安全和人身安全问题。

• 监控学校周围社区内的可能的犯罪活动或行为，包括与证人谈话以获得信息，并帮助定位犯罪人。

• 按需履行警察正常职责。

没有指定驻校警察的学校应通过在其区域内的驻校警察利用警察服务，或者联系当地警察局。

在任何北部地区学校，驻校警察都不被允许佩带、携带、获得任何警察制式火器，并禁止教授学生使用火器或其他配发给警察的操作性安全设备。

被指派驻校警察的学校应在学校为其提供独立的安保办公室供其使用。如果无法实现，则必须为其提供充分安全和保密的工作区域。

(3) 警察联系人

位于达尔文市的驻校警务部门的警察是凯瑟琳市、达尔文市、纽兰拜市和阿利安格拉市学校的中央联系人。位于艾丽丝泉市预防犯罪科的负责人是艾丽丝泉和腾南特克里克市学校的中央联系人。学校可以就驻校警察行为的任何问题，联系驻校警务部门。

如果驻校警务部门警察联系不到，学校可以联系预防犯罪部门负责人。如果该区域没有明确的驻校警察，当地警察局负责人则是最适当的联系人，或者学校可以联系达尔文或艾丽丝泉预防犯罪科负责人寻求建议。

(4) 学校管理者

学校管理者负责确保校长遵守本政策的各项要求。

澳大利亚北部地区《学校警察·指南》

（北部地区教育部发布，摘译）

1. 引言

学校应通过《学校警察·政策》中列明的主要联系人与警察进行联系。如果校长对与警察的配合存在任何疑问，应向学校相关管理者或犯罪预防部门负责人寻求建议。

除非存在例外情形，警察不会不必要地在学校就一项犯罪对学生进行讯问。在例外情形下，要求警察确保监护人知晓该学生被问话。

如果在学校进行讯问，校长应要求警察尽可能谨慎行事，避免出现学生可能感到尴尬的任何情形。

当警察需要在校内就刑事行为进行讯问时，因驻校警察熟悉、了解该校情况，如果可能，首次讯问应由其进行。

2. 受理控告

如果学校直接收到了对犯罪行为的正式控告，校长应向当地警察局转交该控告，以进行起诉，除非该事件是在学校正常运行过程中发生，在此情况下，该事项应转交驻校警察。如果驻校警察不在，校长应联系驻校警务部门警察寻求建议，除非存在关乎学生与职工的安全问题，且有必要立即要求警察提供援助，拨打接警电话：131444。

校长应知道存在例外情况，要求立即对控告采取响应。

如果驻校警察收到与校内事件有关的正式控告，其将向主管该事件的校方人员提出建议，并依据《驻校警察标准操作程序》行事。

3. 存在犯罪嫌疑

警察在对涉嫌卷入某项犯罪的学生进行查问前，应先联系家长。如果经警察查问证明确已实施犯罪，或者该人确与某项犯罪有牵连，则应立即停止查问，驻校警察应依照正常警察程序进行调查。正式讯问不应在教育场所内进行，除非有例外情形。警察应确保遵守所有北部地区立法要求，并且必须将逮捕某学生作为最后采取的措施。学生被逮捕后，如果没有学生支持人在场，也不得对学生进行讯问。在这些情形下，由警察负责该名学生，包括通知对该学生负有责任的成年人或支持人。

在决定警察介入学校事件是否适当时，校长应联系其驻校警察或者相关警察联系人或者校方管理者。

4. 学生支持人

除非存在例外情形，不应在学校对学生进行正式警察讯问，并且只有经校长批准后方可进行。

如果对有犯罪嫌疑的学生进行正式讯问，应有学生支持人在场。学生可以要求教育部官员或其他学校职员作为其支持人，但不鼓励教育部官员及其他学校职员作为支持人，除非认为绝对必要，并仅在仔细考虑其与学生的职业关系且经校长批准后才可以确定。如果学校是控方，教育部官员以及其他学校职员不能作为支持人，因为这会不适当，并构成利益冲突。

5. 例外情形

校长应了解，警察可以决定在极端情况下，有必要对一般规则作出例外规定，如情况紧急要求警察必须快速行动，或者为了保护儿童等。

在有限的情况下，警察可以在没有搜查令或支持人不在场的情况下合法搜查学生，如：

- 已存在炸弹威胁；
- 延迟搜查将对学生或其他人造成不可接受的伤害风险；
- 防止证据灭失或遭到破坏。

警察必须遵守《青少年司法法》，如果作为紧急事项要求搜查学生或其财产：

- 警察必须与学生为同一性别；
- 保护学生隐私；
- 如果在合理时间内找不到同性警察，同性别的非警察人员，可以在警察指示下实施搜查。

西澳大利亚州《与州警察合作协议》

（西澳大利亚州教育部发布，推荐适用）

虽然教育部将所有学生和教职员工的安全、健康与福利作为首要职责，但是在某些时候，紧急与重大事件仍需要西澳大利亚州警察的参与。本协议细化了当涉及两机构的事件发生时，双方各自的作用和行动。

1. 学校在防止和预防方面的职责

为帮助警察并为紧急情况或重大事件做好准备，学校应：

- 与当地警察局警察建立良好关系；
- 知晓在特定情形下，警察在防范与评估中能发挥作用。

2. 在响应过程中警察与学校的职责

（1）警察职责

警察可以通过以下行为帮助学校对紧急或重大事件作出响应：

- 适当地对校内事件作出响应；
- 确保人人皆知谁是警察事件控制官或高级调查官；
- 在对学校产生影响的事件中向校长或其代表介绍有关事件的基本情况；
- 与校长或学校理事合作，制订帮助解决事件或降低风险的计划及策略。

（2）学校职责

- 确保人人皆知谁是学校事件控制人（校长，有时是学校理事）；
- 确保通过警察事件控制官和学校事件控制人，学校和警察间的所有联系畅通；
- 知晓被期待的警察响应级别取决于事件的性质和波及的范围；不管警察作出的响应级别如何，学校事件控制人可以联系的警察事件控制官始终是唯一的；
- 就事件向警察提供及时、全面的信息；
- 通过与警察进行公开、负责任的互动，支持调查或诉讼。

3. 恢复秩序

如果警察确信事件已经以适当的方式得到处理，其通常做法是相应缩减对事件的参与。此后，如果必要，警察可以帮助学校，但不负责学校应急管理的恢复秩序阶段事项。

在事件解决后，也许还会有进一步的警察活动，如继续刑侦调查等。随后，警察也可以要求职员的进一步配合，以获得笔录证词或有助于其讯问的其他信息。无论结果如何，警察都要与校长或代表合作。

4. 联系

校长必须联系教育部媒体部门（电话：92645821，24 小时服务）寻求建议，准备就学校发生的紧急或重大事件与相关方进行沟通。这包括与家长及其他利益相关方的沟通，以及与媒体的沟通。教育部媒体部门在批准任何沟通前，会先同警察媒体部门一起研究。

西澳大利亚州《校内来访者与入侵者》

（西澳大利亚州教育部发布，强制适用，摘译）

1. 政策说明

校长对学校的日常管理和控制（包括校内所有人员）负有主要责任，并向校内所有学生和教职员工提供安全和福利。

2. 背景

教育部鼓励社区利用学校设施。应欢迎真诚的校内来访者。没有合理理由进入校内的人员，应视为入侵者并应依据本政策处理。

《1999 年学校教育法》及《2000 年学校教育条例》授权校长处理学校场所内的人员。

3. 范围

本政策适用于所有学校理事、校长以及其他根据《1999 年学校教育法》获得授权的人员，以及学校安保人员。

4. 定义

4.1　要人

应给予特别敬重的重要人员，包括总督、众议院议员、非选当地候选人、现役或前国防部队人员或功勋人员（如澳大利亚勋章获得者），等等。

4.2　指示

根据《1999 年学校教育法》第 119 条、《2000 年学校教育条例》第 69 条的规定，由校长签发的命令。

4.3　入侵者

未经许可进入学校的人员，且无合理理由进入学校。

4.4　命令离开校园

根据《1999 年学校教育法》第 119 条、《2000 年学校教育条例》第 75 条或《1999 年学校教育法》第 120 条的规定，由校长签发的要求某人离开学校的口头命令。该命令最长期限为 24 小时。

4.5　禁止令

根据《1999 年学校教育法》第 199 条、《2000 年学校教育条例》第 78 条的规定，由校长签发的要求某人离开校园的书面命令。该命令最长期限为 60 天。

4.6 学校场所

公立学校使用或与之有关的场所，包括建筑物及其他立在或位于这些场所内的物品。

4.7 来访者

有合理理由在教育部或/及学校内的所有人，除了现有学生和教育部雇员。

5. 本州相关立法或授权

《1997 年限制令法》，《1999 年学校教育法》第 119、120 条，《2000 年学校教育条例》第 67 ~ 81 条、第 98 ~ 101 条，《2004 年从事儿童工作（刑事犯罪记录审查）法》，《2005 年从事儿童工作（刑事犯罪记录审查）条例》。

5.1 教育部相关政策

《校园内行为管理》、《通信协议》、《罪犯审查》、《应急管理》、《正式开放学校建筑》、《照顾学生职责》、《从事儿童工作审查》。

5.2 教育部相关文件

《维护工作场所安全》。

5.3 《1999 年学校教育法》

第 119 条 学校管理和控制

（1）可以制定条例，对用于州立学校或与州立学校相关的场所，包括建筑物以及其他立于或位于校内的物品，作出规定。

（2）第 1 款中提及的条例可以对下列人员或事项作出规定：

（a）可能进入学校或在学校逗留的人员，或者其目的或当时情形会使其这样做；

（b）可能带进校内的物品；

（c）学校开放或关闭的时间以及目的；

（d）除学校活动外，使用学校的费用；

（e）为了安全、保护场所或在场所附近人员而全部或部分关闭学校；

（f）维护校园的良好秩序；

（g）校内人员的行为以及不允许其拥有的物品；

（h）车辆的停泊和位置；

（j）学校官员权力授予：

（i）要求校内人员提供其姓名和地址；

（ii）禁止某人进入校内。

第 120 条 处理干扰学校的人

（1）如果获得授权的人合理怀疑在公立学校内有不当行为的人：

（a）已实质性干扰或有可能实质性干扰学生纪律或学校的良好秩序；

（b）已对履行职责的教师使用威胁、谩骂或侮辱性语言。

获得授权的人可以要求该人：

（c）告知其姓名及地址；

（d）离开学校，并在随后的24小时内远离那些场所。

（2）任何人不得：

（a）不遵守根据第1款对其提出的要求；

（b）在被要求陈述其姓名及地址时，提供虚假或误导性信息。

处罚：5000澳元。

（3）获得授权的人可以：

（a）拘禁违反第2款的人，直至该人可以被移交警察；

（b）为此目的，在必要的情况下利用他人帮助。

（4）在行使第3款赋予的权力时，可以合理使用武力。

（5）本条中，与公立学校有关的“获得授权的人”是指：

（a）学校校长；

（b）由首席执行官授权的行使本条授予的权力的人；

（c）属于获得此类授权人员中的一员。

5.4　《2000年学校教育条例》

第68条　要求告知姓名和地址：第119条第2款（j）（i）项

（1）获得授权的人可以要求在学校的非学生人员告知其姓名与地址。

（2）任何人：

（a）必须遵守第1款的要求；

（b）在遵守上述要求时，不得就重大细节提供虚假或误导性信息。

处罚：500澳元。

第69条　维护学校良好秩序：第119条第2款（f）项和（g）项

（1）公立学校校长可以就关于校内人员应遵守的程序作出指示，该指示可以普遍适用于校内人员，也可以针对具体案件。

（2）可对以下一项或多项目的作出指示：

（a）管理、控制学校以及校内人员；

（b）维护学校的良好秩序；

（c）确保校内人员的安全和福利；

（d）阻止对学校或位于校内的财产造成损害，或将损害降至最低。

（3）除非以书面形式作出，并于指示适用期间内在学校公示，否则普遍适用于人员的指示不具有效力。

（4）除非已向该人送达该命令，无论口头还是书面形式，否则针对具体人员的命令不具有效力。

（5）当命令适用于全体在校学生时，如果关于命令的通知以下列方式作出，则视为充分遵守第3~4款：

（a）向各班宣布；

（b）在大会上宣布；

（c）在书面通告或其他学校出版物上发布。

（6）任何人都必须遵守命令。

处罚：500澳元。

第75条 命令离开学校：第119条第2款（a）项、（f）项和（g）项

（1）对于第76条规定的情形，公立学校获得授权的人员可随时命令校内非学生人员：

（a）如果在校内，则离开学校，并在命令作出后的24小时内不得接近学校；

（b）如果在学校的某个特定区域，则离开该区域，并前往其有合理理由进入的学校场所。

（2）公立学校获得授权人员可以在学校非为教学而开放的期间，以及第76条规定的情形下，命令校内学生：

（a）如果在校内，则离开学校，并在学校因教学而开放前不得接近学校；

（b）如果在学校的某个特定区域，则离开该区域，并前往该学生有合理理由进入的学校场所。

（3）任何人都必须遵守根据第1~2款对其发出的命令。

处罚：1000澳元。

第76条 可以作出离开学校命令的情形：第119条第2款（a）项、（f）项和（g）项

如果某人具有以下情形之一，可以根据第75条第1~2款向其发出命令：

（a）获得授权人员合理怀疑该人在学校已实施或将要实施成文法规定的犯罪；

（b）获得授权人员合理怀疑该人已向校内人员使用或将要使用：

（i）威胁、辱骂、侮辱性语言；

（ii）威胁或暴力行为。

（c）获得授权人员合理怀疑该人已干扰或将要干扰学校的良好秩序；

（d）获得授权人员合理怀疑该人占有下列任一财产：

（i）违反依第70条第（1）款发布的命令、被带进校园的财产，或者以违反该命令的方式在校园使用的财产；

（ii）可能导致以下不良后果：

（Ⅰ）干扰学校良好秩序；

（Ⅱ）对校内人员的安全和福利产生负面影响；

（Ⅲ）对构成、位于学校的财产造成损害。

（e）该人无合理理由进入学校或者无合理理由在特定时间进入学校某个区域。

第78条　学生可以作出禁止令：第119条第2款（j）（ii）项

（1）公立学校校长可以作出命令，在该命令规定的期限内（自命令送达之日起最长60天），禁止某人未经校长允许进入学校。

（2）校长不应作出关于某人的禁止令，除非校长确信：

（a）除非作出命令，否则该人将：

（i）当他人在校内时，造成其身体伤害、担忧或恐惧；

（ii）造成构成或位于校内的财产损害。

（b）在个案具体情形下，作出禁止令是处理该事件的恰当方式。

（3）禁止令可附加条件、变更或撤销，但变更不延长自原命令送达之日起60天的最长期限。

（4）禁止令或者变更、撤销禁止令的命令自送达本人之时生效。

第80条　违反禁止令：第119条第2款（j）（ii）项

禁止令或者变更、撤销禁止令的命令的送达对象必须遵守该命令。

处罚：2000澳元。

第82条　校长或安保协调员可以命令临时关闭学校：第119条第2款（e）项

（1）公立学校校长或者安保协调员可以命令临时关闭学校的全部或者某具体部分：

（a）以保护在学校附近或者在欲被关闭的学校部分内的人员健康或安全；

（b）保护学校或欲关闭的学校部分内的财产免受损害或抢夺，或者免受未来的损害或抢夺。

（2）命令的期限为实现第1款目的所必需的期间，但是如果其声称将永久性关闭学校或学校的某部分，则无效。

（3）根据第1~2款的规定，命令可以附加条件、变更或撤销。

第84条　关于关闭命令的犯罪：第119条第2款（e）项

（1）处于被命令关闭的学校校内的人员，在实际可行的前提下，必须尽可能快地离开学校，除非：

（a）作出命令的人必须明确允许该人留在校内；

（b）该人有必要留在学校，以阻止或降低对人造成的伤害或对财产造成的损害。

（2）任何人不得进入已被第82条第1款下的命令关闭的学校，除非：

（a）作出命令的人明确允许该人进入学校；

（b）该人有必要进入学校，以阻止或降低对人造成的伤害或对财产造成的损害。

处罚：1000 澳元。

6. 程序

6.1　一般规定

校长或其他获得授权的人将管理来访者或入侵者。

如果该人经校长要求而来到学校，教育部安保人员/学校看护将：

• 辅助校长维持学校良好秩序；

• 告知校长他们在现场，并准备向校长请求指示。

指南

与获得授权人员相关的更多信息见附件 A。

6.2　来访要人

当要人或当地众议院议员以外的政客计划参观学校，校长、学校理事或部长服务部门必须参考附件 B（访问学校的要人）规定的协议和程序。

指南

众议院议员可以直接联系位于其选区内的学校。

在学校方便时以及不打扰学校正常活动时，欢迎众议院议员访问其选区内的学校。

涉及党派或政党政治活动的访问是不适当的。

学校不是阐述政治观点或理念的场所，其职员被期待应保持非政治立场。

6.3　其他参观者

校长及管理者必须确认，所有教育部雇员、志愿者、参观者以及儿童相关工作的外部提供者，已申请或持有合法"儿童工作审查卡"。

校长必须要求来访者：

• 在其到达学校时，在接待处的来访者登记簿上填写姓名、职务或公司、校内联系人以及/或者来访目的、到达时间。

• 对于与儿童相关工作无关的人员（如承包人），要求其填写并签署《保密声明表》（见附件 C），除非校长不作此项要求。

• 与儿童相关工作有关的人，要求其出示"儿童工作审查卡"。

指南

校长应：

• 要求来访者佩戴徽章或者粘贴能够清楚识别其是来访者的标识；

• 要求来访者离开学校时应在来访者登记簿上签名，并记录其离开时间；

• 在文件夹中保存全部完整的保密声明表。该表应在学校保留 7 年。

父母、学校登记在册的学生法律监护人以及那些日常接送孩子的人，不需要在来访者登记簿上签名。若其为其他目的来访，如参加特别安排的家长—教师见面会（例如，不在学校组织的家长访校夜来校），或者造成干扰，将适用本政策。

6.4　入侵者或造成打扰的来访者

处理入侵者或造成打扰的来访者时，校长或其他授权人员必须根据个案情况，采取适当措施。

指南

处理入侵者或者造成干扰的来访者时，校长可以选择的措施详见附录D。

校长或其他授权人员必须：

• 立即联系警察，如果事件涉及对校内人员施以暴力威胁或已经发生暴力行为；

• 实施防范禁闭，直至威胁消除为止，如果学生以及/或者教职员工面临身体伤害的威胁；

• 通过“在线事件通知系统”报告所有涉及入侵者、造成干扰的来访者事件。

6.5　涉及校长权力的其他信息

6.5.1　指示

6.5.1.1　签发指示

当校长作出的指示普遍适用于来访者时，该指示必须为书面形式，并公开展示。

指南

根据《条例》第69条，校长可以就关于校内人员必须遵守的程序作出指示，该指示可具有普遍适用效力或仅针对某一具体事件。只能出于以下一项或多项目作出指示：

• 管理、控制学校及校内人员；

• 维护学校正常秩序；

• 确保校内人员的安全和福利；

• 阻止或减少对构成学校的财产或位于校内财产的损失。

除非以书面形式作出，并于指示适用期间内在学校公示，否则普遍适用于人员的指示不具有效力。“所有来访者应向接待处报告”的字样，应立于学校主要入口及其他出入点附近。

当校长对特定人员作出指示时，可以口头作出，也可以书面形式作出。

6.5.1.2　未遵守指示

校长必须保存任何未遵守指示情况的书面记录。

记录包括：

• 非遵守是否与一般或具体指示相关；

• 事件发生前后的环境，以及事件参与人或目击者的详细信息。

指南

通过“在线事件通知系统”递交的报告可以构成此记录。

如果该事件被移交当地警察，校长必须向警察提供全部记录、目击者报告以及信件的复印件，上述材料应与未遵守指示的人所涉及的所有事件相关。

指南

关于未能遵守指示的信函示例见附件 G。

经指示或命令对象要求，学校理事可以审查校长作出的任何指示或命令。

如果可能，校长将致信未能遵守指示的人，确认该人未能遵守指示的事件的所有细节。但必须承认，总是书写此类信件是不可能或不可行的。

校长自由裁量是否将未遵守校长指示事件移交当地警察。如果此类事件被移交警察，校长应通知学校理事。

6.5.2　命令离开校园

根据《条例》第 75 条，校长或其他授权人员必须命令某人离开学校，如果校长或其他授权人员有合理理由怀疑该人：

（1）已在或将要在学校实施犯罪；

（2）针对校内任何人已使用或将要使用威胁、辱骂或侮辱性语言，或者威胁、暴力行为；

（3）已干扰或将要干扰学校的正常秩序；

（4）无正当理由进入学校，或者无正当理由在特定时间进入学校的特定部分；

（5）已携带物品进入学校，而该物品是根据《条例》第 70 条第 1 款作出命令的适用对象，并极有可能：

- 干扰学校正常秩序；
- 对校内人员的安全和福利造成负面影响；
- 对构成学校或位于校内的财产造成损害。

校长必须保存口头命令的书面记录以及未遵守命令的情况。该记录必须包括事件发生前后的情况，以及参与者和目击者的具体信息。

指南

经“在线事件通知系统”递交的报告，可以构成此记录。校长自由裁量是否将该事件移交当地警察以引起其注意。如果移交，校长应向警察提供全部记录、证人报告以及与所有事件相关信件的复印件，而在该事件中该人未能遵守指示。如果该事件被移交警察，校长应通知学校理事。

附件 E 为批准命令离开学校信函示例。

经命令对象要求，学校理事可以审查校长作出的任何命令。

《条例》第 75 条规定校长或其他授权人员可以命令非在校学生的其他人：

● 如果在校内，则离开学校并在命令作出后的24小时内远离学校；

● 如果在学校的某个特定区域，则离开该区域并前往该人有合理理由进入的地方。

指示离开学校的命令最长只在24小时内有效。如果可能，校长应以书面形式告知未能遵守命令的人离开学校，并确认该人未能遵守指示的所有事件的全部细节。

6.5.3　拘禁权及其他权力

校长只有在极度必要时才能作出拘禁决定。

指南

该权力只有在极端情形下才可使用。当学生及职员的安全及福利正在受到威胁时，可以考虑拘禁某人。校长或其他授权人员在试图作出拘禁某人的决定前，应评估风险。

《1999年学校教育法》第119条及相关条例确认了为维持学校正常秩序和校内人员的行为而赋予的一般权力。

《1999年学校教育法》第120条第3款规定了处理干扰学校人员的其他权力。第120条下的权力只限于处理那些校长或其他授权人员合理怀疑其存在以下情形的人员：

● 已实质性干扰或者有可能实质性干扰学生纪律或学校良好秩序；

已向履行职责的教师使用威胁、辱骂或侮辱性语言。

第120条规定的权力包括：

● 要求该人说出其姓名、地址；

● 命令其离开学校，并在随后的24小时内远离学校；

● 拘禁未能提供其姓名与地址的人，或者虽被命令但未能离开学校的人，直至该人被移交警察；

● 为此目的，在必要的情况下利用他人帮助。

未遵守第120条的处罚较第119条的处罚更为严厉。

6.5.4　禁止令

如果签发了禁止令，校长必须保存以下事项的书面记录：

● 事件发生前后的情况；

● 作出禁止令时处理该事件最适当方法的理由；

● 参与人详细信息、证人作出的与事件相关的陈述。

指南

附件G为禁止令信函示例。如果签发了禁止令，校长应通知学校理事。

需注意，禁止令可以向本人并未在学校的人作出，只要其使用了其他手段威胁职员或致其恐惧，如拨打威胁电话或邮寄威胁信件、电子邮件。

6.6 审查指示、命令与禁止令

指南

如果实际可行，校长应通知指示、命令或禁止令对象有权向学校理事申请复议该决定。任何已确定的指示、命令或禁止令在复议完成前均有效。

7. 联系信息（略）

西澳大利亚州校车规格标准

（西澳大利亚州公共交通管理局校车服务处发布　2010 年 10 月版）

1　通则

1.1　校车必须满足用途且符合牌照颁发资格

合同校车（即校车）必须适合行驶条件，符合现行法律规定、澳大利亚标准、澳大利亚设计规定（简称 ADR）、ISO 标准和以下安全操作标准。此外，校车已经或可以在西澳大利亚州（以下简称西澳洲）获得牌照。

1.2　在新校车上必须安装安全带

所有新校车必须安装澳大利亚设计规定 ADR68 规定中对乘客座椅的规定，座椅上应安装西澳洲公共交通管理局批准的可回卷腰肩式安全带。

截至 2007 年 3 月 1 日，所有新校车驾驶座必须安装澳大利亚设计规定 ADR68 规定的驾驶座，并在驾驶座上安装西澳洲公共交通管理局批准的腰肩式安全带。

1.3　必须获得批准才能使用校车

必须由公共交通管理局指定车辆检查员检查车辆，只有在检查员认为车辆适合作为校车使用后方可把车辆作为校车使用。承包商应使车辆到达公共交通管理局指定检查地点，费用自理。

1.4　未经公共交通管理局批准，不得擅自安装或拆除校车部件

只有在承包商向公共交通管理局书面申请安装或拆除校车部件并获得批准后，方可安装或拆除校车部件（包括配件）。

1.5　公共交通管理局可以修改规格

公共交通管理局保留修改校车规格的权力。公共交通管理局至少应提前一个月书面通知承包商将对校车规格作出修改。只有在修改涉及安全问题并且需要立即采取行动时，公共交通管理局可以口头通知承包商对校车规格作出的修改。

1.6　校车种类（双轮驱动车）

A 类校车有 20 个成年人座椅或经初步改造准乘 27 名成年人或未经初步改造准乘 24 名成年人，服务年限 10 年；

B 类校车准乘 43 名成年人，服务年限 15 年；

C 类校车准乘 57 名成年人，准乘 83 名小学生，服务年限 15 年；

D 类校车准乘 15 名成年人，服务年限 10 年；

E 类校车准乘 7 名小学生或 7 名成年人，服务年限 10 年。

校车种类（四轮驱动车）

F 类校车准乘 17 名成年人，准乘至多 32 名小学生，服务年限 15 年；

G 类校车准乘 24 名成年人，准乘 32 名小学生，服务年限 15 年；

H 类校车准乘 34 名成年人，准乘 49 名小学生，服务年限 15 年。

2　校车规格标准

2.1　符合法律规定、标准和澳大利亚设计规定

2.1.1　校车和校车配备的所有设备必须符合所有现行法律规定、标准和澳大利亚设计规定。

2.1.2　如果本校车规格与任何现行法律、标准或澳大利亚设计规定不符，则应以现行法律、标准或澳大利亚设计规定为准。

2.2　发动机

校车必须为柴油机动车。

2.3　变速器

自 2010 年 7 月 1 日起，所有校车必须安装自动变速器或手动变速器。

2.4　空调

自 2010 年 7 月 1 日起，所有校车必须安装空调。

2.5　刹车

除澳大利亚设计规定的其他要求外，还应安装系统真空水平声音报警装置或空气水平声音报警装置。

2.6　发动机室

2.6.1　必须隔离发动机箱，以尽可能减少噪音和传热。

2.6.2　必须有足够的可拆卸式盖子以方便维护。

2.7　车轮和轮胎

2.7.1　所有车轮必须安装钢带径向帘布层轮胎，轮胎承载能力或轮胎层级不应低于制造商要求。

2.7.2　所有轮胎必须为新胎胎面，必须采用相同的轮胎层级和相同构造。

2.7.3　在新胎胎面曾被割花的情况下，如果轮胎被安装在后轴，则轮胎应被视为新胎胎面，其他情况则不可被视为新胎胎面。只有清晰标明割花的割花轮胎才可被用于双后轮。

2.7.4　校车必须配有后备车轮，后备车轮的轮胎层级和新胎胎面应符合对前轮轮胎的要求。

2.7.5　如果校车准乘人数超过 15 名成年人，则必须安装双后轮。在某些情况下，根据对公共交通管理局的申请，公共交通管理局会考虑以安装单后轮取代

双后轮。

2.7.6　车轮螺帽应暴露在外，以方便频繁的用于检查螺帽是否松动的外观检查和物理检查。

2.8　颜色和标志

校车必须涂有高档烤漆，具体规定如下：

（a）乘客舱玻璃下方以上实心区必须为白色；

（b）窗玻璃以下的实心区必须采用 Readymix 橙色，并且围绕车身纵向涂有一条宽度不小于 5 厘米且不超过 15 厘米的山楂绿长条。

2.9　外部标牌

2.9.1　除本条规定外，不得在校车外部使用任何标志或标记。

2.9.2　“校车”和“注意”字样必须在白底上使用山楂绿或黑色字母书写，白底高度不应小于 10 厘米，且字样应置于公共交通管理局检查员指定位置(包括车前和车后)。

2.9.3　“儿童穿行”的字样必须被放置在车身尽可能靠右的位置，必须在车前和车后同时放置，且应置于公共交通管理局检查员指定的位置。

2.9.4　可在校车前方右侧以山楂绿或黑色字母书写承包商姓名、地址和电话号码，字母高度不应超过 5 厘米。

2.9.5　可在校车后方右侧放置以黑色或白色字母书写的无线寻呼标志，字母高度不应超过 10 厘米。

2.9.6　可根据需要放置方便残疾人进入的标志。

2.9.7　车内台阶必须有“小心台阶”的标志，标志字母不应超过 2.5 厘米，并且在任何时间都应清晰可见。

2.10　构造

2.10.1　只能由特许车身制造商对校车车身进行组装、改装或结构维修。

2.10.2　承包商必须告知公共交通管理局车身制造商，以便公共交通管理局检查员检查车身制造商的工作。

2.10.3　不得在校车车尾安装除用作紧急出口的踏阶以外的台阶，具体规定参见澳大利亚设计规定 ADR42/02。

2.11　乘客用车门

2.11.1　校车可以不安装外置前开式车门。

2.11.2　如果校车准乘超过 24 名成年人，则应在乘客用车门的边缘安装安全感应装置。

2.11.3　所有使用空气压力或电力关闭的车门必须有可见的内部和外部手动复原控制，以应对紧急事件。

2.11.4　必须紧邻车门安装复原控制，并应作出清晰标记。

2.11.5　位于司机身后的上车车门必须安装“开口”声音报警装置，以在紧急刹车打开时使用。

2.11.6　必须在校车左侧安装铰链式、中间呈V型或滑动式车门，以供乘客上下车。

2.11.7　必须确保内置杠杆式车门把手向上扳动时为开启车门。

2.11.8　外置车门的把手必须凹进去，以与车身板件齐平。

2.12　紧急出口

2.12.1　如果校车侧面未安装紧急出口，则必须在校车后部安装全宽应急车窗。

2.12.2　应急车窗逃生面积至少为0.7平方米，尺寸不应小于50厘米（不得向前折叠椅垫以获得这些尺寸）。

2.12.3　必须把所有用于打碎应急窗玻璃的设备安全地固定在校车上，并且应安装警告司机这些设备位置移动的声音报警装置。

2.12.4　校车必须安装从外部打开车门的装置，以应对紧急事件。

2.13　灭火器

2.13.1　校车必须至少安装一个可以正常工作的灭火器，其种类应得到公共交通管理局批准，并符合澳大利亚标准AS2444规定。该灭火器必须安全放置于方便存取的位置，并应使用公共交通管理局指定的标志标明其存放处。

2.13.2　必须根据澳大利亚标准（1851－2005）检查灭火器，并且应由被授权可提供证明的机构打上检查日期。

2.14　急救箱和安全三角

校车必须配备一个或多个符合澳大利亚标准的急救箱，应根据规定在急救箱上贴上标签并且把急救箱放置于车头处密封的盒子中。

A类、D类和E类校车应配备2个急救箱和5个安全三角。

B类、C类、G类和H类校车应配备3个急救箱和6个安全三角。

注：对于B类和C类校车来说，每一个急救箱配备一个安全三角，剩下的3个安全三角应被放置于校车工具箱上。

2.15　护轨

必须为所有护轨装上封套和填装物（具体参见澳大利亚设计规定）。

2.16　电

2.16.1　公共交通管理局允许的情况除外，在其他情况下校车必须安装倒车报警装置和在车顶安装停止指示灯和方向指示灯，应尽可能把指示灯安装在靠近车体外侧位置。

2.16.2　校车车灯的尺寸和功率必须遵守澳大利亚设计规定。

2.17　内层

校车车顶必须为金属车顶，车顶应使用合适的材料隔热或车顶内应装有合适的材料（具体参见澳大利亚设计规定）。

2.18　行李架

2.18.1　如果校车准乘超过24名成年人（安装轮椅的校车除外），则必须在校车上安装行李架。

2.18.2　视情况所需，行李架必须满足下列条件：

（a）在校车两侧尽量安装，从前座延伸至车尾；

（b）宽度至少为45厘米，孔径至少为20厘米；

（c）包边，前部关闭以防止书包或其他物品移动，无尖边角，且完全被封闭起来；

（d）不安装网格架。

2.19　外部车顶行李架

不得在校车上安装外部行李架。

2.20　下部行李箱

准乘超过24名成年人（不包括供轮椅使用的巴士）的校车必须安装下部行李箱，行李箱应安装在车体两侧，箱门不超过2个（公共交通管理局批准的情况除外和安装行李箱会影响车辆总重量从而降低校车乘坐人数的情况除外）。

2.21　司机的视野

2.21.1　在司机保持正常驾驶位置的情况下，司机必须能够清楚地看到乘客进出校车时所使用的通道和车门的情况，包括上车车门后方的前两个窗户的情况。

2.21.2　必须按照规定安装内置车镜和外置车镜，包括在车左侧安装面积不小于165平方毫米的凸面镜。

2.21.3　2.19.2条（原文如此——译者注）中提及的车镜不属于强制要求安装的车镜。

2.21.4　如果校车准乘超过24名成年人，为方便司机，必须在校车前方玻璃处安装两个遮光板。

2.22　乘客座椅和安全带

2.22.1　所有乘客座椅必须面向汽车行驶的方向且至少应为30厘米宽。

2.22.2　在需要举起座椅以供进出时，任何座椅垫不得比前方座椅垫高出15厘米。

2.22.3　座椅垫上方与窗沿的距离不到15厘米时，必须在窗沿30厘米处的窗户上安装填充护栏以增加对乘客的保护。

2.22.4　如果校车未为乘客安装安全带，坐垫和座椅靠背必须全部为水平。

2.22.5　如果校车安装乘客用安全带，则安全带必须为公共交通管理局批准的可回卷腰肩式安全带，并且应根据澳大利亚设计规定进行安装。

2.22.6　如果校车安装乘客用安全带，则必须在车内张贴所有乘客都可以看到的写有“乘车请系安全带”字样的标志，并且：

(a) 如果该校车准乘超过24名成年人，则该标志必须被照明；

(b) 如果该车准乘最多24名成年人，则该标志必须被照明或采用反光材料。

2.23　玻璃

2.23.1　如果校车未安装空调，则在靠近乘客的车窗中，应至少有半数以上安装把手，以供乘客开关窗户。

2.23.2　乘客可以打开的任何高度超过23厘米的窗户最大打开幅度必须为125毫米。

2.23.3　不得在校车上安装外推式上悬窗。

2.24　规定卡

必须在校车内显眼处张贴说明公共交通管理局规定的乘车规定卡。

2.25　工具箱

2.25.1　必须使用盒子或足够大的工具箱存放更换轮胎的设备、工具和安全三角。

2.25.2　必须安全地放置工具箱，以避免乘客在事故中受伤。

2.26　通信设备

2.26.1　必须在校车内安装可正常工作的免持式双向移动电话或由公共交通管理局批准的类似的通信设备。接送学生时，必须打开该设备。

2.26.2　如果校车接送教育支持机构的学生，则校车必须安装可正常工作的免持式移动电话。接送学生时，必须打开该设备。

3　对装有轮椅和（或）乘客限制系统的校车的其他规格要求

3.1　座椅

3.1.1　为在校车安装轮椅和（或）乘客限制系统而对校车进行组装或改造时，必须说明与轮椅和受限制的位置同时存在的正常座椅的数量。

3.1.2　座椅和被固定的轮椅必须面向车辆行驶方向。

3.2　限制

3.2.1　必须直接把用于帮助残疾人保持坐姿的限制手段或用于帮助他们活动的支持手段绑在座椅架上，并且应根据公共交通管理局的要求安装座椅加固装置和结构。

3.2.2　用于帮助残疾人保持坐姿或活动的辅助限制手段必须直接绑在座椅框架上，并且应根据公共交通管理局的要求加固座椅固定物和座椅结构。

3.2.3　必须根据制造商规定和车辆规格加固轮椅固定连接点。

3.2.4　必须为所有可拆卸的限制手段的安全安装提供便利。

3.3　轮椅升降机

3.3.1　所有工作必须遵守下列规定：

（a）澳大利亚标准 AS2942：车辆轮椅限制手段组装、附加建议和指南；

（b）本校车规格规定；

（c）《2002 年西澳大利亚州道路交通（车辆标准）条例》；

（d）《2002 年西澳大利亚州道路交通（车辆标准）规定》。

3.3.2　公共交通管理局必须监督对轮椅升降机的组装和改装，并且校车在投入使用前必须获得公共交通管理局批准。

3.3.3　轮椅升降机的种类和模式必须符合本规格要求，并且应获得公共交通管理局批准。

3.4　轮椅升降机的安装

3.4.1　只有在公共交通管理局对校车和轮椅升降机作出批准后方可安装轮椅升降机。

3.4.2　必须只能由轮椅升降机制造商或其代理商授权的人士进行安装，并且必须根据制造商安装说明在具有规定设备的厂房内进行安装。

3.4.3　安装开始前，必须通知公共交通管理局，以供其监督安装进程和检查安装是否符合标准。

3.4.4　必须保护轮椅升降机所有零件、附件和供电装置免受石子、水、灰尘、泥和其他污染物的污染。

3.4.5　必须用装有防水铰链金属架的门密封升降机开口处。

3.4.6　必须向上扳动门把手才能打开门。

3.4.7　外置门把手必须凹进去，以和车身门把手保持水平。

3.4.8　必须在门上和门附近车体上安装夹子，以防止在有风的情况下门会发生撞击。

3.4.9　必须安装声控报警装置，以在未打开停车刹车而供轮椅使用的车门打开时发出声音报警。

3.4.10　轮椅升降机必须安装在校车左侧并与乘客用车门区分。

3.4.11　如果希望在校车后部安装轮椅升降机，则必须获得特批。

3.5　轮椅升降机的容量和质量

3.5.1　升降机的静态容量必须不小于 500 千克。

3.5.2　额定连续负载能力必须不小于 180 千克。

3.5.3　升降机和所有附件的总重量不得超过 400 千克。

3.6　轮椅升降机平台

必须按照生产商制定的规格安装轮椅升降机平台，并且应获得公共交通管理局批准。

3.7 轮椅升降机用漆

3.7.1 起保护作用的用于遮盖、储存和填充的材料必须防火。

3.7.2 升降机系统的所有组件不得有尖状或锯齿状的边或凸起，以减少对升降机操作手和校车乘客伤害的可能。

3.7.3 在上漆前，必须刮擦和使用钢丝刷净化，以确保所有焊接点处不存在矿渣、有色金属材料、轧屑、锈、油脂和泥，并且至少应涂上一层防锈底漆。

3.7.4 必须按照制造商的要求涂抹两种或多种防止磨损和腐蚀的底漆。

3.7.5 选用的底漆必须能够尽可能地减少太阳辐射对升降机金属的影响。

3.8 轮椅升降机的操作

3.8.1 升降机工作时必须确保在升降模式下无须在升降机平台上发生位置移动。

3.8.2 在最初操作失误后，必须能够实现手动操作。必须在校车上放置此类手动操作手册。

3.8.3 必须从升降机制造商处获得全面的操作手册，必须在校车上存放手册，并且手册应包括以下内容：

（a）总体操作说明；

（b）更好地进出方法；

（c）对所有控制、因控制导致平台位置移动和对使用者使用要求的操作说明；

（d）使用者违规行为；

（e）对可能导致潜在危险的不正常的声音、位置移动或其他可能的报警。

3.8.4 必须向公共交通管理局提供校车控制系统、电系统和液压系统设备的所有情况，包括设备数量和备用设备供应来源。

3.8.5 必须向公共交通管理局提供说明液压回路和电路的原理图。

3.8.6 必须向公共交通管理局说明需定期更换的机械部件及数量。

3.8.7 必须根据公共交通管理局的规定提供用以说明情况的图画和照片。

3.9 构建和改装车体

3.9.1 不得因安装轮椅升降机而影响车身结构。

3.9.2 不得有障碍物挡住车辆地板，应使用乙烯基或其他持久替代材料有效密封厚度至少为17毫米的船用胶合板，并且胶合板的表面应干净整洁。

3.9.3 必须密封或采用其他手段保护尖状边角、凸起或安装物，以防止构成伤害。

3.9.4 发动机排气口必须伸出车身板件或缓冲器，并且与任何轮椅升降机或乘客用车门的距离不得超过60厘米。

3.9.5　制订紧急出口规定时，必须根据公共交通管理局的标准进行制订。

3.9.6　如果公共交通管理局认为现有规定不足以满足乘客舒适的需求，则必须按照公共交通管理局的意见安装更多通风设备。

3.9.7　安装轮椅升降机的校车必须配备用电池，应把电池安全地放置在箱子中，箱子上应有观察孔。

3.9.8　备用电池必须与车辆底盘生产商提供的电池相同并可以互换使用。

3.9.9　必须使用车辆发动机充电系统为备用电池充电，充电必须通过可在市场上购买到的电池隔离设备实现。充电不得影响车辆的正常运转。

3.10　注意

3.10.1　必须在轮椅升降机门内侧张贴所有清楚地说明安全使用和操作升降机的说明，且说明必须包括基本操作失灵后手动操作指南。

3.10.2　必须使用有机玻璃保护说明。

3.11　受限制处的车轮与车身的夹角

3.11.1　落地安装的车轮与车身的夹角的种类必须获得公共交通管理局的批准，应按照车轮与车身夹角制造商的规定在车辆两侧乘客区安装。

3.11.2　车轮与车身的夹角的种类必须获得公共交通管理局的批准。

3.11.3　车轮与车身的夹角必须与公共交通管理局规定的轮椅种类和限制系统相匹配。

3.11.4　车轮与车身的夹角突出地面的高度不得超过3.5毫米，边缘处挖槽的深度最大为1毫米。

3.11.5　应在车轮与车身夹角处标记出锚定点，以清楚地表明澳大利亚标准或ISO标准所规定的轮椅空间。

3.11.6　清晰地标记出车轮与车身夹角处以留出澳大利亚设计规定所规定的正常的座椅空间。

3.11.7　车身制造商应提供合适的可供拆卸的护栏，以在仅运输一个受限制的座椅时使用。

3.12　停靠系统

3.12.1　可以按照公共交通管理局规定的种类和数量安装轮椅停靠设备。

3.12.2　为符合澳大利亚标准和ISO标准对畅通空间的要求，应按照制造商要求安装停靠设备。

加拿大多伦多市《警方/学校委员会协议》

1. 协议签订方

本协议签订方有：多伦多警察局、多伦多学校委员会、多伦多天主教学校委员会、法语天主教学校委员会和法语学校委员会。

2. 原则声明

● 学生、家长、教职员工和其他社区成员有权获得一个安全、祥和的校园环境。

● 各方承认学校文化的多样性。

● 多伦多学校委员会、多伦多天主教学校委员会、法语天主教学校委员会和法语学校委员会将同多伦多警察局合作，以确保学生、教职员工、学校其他人员、警察和突发事件应急人员的安全。当发生犯罪事件时，警方同学校委员会工作人员的合作在确保学生、员工和整个社区的安全方面发挥着十分重要的作用。

● 应向警察报告所有的与学校有关的刑事犯罪，警方在接到报警后应立即开展全面调查。

● 维护正常的学校秩序和纪律是校长的职责。

● 应同时执行本协议、多伦多学校委员会的校园安全政策和多伦多天主教学校委员会、法语天主教学校委员会和法语学校委员会的防暴政策。

● 应一直尊重所有学生、家长和员工的权利。

● 除紧急情况外，警察在进入学校时应向校方主要领导说明身份。

● 当警方在校园内实行逮捕时，警方有责任向被逮捕人说明法律所赋予被逮捕人的权利。

● 相关个人（包括校长、教师、其他员工、学生和家长）有权就法律所赋予他们本人的权利和义务咨询独立法律顾问。

3. 介绍

本文旨在在多伦多警察局、多伦多学校委员会、多伦多天主教学校委员会、法语天主教学校委员会和法语学校委员会之间达成一个协议，明确规定各方之间的工作关系；在涉及需要警方应对或处理的事件中，本协议也规定了合理的应对程序。

协议是一个规定各方相处原则的程序，也是各方应遵守的手续和礼节。

本协议以 2000 年 3 月各方签订的协议为基础，并在该协议的基础上扩展了内容，纳入了由教育部和公共安全部发起的“地方警察局/学校委员会协议的省级模型”。

本协议旨在鼓励警方、校方行政人员、员工、学生、家长和社区各成员之间建立和维护一个积极的关系，并为各种关系确立一个指导原则。本协议的宗旨包括：

• 更好地协助保护学生、教职员工和在学校工作的志愿者，以确保他们更加安全；

• 鼓励警察和学校所在的社区之间维持一个灵活的、适应性强的应急伙伴关系；

• 积极促成合理的信息共享和信息披露；

• 倡导学校委员会和警方在维护校园安全方面分享见解，积极合作；

• 确保教育部门和司法部门都能够履行各自的职责和遵守相关规定；

• 确保警方和校方在处理校园事件时，能够采取协调一致的应对措施。

本协议支持并体现了社区警务的原则。社区警务需要警方和社区为了所有利益相关方的利益共同关注并解决问题。

本协议相信合作和相互支持有利于培养端正的态度，帮助学生遵守行为规范，确保建立一个安全、祥和、尊师重教的育人环境。

注意：尽管本协议旨在促成校方和警方的合作，但是在询问涉及刑事犯罪的学生时校方和警方的职责可能会不尽相同。在这种情况下，校方和警方应以各自的政策和程序作为各自的指导原则。

4. 警察的职责与权限

正如多伦多警察局的局训“服务与保护”所体现的那样，警方的首要职责是保护个人人身安全和财产安全。这包括应对危机事件或处理突发事件，调查涉嫌违反联邦法或省法的案件和根据规定执行其他法律职责。

在涉及学校时，警方的职责包括同学校委员会和学校委员会的工作人员一起履行维护校园安全、打击犯罪的职责。这包括在校园内为学生提供一个安全的学习环境，为教职员工和其他合法人员提供一个安全的工作环境。

警方的其他职责包括：

• 执行联邦法和省法，包括《刑法典》、《警察服务法》和《青少年刑事审判法》；

• 履行《警察法》第42条规定的警察职责；

• 帮助犯罪受害者；

• 执法和进行刑事犯罪调查；

• 帮助青少年树立正确的公民观；

• 帮助减少针对青少年或由青少年实施的犯罪活动；

• 公布社区议题信息；

• 防止青少年刑事犯罪和青少年反社会行为；

• 同其他政府机构和社区机构合作，以支持青少年健康发展；

• 强调“专员防止学生犯罪项目”等类似项目的重要性。

5. 学校委员会的职责与权限

根据《教育法》规定，维护校园秩序和纪律是校长的职责。根据《刑法典》和其他法律规定，调查刑事犯罪和准刑事犯罪是警察的职责。当在校园内发生犯罪或犯罪涉及在校学生时，校长和警方有必要合作，以履行共同的职责和义务。各学校委员会将竭诚支持各自的管理人员和其他工作人员执行针对中学生的“专员防止学生犯罪项目”等类似项目。

学校委员会有责任制订和执行防止校园暴力的有效计划。这些计划包括：制定平安校园和校园防暴的政策和程序，在学校课程中设置防暴课程，并根据《2000 年校园安全法》制订学生行为守则。

学校委员会也负责同教师、校长和其他工作人员沟通上述人员在确保校园安全方面的职责，这包括：

• 遵守《教育法》的规定；

• 根据《儿童和家庭服务法》的规定进行报告的义务；

• 执行勒令休学和勒令退学等学校纪律规定的职责。

学校委员会也负责制订和执行应对校园暴力的全面计划，计划应：

• 确保学校员工能够获得资源以防止犯罪（即愤怒管理和冲突处理）；

• 制订应对危机事件的指导原则，包括对突发事件发出通报；

• 确保已经制订预防战略和干预战略；

• 为工作人员提供学习建立平安校园技能的机会；

• 建立向工作人员、学生、家长、学校委员会和社区成员就平安校园计划意见进行咨询的高效意见征求机制。

校长职责

为了使学生和其他工作人员有一个安全有序的学习环境和工作环境，校长应根据相关法律和学校委员会的政策履行在这方面的职责，根据这些职责，校长应：

• 对在校学生行使代替父母的职责；

• 遵守有关创建平安校园和校园防暴的政策和程序；

• 在工作人员、学生、家长和学校所在的社区中宣传这些政策和程序；

• 当警方在学校询问作为犯罪嫌疑人或证人的学生时，陪伴学生左右（本条取决于学生是否希望校长陪伴）。

6. 术语解释或术语说明

众所周知，校长和其他学校工作人员并非法官、律师或警察，因此他们不能也不应该对在他们校园内发生的事件进行严格的司法解释。校长和学校工作人员有根据自己判断决定是否需要警方参与的权力。以下定义可以指导、帮助校长和学校工作人员对事件进行评估，帮助他们履行《2000年校园安全法》所规定的义务。

爆炸物品：包括可用于制造爆炸装置或用于爆炸的任何物品。

敲诈勒索：使用威胁、指责、暴力或暴力威胁以诱使任何人做出任何事情的行为。

构成重伤的身体伤害：在未征得他人的同意下对他人有意施加的暴力。身体伤害指构成本质远非短暂或远非微不足道的任何疼痛或伤害，该疼痛或伤害影响个人健康或舒适。身体伤害包括（但不局限于）需要医治的伤害。任何需要缝合的伤口或任何骨折都应视作重伤。多处轻伤也构成重伤。

警方参与：不太严重的事件或对校园安全不构成即时威胁的事件。

警方响应：涉及暴力的事件或对校园安全构成即时威胁的事件。

持有毒品：本人或伙同他人非法持有《毒品和麻醉品管制法》中规定的毒品的情况，包括知晓在其他地方存有非法毒品的情况。

持有武器：指用于、设计用于或企图用于导致人员伤亡或威胁恐吓人员的任何物品，包括用作武器的物品。例如，钢笔或螺丝刀等物品如果被用于威胁或恐吓，则根据本定义该钢笔或螺丝刀也被视作武器。武器包括枪支或任何设计成或企图用作与武器完全相同或相近的任何装置。

抢劫：抢劫指个人使用暴力或威胁使用暴力盗窃受害者财物的行为。

性侵犯：性侵犯指个人在未征得受害人同意的情况下故意向受害人使用暴力或故意威胁使用暴力的行为。

贩运毒品：指出售、发放、转运《毒品和麻醉品管制法》所规定的非法药品或毒品。

7. 需要警方参与或响应的事件

省级协议规定了需要警方参与或响应的事件。尽管校长可根据判断自行决定是否需要警方参与或响应，但是本条所列举的涉及暴力或对校园安全构成即时威胁的事件是需要警方响应的事件。本条列举的不太严重的事件或对校园安全不构成即时威胁的事件是需要警方参与的事件。

需要警方响应的校园事件包括：

- 构成重伤的身体伤害；
- 性侵犯；
- 抢劫；

• 敲诈勒索；
• 刑事骚扰；
• 毒品犯罪，包括持有或贩运毒品；
• 武装犯罪，包括持有武器；
• 爆炸物；
• 团伙活动。

8. 需警方响应或参与的其他事件

警方参与的事件可包括：

• 帮助犯罪受害者；
• 帮助青少年树立良好的公民观；
• 公布有关社区议题的信息；
• 为支持青少年健康发展同政府机构和社区机构合作。

9. 信息共享和信息披露

学校委员会所持有和监管的信息应同时遵守《教育法》和《市政信息自由与隐私保护法》的规定。

(1)《教育法》

根据《教育法》的规定和教育部所颁发的其他规定和指导原则，校长负责收集学生记录的信息。多伦多学生记录包括成绩单和照片，也包括《暴力事件表格》，这个表格包括：

• 对事件的描述；
• 警方电话（视实际情况而定）；
• 学校或学校委员会对事件的纪律处分（视实际情况而定）；
• 学校委员会就因暴力行为向学生和家长或监护人所作出的勒令休学或勒令退学的通知。

根据本法，多伦多学生记录中的信息仅供监管官员和学校校长教师用于改进对学生的管理方法。向警方公布这些信息需要符合以下条件：

• 获得学生家长或监护人的书面同意或当学生已为成年人时，获得学生的书面同意；
• 出示要求获得多伦多学生记录的搜查令；
• 出示传票或所规定的法庭命令。

(2)《市政信息自由与隐私保护法》

《市政信息自由与隐私保护法》明确允许学校委员会向警方公开机密信息，以帮助警方进行执法调查。因此，既然校长和教师被允许在上述情况下向警方公布信息，则在非紧急的情况下，警方应提供书面证明，说明警方所要求获取的信息是为了协助警方进行执法调查。

（3）《青少年刑事审判法》

《青少年刑事审判法》保护青少年的隐私和身份。此处的青少年指年龄超过12周岁但小于18周岁的人员。除某些特殊情况外，《青少年刑事审判法》禁止所有人员（包括警察、青少年和学校委员会人员）公布青少年的姓名或公布能够帮助确认青少年身份的任何其他信息。《青少年刑事审判法》也禁止公布儿童受害者、儿童证人、青少年受害者或青少年证人的姓名和信息。除非本法另有授权，否则不得公布有关青少年犯罪或涉嫌青少年犯罪的警方记录。

这并不阻止：

- 为确保员工、学生或其他人员的安全而公布信息；
- 根据法庭指令而公布信息；
- 为帮助青少年改造而公布信息；
- 当青少年从青少年看守所被释放而重新融入学校时进行信息披露；
- 对被处以对成年人的惩罚的青少年的信息披露；
- 校长根据《教育法》的规定勒令学生退学或休学；
- 学校委员会对家长、监护人、成年学生对勒令退学、勒令休学进行听证。

此外，本法并不阻止学校委员会执行其对勒令退学、对勒令退学的上诉或勒令休学的上诉进行听证。在上述案件中，尽管存在《青少年刑事审判法》，但是仍可陈述事件的证据。

（4）影响学校的诉讼

在根据《青少年刑事审判法》和《刑法典》对学生提起起诉时，法庭会经常对被起诉的学生作出各种规定，这些规定也会影响到学校。例如，保释指令或缓刑指令或许会要求学生重新回到学校或禁止学生重新回到学校，也可能会要求学生和受害者至少保持一定的距离。同时，随着法庭诉讼的进行，学校可能会根据《教育法》的规定勒令学生退学或勒令学生休学。

然而，令人遗憾的是警察会忽视学校安排和法庭安排的冲突，并且学校可能无权对学生执行法庭的规定。即使学校有合法权利和设施执行法庭的规定，但是在通常的情况下，缺少对学校执行这些规定的相应措施。

因此，当对学生提起诉讼时，涉及的警察在建议释放或缓刑时应咨询学校行政管理人员。对此，应鼓励学校行政管理人员同警方对此类情况展开讨论。此外，警方应尽力告知学校，并帮助学校在根据《教育法》履行义务和权利时还能够执行保释指令或缓刑指令。

（5）学校职工应做的记录

众所周知：

当警方参与校园事件时，警方有时需要传唤证人，要求证人在法庭作证，并且时间越久，越难回忆起事件的细节。

因此，明智的做法是在事件发生时保持对细节的记录。这些细节应被作为工作日志记录在案，并且可在需要时作为参考；这些细节包括日期、事件、询问证人的姓名和任何相关言论；视情况需要，有时也应包含对校方行政管理层所采取的任何行动的总结性的记录。

(6)《儿童和家庭服务法》

正如下面详细介绍的那样，教师和校长有责任向儿童援助团体报告哪些儿童需要保护。在非恶意披露此类信息的情况下，教师免受被起诉的责任。通常情况下，此类信息属机密信息或只有部分人才能够看到的信息。

10. 学校通知警方的程序

除上述情况外，当校长有理由相信在校学生已经构成刑事犯罪或可能构成刑事犯罪时，出于对受害者安全的考虑和受害者对自身安全的考虑，校长应根据学校委员会和教育部的相关政策和程序向警方报告该事件。

通常情况下，校长或校长委派人员负责联系警方。在紧急情况下，可以直接拨打报警电话911。

11. 与警方的初步联系

当执行调查时，警方应尽力把对学校日常工作的影响降至最低。除特殊情况外，在所有非紧急调查的情况下，警方都应在学校开展调查前通知主要校方领导，并且应向校长解释警方的所有调查细节。这可以帮助校长（或副校长）迎接警察，帮助调查顺利进行。

警察将：

• 向校长或校长委派人员提供合理的身份证明；

• 说明来由；

• 联系校长，或同校长或校长委派人员对联系18周岁以下学生家长作出合理安排。

12. 调查学校事件

(1) 法定权利

当警方在学校开展调查时，警察的首要职责是以青少年能够理解的方式向他们解释法律赋予他们的权利。校长或校长委派人员应告知警方哪些情况会影响学生书面或口头表达的能力，哪些情况会影响学生书面或口头理解的能力。

根据《青少年刑事审判法》，被起诉的年龄不满18周岁的学生所作的声明不应被法庭视作对该学生的不利因素，除非：

(i) 该声明属自愿声明；

(ii) 警方已经告知该学生没有作出声明的义务，并且告知该学生其所作声明有可能被用作对其本人的不利证据；

(iii) 警方应告知该学生本人具有咨询法律顾问、父母或一位成年亲属的权利，在该学生无法咨询父母或成年亲属的情况下，警方应告知该学生具有选择咨询任何其他合理的成年人的权利；

(iv) 在作出声明之前，警方已经向学生提供咨询第（iii）项中所列人员的机会；

(v) 在该学生咨询第（iii）项中所列的人员的情况下，该学生有机会在咨询人面前作出书面声明。

该学生可能会放弃第（iv）项和第（v）项所规定的权利，但是此类弃权必须被录像、录音或由该生书面签字证明。在某些情况下，该生可选择一名教师或校长作为相关的成年人。被选中的教师或校长应根据实际情况，尽己所能维护学生的最大权益。

除了还对18周岁以下学生所规定的特殊法律权利外，《权利和自由宪章》赋予其他权利，包括咨询的权利、不被任意拘留的权利和保持沉默的权利。

《青少年刑事审判法》对青少年的权利作出以下规定：

• 当学生在出庭前被拘捕关押时，警方应尽快通知学生家长该生被关押的地点和该生被拘捕的原因；

• 被拘捕的学生具有随时获得咨询的权利；

• 警方具有义务告知被拘捕学生其本人具有咨询权。

(2) 搜查和没收

本协议中的“搜查与没收”并不是指校长和被授权的学校工作人员根据《教育法》的法定职责所进行的搜查和没收。上述此类搜查与没收应符合学校委员会的相关政策规定。

在警察需要进行搜查时（包括对橱柜进行搜查或对学校的其他财产进行搜查），需首先获得搜查令。到达学校时，警方应向校长或校长委派人员出示搜查令。警方应向校长提供核实搜查令的机会，如果有必要，应向校长提供获取学校委员会律师法律建议的机会。

当根据《刑法典》向校长出示搜查令并要求校长提交多伦多学生记录时，校长有义务遵守搜查令的规定，但是校长有权在交付原件前保留完整的复印件。

当需要拘捕时，警方应考虑到学校的安全和学校的特殊环境，应咨询校长，根据实际情况尽可能地考虑其他替代做法，并且应尽量在学校以外的地点对学生进行搜查。当需要在上课时间对学生或学校财产进行搜查时，警方应尽己所能地使搜查对学校日常活动的干扰降低至最低。

应告知学校工作人员当警察逮捕学生时，警察可能会根据要求对学生进行搜身。在此种情况下，警察无须搜查令。

在紧急情况下，警方可能会在没有通知和没有拘捕令的情况下展开搜查。在搜查过后，警方应向校长或校长委派的人员说明此次搜查的原因。

（3）拘留和逮捕

不论导致逮捕的事件是否与学校有关，警方应考虑到学校的安全和学校这个特殊的环境，应咨询校长，应根据实际情况尽可能考虑其他替代的做法，并且尽量在学校以外的地点对学生进行逮捕。

• 当需要在上课时间逮捕学生时，应尽量把此逮捕对学校日常活动的影响降至最低。

• 当需要在上课期间在校内逮捕学生时，只要条件允许（在合理评估之后），警方应联系校长安排警方接近该学生的适当的程序。

• 当需要逮捕学生时，不应拒绝警方接近该学生。

• 可能会出现身体限制的情况。这种情况的执行应是在根据本协议、警察程序和逮捕警察的审慎判断之后充分考虑到涉及人员的安全的决定。

• 当年龄不满18周岁的青少年被带出学校后，除非警方另有安排，否则校长或校长委派人员应立即通知学生家长或学生监护人。

（4）对受害人的援助

各方相信，犯罪受害人或其他事件的受害人需要特殊的关注和服务。校内向学生提供相关的咨询和其他支持。学生应能够获得这些资源。此外，社区内也拥有其他社会服务，以帮助犯罪受害者或暴力受害者，旨在帮助获得这些支持资源，帮助受害人加入合理的支持项目。

根据《青少年刑事审判法》，受害人有权要求获得有关犯罪处理方面的信息。这些信息不由学校官员提供，而由警方或根据《青少年刑事审判法》所规定的委派人员提供。

13. 警方对学生的询问

询问程序会根据实际情况的不同而不同。公认的程序是由警察在校外对学生进行询问。然而，在某些情况下，警察可能需要在学生上课期间在校园内对学生进行询问。在这种情况下，警察应使询问对学校日常的活动的影响降至最低。

（1）通知家长

当警方需要在学生上课时间询问未满18周岁的作为犯罪嫌疑人或证人的学生时，为了执行其代替父母的职责，除非情况紧急，否则校长应立即通知学生家长或学生监护人，告知他们警方询问的要求，并邀请学生父母或学生监护人来到询问现场（如果校长无法联系到学生家长或学生监护人，则校长应记录自己对联系他们所做的努力）。本规定也有例外的情况，即警方相信为了确保该学生的最大利益，最好的做法是在学生先前不知情的情况下和在学生家长或学生监护人不知情的情况下进行。在这种情况下，校长在向警察确认以下情况并在自己作出判断后，可以允许此类询问在未获得学生家长预先同意的情况下进行。以下为校长需向警察确认的情况：

• 警方正在调查的犯罪中，学生个人面临风险，或有充足理由相信在询问中学生家长或学生监护人在场会危害学生的安全或危害调查的完整性；

• 在考虑各种询问方式后，警察相信在学校对学生的询问符合学生的最大利益；

• 警方希望在学生预先不知情的情况下并且在学生家长或学生监护人不在场的情况下对学生进行询问；

警方将尽快通知学生家长或学生监护人对学生进行询问。

此外，青少年可以咨询法律顾问或家长或任何其他合理的成年人。在有些情况下，青少年可能会倾向于选择老师或校长出现在与警察询问的过程中或出现在自己作出声明的过程中。在任何此类情况下，警方应尽己所能满足学生的这些权利。

根据相关法律，年满 18 周岁的学生已经成为成年人。在处理成年学生的情况时本协议也规定应将对学校活动的影响降至最低。

（2）询问前的准备

在与学校合作进行询问前，警方：

• 当已知学生在行为、认知、身体或学习方面有缺陷时，应评估对特殊资源的需求；

• 确定是否需要翻译，包括语言翻译和对失聪学生的手语翻译；

• 确定是否需要对询问进行录像或录音；

• 确定由哪位警察主导询问；

• 确定询问的方法。

（3）询问的进行

在询问期间，警察应：

• 对不同年龄段采用不同的询问方式；

• 当有理由相信被询问的学生涉嫌刑事犯罪时，应向学生作出合法的提醒，并告知该学生有获得法律咨询的权利；

• 考虑对未满 18 周岁的学生所作的声明的可采性的要求，包括要求学生家长、学生监护人或其他成年人出现在询问现场；

• 考虑是否需要当地儿童援助团体的参与。

14. 报告疑似需要保护的儿童

教师和校长有责任向儿童援助团体报告哪些儿童需要保护。教育工作者必须警惕虐待儿童忽视儿童的问题。若教师和校长有理由相信已经出现虐待儿童或忽视儿童的情况，则他们应向儿童援助团体汇报可疑的情况和相关信息。在法律中，“儿童”被定义为实际或看似不满 16 周岁的个人。根据法律规定，有义务直接报告的个人应直接向儿童援助团体报告相关情况，并且不应让任何人以自己的名义向儿童援助团体报告。免除对教育工作者因披露和报告此类信息所提起的诉讼，通常情况下，此类信息属于机密信息或只有部分人有权看到此类信息。

教育工作者应查阅学校委员会就如何向警察报告所制定的相关政策和程序并遵守这些政策和程序。

15. 对有特殊需求的学生的调查

在警方需要询问具有特殊需求的学生的情况下，各方应作出更多考虑。应由学校工作人员和警方共同采取所有必要措施发现和满足此类学生的特殊需求或要求。应由熟悉被询问学生的学校工作人员对特殊需求进行评估，并与学生本人和学生家长或学生监护人沟通他们的需求，并把这些需求告知警察。

16. 涉及 12 岁以下儿童的事件

根据法律规定，不得对未满 12 周岁的儿童提起诉讼或不得起诉未满 12 周岁的儿童构成刑事犯罪。我们都知道，警察可能会参与到涉及未满 12 周岁的儿童的案件中，并且在某些情况下可能需要同这些未满 12 周岁的儿童询问。对未满 18 周岁的儿童的询问适用于对未满 12 周岁的儿童的询问。但是，警察对未满 12 周岁的儿童的任何形式的接触都应充分考虑儿童的年龄。

17. 学校委员会的沟通战略

学校委员会将继续征求学校委员会、家长、员工和学生就本协议的制定和评审的建议。此外，沟通战略将寻求加强对本协议的宣传和加强对本协议各签署方职责的理解。

在学校发生重大事件或重大事件与学校有关时，当多伦多警察局拟订发布媒体吹风会通报学校委员会或学校情况时，警方应提前通知学校委员会官员，并且尽可能对将要通报的学校或学校委员会提供合理建议。

18. 协议的评估过程

各方应每三年在联合评审会议上对本协议进行评审，以对本协议作出必要修订。学校委员会将继续征求学校委员会、家长、员工和学生对评审程序的建议和意见。

19. 与事件无关的警方参与

一名全国驻校警察联合会的官员写道："警察展示了可视的、积极的执法形象，他们在学生面临问题的时候，作为保密的咨询来源。他们将专业技能带入学校，这样可以帮助青少年在生活中作出更加积极的选择。他们也努力工作，保护学校环境，维护让教师和学生都感到安全的教学氛围。"

各方都认为在学校内设置警察可以为学生树立一个积极的榜样，帮助维护校园安全，创建良好的教书育人环境。地方警察局将竭诚同本警区内的学校合作，在校园内设置警察，由警察帮助处理各种事件，努力维护一个积极的警察形象。

20. 预防暴力计划

为防止校园暴力，需要采取一个协调一致、考虑周全的多方措施。警方应同校方和社区的其他机构合作执行各种计划，这些计划包括：学生为学生进行调解、指导性项目、毒品教育项目、解决冲突项目和专员防止学生犯罪项目。因此，本协议是各学校和其他重要社区伙伴（包括精神病治疗医生、保健医生和儿童援助团体）在预防领域所结成的更大的合作伙伴关系的一个组成部分。

21. 人身安全问题

警察局应邀同当地学校合作，评估学校建筑物或校园的物理安全，并对评估提出建议。警方应一直向校方提供此类支持。

22. 风险评估服务

警方认为警方需要协助校方评估个人或团伙对学校构成的威胁。当学校需对个人行为进行威胁评估时，学校应联系当地警察部门，由当地警察部门联系威胁评估科对威胁进行评估。

23. 突发事件和危机应对计划

根据学校委员会的政策规定，每一个学校都应制订应对突发事件和危机的计划。教师、员工、家长和学生可以参与到计划的制订和监督中来，并且学校应向学校所在的社区和警方清楚地说明本计划。学校应向警方提供学校应对突发事件和危机计划的复印本。

24. 总结

本协议旨在帮助学校创建和维护一个安全、祥和的校园环境。通过执行本协议，我们承认整个学校所在的社区（包括但不局限于受害者、证人和被指控者）的需求和权利。多伦多学校委员会、多伦多天主教学校委员会、法语天主教学校委员会和法语学校委员会所承认的信仰、程序和期待都是为了实现以下目标：

- 加强学生、员工、其他学校人员、警察和应急人员的安全；
- 提升员工的士气；
- 增强公众信心。

本协议体现了长期以来在服务学生、服务员工、服务家长和服务学校其他人员时所一直存在的合作精神。

加拿大安大略省《地方警察局/学校委员会协议的省级模型》

1. 介绍

在学校委员会与警察局之间签订协议，并以此来对与学校相关的事件进行调查是教育部与公共安全部的政策方向。

基于以下原因我们编制了本文件：

• 确保在本省范围内，学校委员会和警察局共同制定的协议中的措施具有一致连贯性；

• 提供一个载体，能够增加学校与警察局之间的对话，并让他们建立有效的联系，而这种联系是以合作与共享为基础的；

• 从省一级的角度为本地协议设定期望值，同时也允许警察局和学校委员会就警务安排和可能会影响某独立辖区安全的独特因素制订具体的应对措施。

本文件概述了一些共同原则以及它们必须包含的基本因素，所有的协议都应当建立在这些原则的基础上。同时，本文件认为：各个学校委员会运行在不同的环境中，而且他们可以利用的资源有所差异，因而对在全省范围内执行相同的协议构成了挑战，然而，省级和联邦的法律（如《教育法》、《儿童和家庭服务法》、《刑法典》、《青少年刑事审判法》）仍然需要某些职责和程序。

2. 本文件的目的

安大略人认为学校是一个用于学习和教学的安全之地。安全的校园环境能促进相互尊重、提高责任心和提高文明程度。让学生在安全的学校社区内接受最好的教育是大家共同的责任，而要做到这一点，就需要所有人通力协作，有效沟通。

为了让我们的学校更加安全，需要制订一个综合性战略，它包含了以下要素：

• 获取必备的知识、能力，以积极的态度来维护学校的环境，在这样的环境里，可以通过以尊重和礼貌为特点的方法来对付矛盾和差异；

• 对有风险作出或者已经作出暴力行为或反社会行为的人进行干预和救助；

• 在事件发生的时候，进行有效的响应——这种响应应该尊重受害者、证人和犯罪者的权益。

在努力使学校及其社区成为一个更加安全的学习、工作之地的过程中，警察扮演着重要的角色。除了响应和调查与学校相关的事件之外，警察在预防犯罪和暴力的行动中也是重要的合作者。

学校—警察合作关系之所以能行之有效，其根本原因就是每一个合作者对自身的角色和责任有共同的认识，在警察/学校委员会协议已经存在的辖区内，这种共识在某种程度上已经达成了。

学校委员会与警察局制定警察/学校委员会协议是教育部和公共安全部的政策方向，这样的话合作双方对各自的角色、相关程序和双方人员的决策权才有清楚的认识。

本地学校/警察局协议的省级模型确定了在制定警察/学校委员会协议或者修订现有协议的时候，应该将哪些因素考虑进来。本文件的内容旨在允许警察局和学校委员会应对服务提供的安排和独特的因素以及可能会影响独立辖区的考虑。

3. 本地学校/警察局协议规定的因素

为确保省内所制定的本地协议的措施具有一致连贯性，下列 23 个因素是本地学校/警察局协议不可或缺的组成因素：

（1）协议签订方

明确参与协议的当事人（如学校委员会、警察局、校务委员会）并让他们指派人员签订协议。

（2）陈述原则

陈述指导性原则，这些原则是构成协议条目的基础，与管辖区域有关，如：

• 需要在学校环境中促进相互尊重，弘扬礼貌行为；

• 需要尊重与人种、文化、宗教有关的基本权利以及存在于学生、教师和工作人员之间的其他差异；

• 需要在权利与义务之间达到平衡。

（3）介绍

陈述协议的目的和理论基础，如：

• 有助于提高对学生、教师、员工和志愿者的安全保护；

• 鼓励学校与警察之间正在进行的、合适的而且反应良好的合作关系；

• 有利于适当地分享和透露信息；

• 增进学校委员会与警察局的共同磋商，促进合作伙伴关系，维护学校环境的安全；

• 确保教育部门与执法部门的职责得以履行，需求得以满足；

• 利用警察局和学校对与学校相关的事件作出响应的方式，确保在学校委员会辖区内所采取的措施具有一致连贯性；

（4）警察局的职责和权限

扼要叙述在涉及青少年和学校社区事务的时候，当地警察局所扮演的具体角色及承担的职责，如：

• 执行《刑法典》、《警察服务法》、《青少年刑事审判法》及其他联邦、省和市的法律及相关条例；

• 遵守《警察法》第 42 节规定的职责；

• 对受害者进行援助；

• 进行执法及犯罪调查活动；

• 保护公共安全及预防犯罪；

• 帮助青少年培养对于“好市民”概念的理解；

• 减少针对青少年或由青少年实施的犯罪行为；

• 提供关于社区安全问题的信息；

• 转移青少年在犯罪行为、反社会行为上的注意力；

• 与政府和社区的其他机构合作，支持青少年的积极发展。

（5）学校委员会的职责和权限

扼要叙述在涉及学校安全问题的时候，学校委员会、校长、教师和员工所扮演的角色和职责，如：

• 符合《教育法》及相关条例所规定的对校长、教师职责的要求；

• 符合《儿童和家庭服务法》所规定的要求（例如，“报告的义务”）；

• 管理与学校有关的纪律行为（例如，“勒令休学”与“勒令退学”）；

• 根据《教育法》的规定制订行为准则；

• 确保相关的资源（例如，毒品意识、矛盾解决）可以被用来帮助学校员工提升犯罪预防能力；

• 制定关于如何应对危机的政策，包括媒体计划；

• 确保犯罪预防和犯罪干预策略切实有效；

• 向员工提供机会，使其能够获取必要的能力来提升学校环境的安全性；

• 制订一个有效的磋商机制，用来征求员工、学生、家长和校务委员会对于当地协议的意见和建议。

（6）协议条目的定义和解释

为了辅助那些将要管理当地协议的人，需要对被选中的协议条目进行解释，如：

• “警方响应”相对于“警方参与”（前者指对事件的响应，后者指在事件发生之后的追查）；

• “尽可能快”（涉及与学生的家长或法定监护人进行联系）；

如果在相关文件，如部级、委员会、学校或者警方政策文件中对某一条目进行了定义，那么在本协议中它们的含义仍然保持不变，这样能保证相关政策和协议具有一致连贯性。

(7) 需要警方参与或响应的事件

列举出需要警方参与或响应的事件类别，其中必须包括至少以下几项：

• 导致需要医疗护理的人身伤害；
• 性侵犯；
• 抢劫；
• 刑事骚扰；
• 武装犯罪；
• 毒品犯罪（如走私）。

(8) 其他需要警方参与和警方响应的事件

列举出除了第7节以外，需要警方参与和警方响应的其他事件的类别，如：

• 以心生憎恨或偏见为动机的事件；
• 与黑帮有关的事件；
• 敲诈勒索；
• 威胁进行严重的身体伤害；
• 恶意破坏公物事件；
• 非法闯入学校事件。

其他与学校有关的事件应当具体问题具体处理。

(9) 信息共享和信息批露

描述《青少年刑事审判法》和《儿童与家庭服务法》所规定的程序和义务，如下所示：

a)《青少年刑事审判法》

本法包含了一些条款，用来处理与青年犯罪者相关的信息披露，信息安全存放和信息销毁等。该法还清楚的阐述了怎样共享这些信息来“在（a）对及时共享信息的需求（尤其在安全问题受到关注时候）与（b）对保密性的要求之间寻找平衡点”。

查实与信息批露相关的法律授权，如：

• 《市政信息自由与隐私保护法》第32（g）条；
• 《信息自由与隐私保护法》第42（g）条；
• 《青少年刑事审判法》（犯案者的身份不得公开）第110（1）条；
• 《青少年刑事审判法》（该法规定：可以向有具体目的的学校委员会代表或校方代表查看犯罪记录）第125（6）条；
• 判例法；
• 现有的所有关于学校、警察局、法庭和相关机构之间的信息披露和信息共享的政策或协议。

b)《儿童和家庭服务法》

明确阐述专业人员的职责是向儿童援助协会报告哪些儿童可能需要得到保护（按照本法第72（1）节规定）。这个规定比其他任何可能禁止批露信息的省级法规条款更加重要。必须以一种尊重那些可能需要得到保护的儿童的脆弱性的方法来共享信息。《青少年刑事审判法》第35节也扼要阐述了将青少年送至儿童福利机构，并决定其是否需要儿童福利服务的权利。

（10）学校报告程序

提供信息并扼要叙述有关事件报告的程序。这些事件不仅涉及作为受害者的学生，也包括作为犯罪者的学生，如：

• 对与警方的各种联系方式进行描述（如警方响应和警方参与）；

• 学校官员在向警方报告事件的时候应当遵循的程序，如：

—应该由谁报警（如校长、校长指定人还是教师）；

—与警方联系的要点（如911用于紧急情况）；

• 在学生或员工的安全即将受到威胁时，应当遵循的报告程序（对学校紧急与危机事务应对方案进行交叉验证）；

• 警方刚一到达学校即可从学校人员中获取的信息和支持；

• 向学校委员会报告事件的程序。

确保报告事件的程序与《儿童和家庭服务法》相关条款的规定一致。

（11）与警方的初步联系

对有关学校的事件报告进行回应的警官有责任获取和详细记录与该事件相关的信息。如果是调查或者投诉的焦点在校长或者校长指定人身上这种情况或者在其他紧急情况下，该警官可以不必遵循以下程序（如向校长报告）。

扼要说明作出回应的警官应该遵循的程序，如：

• 向校长或校长指定人报到，并提供适当的身份证明；

• 解释此行的目的；

• 与18岁以下学生的家长或法定监护人联系或经校长或校长指定人安排进行联系；

• 制定备选报告程序，以便在校长接受调查的情况下可以遵循。

（12）调查学校事件

列举警方在进行校内调查的时候必须遵守的所有相关法律法规，如《青少年刑事审判法》、《刑法典》、《加拿大权利和自由宪章》、《省级刑法典》（尤其是第6部分“青少年犯罪者”）、《市政信息自由和隐私保护法》、《信息自由和隐私保护法》等。

列举警方在调查涉及学生可能是犯罪人、受害者或证人的事件的时候，应该遵循的所有相关法律规定和操作程序；

注意：在与当地警方的刑事调查管理计划一致的前提下，才能进行以上调查，而且必要的时候还应该与《安大略重大案件管理手册》保持一致。

a）法定权利

在调查青少年作出的与学校相关的事件时，特别要注意与以下条款相一致的程序：

- 在逮捕的时候通知家长（《青少年刑事审判法》第26节）；
- 咨询的权利（《青少年刑事审判法》第25节）；
- 对隐私的保护（《青少年刑事审判法》第110节）；
- 准许陈述（《青少年刑事审判法》第146节）。

除以上条款之外，还包括《权利和自由宪章》、《儿童和家庭服务法》、《市政信息自由和隐私保护法》以及《信息自由和隐私保护法》等。

b）搜查和没收

包括以下几点：

- 在对人身和房屋进行搜查时应遵循的程序，这些程序符合公共安全部制定的《人身和房屋搜查指导》及相关的联邦法律和案件法律的规定；
- 警方和学校人员在进行人身财产搜查时所扮演的角色和承担的责任；
- 警察在对学校场所进行搜查之前需要通知校长或校长的指定人（在某些紧急情况下，可能需要警方在不通知校长或校长的指定人的情况下进行搜查）。
- 扼要说明学校人员怎样广泛宣传关于搜查学校财产的权力的信息（如锁柜和桌子），以及可能用来应对涉及非法药物的事件的警方策略。
- 明确规定学校人员不得进行人身搜查。

c）拘留和逮捕

包括以下几点：

- 在拘留或逮捕嫌犯时应遵循的程序，这些程序符合公共安全部制定的《逮捕指导》及相关联邦法律和案件法律；
- 警方和学校人员在执行逮捕或扣留财产时所扮演的角色和承担的责任；
- 警方要求进入的法律依据（如武器搜查和药物搜查，对可能被起诉的通缉者实施逮捕或挽救生命的法律依据）；
- 根据《青少年刑事审判法》规定，在逮捕和拘留青少年的时候应当遵循的规程（如第26节“通知家长”）。

d）对受害人的援助

包括以下几点：

- 符合公共安全部制定的《受害人援助指导方针》；
- 警方和学校人员所扮演的角色和承担的责任；

• 向受害人告知他们可以得到的服务，如：

—警方针对受害者的服务；

—由当地学校委员会提供的学生援助服务；

—由其他市政当局、社区和社会服务机构提供的服务；

—获取信息（《青少年刑事审判法》第 111 节）；

—受害人和证人身份的保密；

• 信息共享和社区转送的程序。

(13) 警方对学生的询问

扼要阐述在学校场所内，警察询问学生时应遵循的程序，如：

• 在涉及刑事调查的事件中（这些事件涉及那些可能是犯罪人、受害者或证人的学生），警方在进行询问时应承担的责任；

• 警方请求在学校场所进行询问时应遵循的程序（批准该请求的权力视具体情况而定）；

• 如果认为某儿童可能需要得到保护，警方可将当地儿童援助社会团体纳入进来以便联合询问，在这种情况下应遵循的程序；

• 需要学校人员辅助警方来进行必要的准备（如保护房间的安静与安全，安排询问的时间）；

• 在确定最合适的询问时间和地点时应当考虑的因素；

• 按照当地警方询问证人、受害者和嫌疑人的程序的规定，警方在询问学生时所扮演的角色和承担的责任。

a) 通知家长

包括以下程序和考虑因素：

• 警方必须告知 18 周岁以下的学生：他可以要求他的家长或法定监护人在警察询问的时候到场陪同；

• 如果有儿童援助团体参与（例如，怀疑在学生家里发生了疏忽或者虐待事件），学校和警官应该与儿童援助团体进行讨论并就告知家长或法定监护人的时间和程序达成一致；

• 如果有必要，学校和警方应该在询问之前确定由谁（如校长或者调查警官）来与家长或法定监护人取得联系；

• 如果学生年龄在 18 周岁及以上，那么不得通知其家长或法定监护人，除非该学生同意、亲自作出请求或者没有同意的能力；

• 如果无法与家长或法定监护人取得联系，那么该学生可以通知家庭其他成员或者他人，否则校长可以在符合学生愿望的情况下亲临校内询问的现场。

b) 询问前的准备

包括以下一些考虑因素：

• 警方询问被怀疑有犯罪行为的人；

• 在已知道某学生有行为、认知、体质或者学习缺陷的情况下，对专业资源的需求进行评估；

• 确定询问的方法；

• 在有多名警官询问的情况下，决定由哪一位开始发问；

• 对询问和陈述的内容进行录音、录像，同时警察应告知被询问者该谈话正被记录；

• 确定是否需要翻译（如语言翻译，为聋哑学生或者有听力困难的学生提供翻译）。

c）询问的进行

包括以下一些考虑因素：

• 在警方对青少年和儿童询问的时候采取恰当的询问方式；

• 在有合理的依据认为被询问的学生参与犯罪过程的时候，给予合法的提醒和告知咨询的权利；

• 在法律上进行考虑，尊重对权威人士作出的陈述的可接受性；

• 当询问过程涉及可能需要得到保护的儿童时，建议将当地儿童援助团体融入到询问过程中。

（14）报告疑似需要保护的儿童

在制定本部分协议的时候，应将当地儿童援助团体考虑进来，那样就可以建立多边共识。可以参考由社区、家庭和儿童服务部制定的《虐待儿童与疏忽事件报告》。

扼要阐述在疑似有虐待儿童或疏忽事件的情况下，应当遵循的法律规定和程序，也可将现有的协议（如与当地儿童援助团体之间的协议）纳入至本协议中，并确保本协议和现有的学校委员会政策及指导方针能够反映《儿童和家庭服务法》第72（1）节的要求（“报告需要得到保护的儿童的义务”）。

《青少年刑事审判法》（第35节）也概述了将青年送交至儿童福利机构以确定其是否需要儿童福利服务的内容。

（15）对有特殊需求的学生的调查

在对已知有行为、智力或者身体异常或交流困难的学生进行调查时，学校人员和警方应该考虑的额外因素，如：

• 对涉及异常学生（尤其是在有必要进行询问的时候）的事件进行响应并展开调查的时候，应考虑的额外要求；

• 如何评估对于专业资源的需求；

• 在恰当的时候确保能和学生的家长或法定监护人取得联系。

(16) 涉及12周岁以下儿童的事件

在制定本部分协议的时候，应将当地儿童援助团体考虑进来，那样就可以建立多边共识。可以参考由社区，家庭和儿童服务部制定的《虐待儿童与疏忽事件报告》。

阐述对涉及12周岁以下儿童的事件进行响应的程序，如：

• 根据《青少年刑事审判法》、《省级刑法典》或者《刑法典》的规定，无权对这类儿童进行起诉；

• 需要尽快通知家长或法定监护人；

• 警方有权做记录并进行询问；

• 报告涉及小于12周岁学生的具体事件类型；

• 根据《儿童和家庭服务法》的规定，在某些情况下有责任向当地儿童援助团体报告疑似需要保护的儿童（如在儿童的家长没有获得恰当对待的情况下发生的虐待、疏忽或者由此引发的危险行为）。

(17) 学校委员会沟通战略

在制订本协议的过程中，学校委员会必须持续从学校委员会、家长、员工和学生中获取意见和建议。同时，来自于社区的支持也是很有必要的，要做到这一点，就要依赖于定期的富有成效的沟通。

制订沟通计划以提高对于本协议内容的认知和理解。

(18) 协议的评估过程

建立一个时间框架，在这个框架内可以重新审视过去的事件，并对不同的发展方式进行分析，还要对当地协议进行正式的评估（例如，每三年一次）。在评估的过程中将学校员工、警方、学校委员会、家长和学生都考虑进来，在有可能的情况下，可以考虑利用已有的论坛来进行评估。

(19) 与事件无关的警方参与

警方在学校社区内扮演着重要的角色。他们的参与远远不仅限于对事件进行简单的响应。

警方可能在学校社区事务中扮演与事件无关的角色，本部分把这样的角色描述也包含进来。下面一段话是从全国驻校警察联合会（National Association of School Resource Officers）引用而来的，它提供了一个可能的描述：

“警察展示了可视的、积极的执法形象，他们在学生面临问题的时候，作为保密的咨询来源。他们将专业技能带入学校，这样可以帮助青少年在生活中作出更加积极的选择。他们也努力工作，保护学校环境，维护让教师和学生都感到安全的教学氛围。”

在本节中，确定和列举当地警方已经准备好的、可以向学校社区提供的额外支持。

（20）预防暴力计划

为预防学校暴力，需要多方协调的、多层次的方法。警方与学校及其他社区机构协同工作，来管理相关的计划，如同意调停、心理辅导、禁毒警示教育、矛盾解决和高级中学犯罪遏制等。在预防暴力方面，本协议是学校和其他几个必不可少的社区伙伴（包括心理健康提供者、卫生保健专家和儿童援助团体）之间广泛合作关系的一个部分。

将与协议相关的部级、学校委员会和警方在预防暴力方面的政策附加在这个部分。

（21）人身安全问题

为了提高对学生、员工和教师的安全保卫，学校或委员会可以对物理空间（如照明设施、建筑设计和景观等）作出一些改变。在有需要的时候，警察还应与当地学校合作，对建筑物和校舍进行物理安全评估。如果这种支持措施是期望得到而且切实可行的，那么本协议应该提供关于它的详细信息。

（22）风险评估服务

阐述从警察局请求和获取风险评估和威胁评估服务的程序。

（23）突发事件和危机应对计划

希望学校能制订突发事件和危机应对计划，以便与学校委员会的政策保持一致，而且还应该包括恰当的后续措施。教师、员工、家长和学生在制订和监督本计划的过程中应该参与进来，本计划的制订应该与学校社区和警察局的成员充分联系，还应具体描述与警察共享突发事件与危机应对计划的机制。

加拿大哈利法克斯地区校园安全项目

新斯科舍省（Nova Scotia）是加拿大三大沿海省份之一，面积5.5万多平方公里，为加拿大面积第二小省份。2009年，该省人口94万多人，人口密度位列加拿大各省第二。哈利法克斯（Halifax）是加拿大新斯科舍省省会，也是大西洋沿岸诸省中最大的港口城市，濒临大西洋，是世界最深不冻港之一。鉴于其重要的战略位置，被称为“北方门户”。

哈利法克斯地区学校委员会是加拿大大西洋沿岸诸省中最大的学校委员会，为137所学校中约5.1万名学生提供服务。哈利法克斯地区学校委员会、哈利法克斯地方警察和加拿大皇家骑警非常重视为学生提供安全的学习环境。警察在支持学校实现校园安全、应对和调查校园事件和犯罪事件、防止校园犯罪和暴力等方面扮演着重要角色。哈利法克斯地区学校委员会和警察各司其职。

哈利法克斯地区学校委员会的职责包括确保：

- 所有校长和教师遵守《教育法》和相关法规中所列职责；
- 所有校长、教师和教育界人士遵守《儿童和家庭服务法》中所列职责；
- 所有学校制订并执行符合本地区和本省行为规范的《学校行为守则》；
- 制订清晰、有效的应急预案；
- 根据需要制订预防和干预战略；
- 为员工提供创建安全校园的知识和技能，培养员工创建安全校园的意识；
- 为学校员工提供创建安全校园的资源。

校园事件根据《教育法》和哈利法克斯地区学校委员会政策解决。在警察介入之前，学校管理部门或相关负责人应考虑以下标准：

- 事件种类和是否已进行足够的学校干预；
- 伤害程度；
- 先前此类事件；
- 校园之外发生的与学校有关并且可能导致校园事件的事件；
- 导致事件发生的个人年龄和个人历史；
- 导致事件发生的个人态度和其弥补伤害的意愿；
- 受害人信息；
- 涉及可能违反联邦法、各省法规或地方法规的事件。

如果不确定是否需要警察介入，校长或相关负责人应咨询本学校行政主管，由他们联系指派给本学校的学校应对官（School Response Officer）或学校联络官（School Liaison Officer）。

校方通过急件联系警察时，应提供以下信息：

- 事件地点和事件性质；
- 威胁风险评估等级和事件详情；
- 当校长进行隔离演习时，应告知结束隔离的安全水平；
- 学校联系人姓名和电话号码。

当社区内发生的事件可能危及学生安全或在调查期间，警察应告知校长以下内容：

- 联系人姓名和相关信息；
- 事件具体情况；
- 对校长和相关负责人的其他重要信息。

紧急事件中各自的职责和权限：

除非环境不安全和无法实现，否则突发事件时，校长或相关负责人应在学校正门等待负责警察，并引导负责警察或其他紧急事件应对人员来到事件发生地点。校长拥有执行应急方案（如疏散或隔离）的权力。

根据《教育法》相关规定，校长在涉及学生和教师的安全方面拥有完全的权力，包括在执行和结束《紧急情况应对方案》所列所有行动的权力。

每个学校都有一个为校长提供指导的《紧急情况应对方案》，涉及以下方面：

- 疏散——安全地疏散学生和教师；
- 安置——安全地把学生和教师从学校转移到其他地点；
- 隔离——安全地把学生安置在学校建筑内；
- 接纳——接纳从其他地方转移安置的群体，通常是临近学校的群体。

根据《加拿大刑法典》和其他相关法律，包括刑事申诉调查，警察在这些方面具有完全权力。

学校事件调查

校长负责确定被指控罪行的性质和范围。当确定出现刑事犯罪时，应通知警察。当校长要求警察介入事件调查后，警察开始调查。学校根据《学校行为准则》进行内部调查。在调查期间，警察可能需同参与事件或与事件相关的学生谈话。这些学生包括潜在证人、受害者、犯罪嫌疑人或了解事件内情的学生。如果存在拘捕理由，除告知权利和警告以外，对学生任何正式的谈话应在警察局进行，而不是在学校进行。当同18周岁以下的刑事犯罪嫌疑人谈话时，警察有责任告知学生有权邀请能履行义务的成年人在场。根据《信息自由和隐私保护法》第32（g）条，如果事件调查期间学生不在学校，学校应向警察提供学生出生日期、住址、电话号码、家长或监护人住址及其公司电话号码。

搜查和查封

根据《加拿大权利和自由宪章》第 8 条“人人有权反对不合理的搜查和查封”与加拿大最高法院“教师和校长执行的搜查应比警察执行的搜查更温和灵活”的规定，在校长权限范围内的搜查除非出现以下情况，否则无须听从警察指挥：

• 被搜查的物品需警察专业知识；

• 他们预测搜查中出现的问题，并且认为解决这些问题需要警察援助。

新学期伊始，校长有职责告诉学生课桌和锁柜是学校财产，学校允许搜查此类物品。为了维持学校秩序和纪律，校长可以搜查学生的物品、课桌、锁柜或学校内学生可能存放物品的地方。建议搜查由两名校方员工进行，如果需要，被搜查学生应在场。校长和其他学校官员不应进行搜身调查，但这并不排除他们要求学生清空锁柜、脱掉外衣（外套、帽子、外衫）、脱掉鞋子以发现违禁品或被禁物品。搜查绝不应该要求学生脱掉内衣。

如果校长所执行的搜查发现或可能发现犯罪证据，应清楚地记录搜查，保存证据并联系警察。为进一步进行刑事调查，警察可以在学校执行搜查令。搜查之前，警察应提前通知校长。但是哈利法克斯地区学校委员会承认在某些情有可原的具体情况下，警察无须提前通知即可执行搜查令。

信息共享与信息披露

哈利法克斯地区学校委员会的一项政策涉及《青少年刑事审判法》的执行并须符合以下原则：

• 根据《青少年刑事审判法》提供的信息仅向“需知道”的被批准的人员提供。校长和哈利法克斯地区学校委员会负责人合作确保根据《青少年刑事审判法》而进行的信息接收和分享实行问责制。本程序最高目标是平衡人员安全知情权和年轻人隐私权。

• 根据《青少年刑事审判法》提供的信息将被归档和储存，将同学校或中心办公室的其他文档分开存放。

• 司法人员和学校委员会人员将建立合作关系，以确保委员会遵守《青少年刑事审判法》。

涉及 12 周岁以下儿童的事件

警察无权起诉 12 周岁以下儿童，然而仍需要对事件具体情况进行汇报。警察会记录汇报、审问学生以及作为父母或监护人或其他社区服务机构的中间人。

加拿大布兰特福德警察局高级中学驻校警察项目

布兰特福德警察局高级中学驻校警察项目，在2000年迎来了项目实施的第10个年头。在1990年初期，当地教育委员会应邀同警察局合作，在布兰特福德市推广高级中学驻校警察项目。该创新性试点项目是安大略省首例此类项目。

独立学校委员会于1990年9月同意与警察局合作。警察局首位驻校警察比尔·道荷提被派到圣约翰学院。在项目开始前，比尔·道荷提与圣约翰学院院长在萨斯喀彻温省里贾纳的巴尔弗学校接受了为期一周的培训。

高级中学驻校警察项目旨在使学生更好地理解警察在社区中所扮演的角色，理解每个公民对社区应履行的职责，理解相关法律和执法情况。

高级中学驻校警察部分职责如下：

- 指导和指示学生、家长和教师；
- 参与指导课堂讨论、集会和家长小组；
- 向学生讲解法律；
- 同学生和员工保持密切联系，防止青少年犯罪；
- 改善警察形象；
- 履行警察的职务，保护学校、员工和学生安全。

高级中学驻校警察受到学校委员会官员、校长、教师和家长的一致好评，更为重要的是，受到了学生们的一致欢迎。在1992年9月，成立了第二所独立高中圣母学院，圣约翰学院的高级中学驻校警察的职责由此一分为二。

鉴于此项目的成功，1999年9月高级中学驻校警察扩展到公立学校委员会。3所中学在司法部划拨的社区合作伙伴部分资金的资助下，加入到此项目中。这三所学校包括：保利娜约翰逊学校、北园学校和托尔盖特技术技能训练中心。2000年9月布兰特福德学校研究所欢迎驻校警察，此项目再一次扩展覆盖范围。布兰特福德市所有中学生参与了此项目实施10周年庆祝活动。过去由一家高中开始的试点项目，现已扩展到布兰特福德市的6家高级中学。

自从项目实施以来，驻校警察由校长小组和高级警官共同选拔，被选拔人员必须展现同年轻人打交道的热情。驻校警察要参加高级中学的课外活动，例如教授足球、排球和篮球。这些优秀的驻校警察是此项目不断成功的主要原因。在每一个学年，驻校警察的工作都会涉及大约 7000 名布兰特福德市的高中生，其积极效果在未来几年会不断显现。此项目从每学年的 9 月到来年 6 月执行。在每年 7 月到 8 月，驻校警察被分配到各自警区的其他地区，以加强夏季月份的警力。